公益財団法人ドイツ語学文学振興会　編

# 独検 過去問題集

## 2021年版

5級 4級 3級 2級 準1級 1級

ikubundo

本書には，実際に「聞き取り試験」で使用された音声による
CDが2枚組で付属しています。（ただし，試験開始時の音量
調節の部分と「解答の手引き」を読む時間は省いてあります。）

**A** **B** このマークのついている箇所が付属の CD に録
CD 1 CD 1 音されています。数字が頭出しの番号です。

# ま え が き

## ——ドイツ語技能検定試験に挑まれる皆さまへ——

　この本の，このまえがきを，あなたはいつどこで手にとってくださっているのでしょうか。この問題集が出た 2021 年にすぐ入手して読んでくださっている方も，もちろんおられるでしょう。あるいは，書籍というものはどなたかがとっておいてくれればずっと残るものですから，ひょっとしたらこの文章が書かれた 2021 年から随分年月が経ってから読んでくださる方もいらっしゃるかもしれません。この文章を書いている人間がもうこの世を去った後になってから，「以前の独検の問題はどんなだったのかな？」と思って，この 2021 年版を手にとってくださることもあるかもしれません。言葉というものには，そんな不思議な，素敵な側面もありますね。

　日本では 2020 年初頭から本格化した新型コロナウィルスによる危機は，独検にも襲いかかりました。夏の独検は実施することができず，冬の独検も例年の半分くらいの規模での実施となりました。一方で，「ソーシャル・ディスタンス」をとりながらの試験のため，会場の費用は通常よりも大きく膨れ上がりました。そのため，ドイツ語学文学振興会の財政は大きく傾き，さまざまな設備購入のために積み立てていた資金を取り崩さないと，2020 年の会計も成立させることができないほどの苦境に陥っています。幸い，独検を大切に思ってくださる方々のご寄付（2021 年 2 月の段階で，約一千万円にもなりました）をいただくことができ，2020 年度と 2021 年度はなんとか独検を維持することができそうです。ご寄付をいただいた皆さま，ほんとうにありがとうございます。ただ，再来年以降の独検事業をどうやったら財政の軌道に乗せてゆけるか，まだその道筋は見えていません。独検はあいかわらず，存亡の危機にあるとお伝えしなければなりません。

　それでも，私たちは，きっとこの危機を乗り切っていけるだろうと信じています。それは，日本にはまだドイツ語を学ぶことに楽しさややりがいを感じてくださる方々が一定数いらっしゃるからです。そして，ドイツ語を学ぶ方たちの道標になるような独検を支えていこうとしてくださる方々が，全国津々浦々にいらっしゃるからです。独検が発足してから今年まで 29 年もの間，日本各地のドイツ語の先生がたが，お勤めになる大学や諸学校などで会場を準備し続けてくださいました。おもに首都圏の，素晴らしいキャリアをお持ちの先生がたが，毎年磨き抜かれた出題をし続けてくださいました。独検の実行委員になってくださった先

生がたも，各大学のドイツ語やドイツ文学の立派な教授の先生がたですが，何年もの間，ほぼ無給で独検のマネージメントにご努力くださいました。これだけ多くの方々の無償の努力に支えられてきた独検事業が，コロナ禍によって根こそぎ吹き消されてしまうことはないのではないか，と思うのです。また，そうさせてはいけないとも思うのです。公益財団法人ドイツ語学文学振興会は，これまで数多くの皆さまからいただいてきた御恩を無にしないためにも，「独検」というものを必ずなんらかの形では後世に遺していこうと考えています。

　言葉というものは，不思議な生命力をもっています。私たちは，過去の人々が発した言葉を文字や録音の形で読むことができます。口伝えで残っていく言葉もあります。また，言語それ自体の中にも，人々の営みが映り込んでいきます。日本語も，ドイツ語も，他のあらゆる言語も，その言葉を使って何千年も，おそらく何万年もの間生きてきた人々の生活が染み込んでいるものです。言葉を学ぶことは，その言葉に接して生きてきた，また生きている有名無名の何億という人々の命にふれることです。そういう大きな生命の世界としての言語文化は，経済危機やコロナ禍くらいのことでは滅ぼされたりはしません。むしろ，個体の生死さえ超えて伝わる言葉は，人間の持ちうるもっとも強靭な部分かもしれません。皆さまにも，「言葉を学ぶ」という営みを通じて，人類史のもっとも深い泉から力を汲み取っていただきたいと思います。異言語を学ぶことは，想像以上に大きな意味があります。古代ローマは，彼らがギリシャ語を徹底的に学ぶことから地中海世界の覇者への道を歩み始めました。近代日本は，欧米語を学ぶことから始まりました。苦難の時期こそ，「ことば」を学ぶべき時でもあるのではないでしょうか。

　たしかに，これからも厳しい時期が続くかもしれません。経済的にも，社会的にも，不安な時代が続いてゆくのかもしれません。しかし，ドイツ語も，日本語も，どんな過酷な時代も通り抜けて，何世紀もの時間を生きてきました。独検は，何百年は続かないかもしれませんが，その「意義」や「本質」はきっと残り続けていくでしょう。そんな「いのちの言葉」の世界に，これからもアクセスし続けていただきたいと心から願っています。

　2021 年　春

公益財団法人ドイツ語学文学振興会

# 目　　次

まえがき —— ドイツ語技能検定試験に挑まれる皆様へ —— ———————— i

## 《5 級》

5 級検定基準 ————————————————————————— 2
2020 年度冬期　筆記試験　問題・解答用紙 ————————— 3
2020 年度冬期　聞き取り試験　解答の手引き・解答用紙 ———— 11
冬期 《5 級》 ヒントと正解【筆記試験】————————————— 15
　　　　　　　　　　　　　【聞き取り試験】————————— 25

## 《4 級》

4 級検定基準 ————————————————————————— 32
2020 年度冬期　筆記試験　問題・解答用紙 ————————— 33
2020 年度冬期　聞き取り試験　解答の手引き・解答用紙 ———— 41
冬期 《4 級》 ヒントと正解【筆記試験】————————————— 45
　　　　　　　　　　　　　【聞き取り試験】————————— 59

## 《3 級》

3 級検定基準 ————————————————————————— 66
2020 年度冬期　筆記試験　問題・解答用紙 ————————— 67
2020 年度冬期　聞き取り試験　解答の手引き・解答用紙 ———— 75
冬期 《3 級》 ヒントと正解【筆記試験】————————————— 79
　　　　　　　　　　　　　【聞き取り試験】————————— 94

## 《2 級》

2 級検定基準 ———————————————————————— 104
2020 年度冬期　筆記試験　問題・解答用紙 ———————— 105
2020 年度冬期　聞き取り試験　解答の手引き・解答用紙 ——— 115
冬期 《2 級》 ヒントと正解【筆記試験】———————————— 119
　　　　　　　　　　　　　【聞き取り試験】———————— 133

## 《準 1 級》

準 1 級検定基準 ———————————————————— 142
2020 年度冬期 筆記試験 問題・解答用紙 —————————— 143
2020 年度冬期 聞き取り試験 解答の手引き・解答用紙 ———— 157
2020 年度「独検」二次試験 ——————————————— 161
冬期 《準 1 級》 ヒントと正解【筆記試験】 ——————————— 163
　　　　　　　　　　　　　　　　【聞き取り試験】 ————— 181
二次口述試験 ————————————————————— 190

## 《1 級》

1 級検定基準 —————————————————————— 192
2020 年度冬期 筆記試験 問題・解答用紙 —————————— 193
2020 年度冬期 聞き取り試験 解答の手引き・解答用紙 ———— 209
2020 年度「独検」二次試験 ——————————————— 213
Diplom Deutsch in Japan — Mündliche Prüfung für die Höchst-
stufe am 24. Januar 2021 ——————————————— 214
冬期 《1 級》 ヒントと正解【筆記試験】 ——————————— 216
　　　　　　　　　　　　　　【聞き取り試験】 ——————— 243
二次口述試験 ————————————————————— 256

2020 年度ドイツ語技能検定試験結果概要 / 年度別結果比較 ——— 259

# 5 級 (Elementarstufe)
# 検定基準

■初歩的なドイツ語を理解し，日常生活でよく使われる簡単な表現や文が運用できる。

■挨拶の表現が適切に使える。自分や他人を簡単に紹介することができる。
広告やパンフレットなどの短い文の中心的な内容が理解できる。
必要に応じて簡単な数字やキーワードを書き取ることができる。

■対象は，ドイツ語の授業を約 30 時間（90 分授業で 20 回）以上受講しているか，これと同じ程度の学習経験のある人。

# 2020 年度 冬期 ドイツ語技能検定試験

# 5 級

## 筆記試験　問題

（試験時間　40 分）

> 出題は新しい正書法（単語のつづり方などに関する規則）に従います。解答は新旧いずれの方式でも認めます。

──── 注　　意 ────

■受験票と机の上の受験番号が同じであることを確認してください。
■携帯電話，スマートフォン，スマートウォッチ等の電子機器類は電源を切り，カバン等にしまってください。机の上に置いてはいけません。
■中途退場は認めません。退場は試験放棄となります。

①問題冊子は試験開始の合図があるまで，開いてはいけません。
②問題冊子は表紙・裏表紙を含めて 8 ページあります。
　余白は下書き・メモ用に使ってかまいません。
③試験監督者の指示に従って，解答用紙の所定の欄に，受験番号・氏名を記入してください。
④解答は黒の HB の鉛筆で強めに記入してください。
　書き直す場合には，消しゴムできれいに消してから記入してください。
⑤**解答はすべて解答用紙の指定された箇所に記入してください。**
⑥記入する数字は，下記の見本に従って書いてください。

■試験が終わっても，指示があるまで席を立たないでください。
■解答用紙は持ち帰ってはいけません。
■この問題冊子の無断転載，無断複製を禁じます。

**1** 次の文で空欄（ **a** ）〜（ **d** ）の中に入れるのに最も適切な動詞の形を，下の**1**〜**3**から選び，その番号を解答欄に記入しなさい。

Paul（ **a** ）viele Bücher. Er（ **b** ）sehr gern. Manchmal（ **c** ）ich ihn zu Hause. Wir（ **d** ）Freunde.

(a)　**1** habt　　　　**2** hast　　　　**3** hat
(b)　**1** lesen　　　　**2** lest　　　　**3** liest
(c)　**1** besuche　　　**2** besuchen　　**3** besucht
(d)　**1** bist　　　　 **2** seid　　　　**3** sind

**2** 次の**(1)**〜**(3)**の文で（　　）の中に入れるのに最も適切なものを，下の**1**〜**4**から選び，その番号を解答欄に記入しなさい。

**(1)**　Was ist das? – Das ist eine Tasche.（　　）Tasche ist sehr alt.
　　　**1** Das　　　　**2** Den　　　　**3** Der　　　　**4** Die

**(2)**　（　　）ist das Wetter heute? – Es regnet.
　　　**1** Wann　　　**2** Warum　　　**3** Wie　　　　**4** Wo

**(3)**　Der Zug ist neu.（　　）fährt sehr schnell.
　　　**1** Er　　　　**2** Es　　　　 **3** Ich　　　　**4** Sie

**3** 次の (**A**) ～ (**C**) に挙げられた単語のうち，意味のグループが他と異なるものを，例にならって，下の **1** ～ **4** から一つだけ選び，その番号を解答欄に記入しなさい。ただし，名詞の性の区別は関係ありません。

例) **1** Brot **2** Buch **3** Ei **4** Eis
**2** の Buch（本）だけ食べ物ではないので他と異なります。

(**A**) **1** Bäcker **2** Computer **3** Fischer **4** Lehrer
(**B**) **1** Auge **2** Onkel **3** Tante **4** Tochter
(**C**) **1** Hotel **2** Kaufhaus **3** Mond **4** Restaurant

**4** 次の (**1**) ～ (**4**) の条件にあてはまるものが各組に一つあります。それを下の **1** ～ **4** から選び，その番号を解答欄に記入しなさい。

(**1**) 下線部の発音が他と異なる。
**1** De<u>u</u>tsch **2** <u>d</u>rei **3** Han<u>d</u> **4** Stud<u>e</u>nt

(**2**) 下線部にアクセント（強勢）が<u>ない</u>。
**1** d<u>u</u>nkel **2** ges<u>u</u>nd **3** St<u>u</u>nde **4** Zeit<u>u</u>ng

(**3**) 下線部が<u>長く</u>発音される。
**1** dr<u>ü</u>cken **2** m<u>ü</u>de **3** Schl<u>ü</u>ssel **4** w<u>ü</u>nschen

(**4**) 問い **A** に対する答え **B** の下線の語のうち，通常最も強調して発音される。
**A**: Wo wohnst du?
**B**: <u>Ich</u> <u>wohne</u> <u>in</u> <u>Yokohama</u>.

**1** Ich **2** wohne **3** in **4** Yokohama

# 5

(A)〜(C)の会話の場面として最も適切なものを，下の **1**〜**4** から選び，その番号を解答欄に記入しなさい。

(A) **A**: Ich finde diese Jacke gut. Du auch?
**B**: Ja. Und der Rock hier ist auch nicht schlecht.
**A**: Stimmt. Dann nehme ich beides.

(B) **A**: Fährt dieser Bus zum Rathaus?
**B**: Nein, der Bus zum Rathaus fährt um 10 Uhr.
**A**: Vielen Dank!

(C) **A**: Sebastian, was kochst du da?
**B**: Ich mache Spaghetti. Sie sind fast fertig.
**A**: Super! Ich habe Hunger.

| | |
|---|---|
| **1** 停留所 | **2** 料理 |
| **3** ショッピング | **4** 病院 |

# 6

次の文章は，Clara と Silvia の会話です。この会話を完成させるために，日本語になっている箇所 **A** ～ **D** にあてはまる最も適切なドイツ語を，下の **1** ～ **3** から選び，その番号を解答欄に記入しなさい。

Clara:    Hallo, Silvia. (**A** 今日は何をする？)
Silvia:   Hi, Clara. (**B** デパートに行きたいな。)
Clara:    Okay. Was brauchst du denn?
Silvia:   Ich suche ein Kleid.
Clara:    (**C** パーティーに行くの？)
Silvia:   Nein, aber am Samstag gehe ich ins Konzert.
Clara:    (**D** わかった。) Dann kaufen wir jetzt ein Kleid für dich!

**A**   1   Was machen wir heute?
　　　  2   Was machen wir hier?
　　　  3   Was machen wir morgen?

**B**   1   Ich möchte ins Kaufhaus gehen.
　　　  2   Ich möchte ins Kino gehen.
　　　  3   Ich möchte ins Museum gehen.

**C**   1   Bist du auf der Party?
　　　  2   Gehst du zu einer Party?
　　　  3   Machst du eine Party?

**D**   1   Alles klar.
　　　  2   Alles Gute.
　　　  3   Mach's gut.

**7** 以下の文章の内容に合うものを，下の**1**～**4**から二つ選び，その番号を解答欄に記入しなさい。ただし，番号の順序は問いません。

Ich heiße Tina. Am Sonntag fahre ich zu meinem Onkel Peter nach Dresden. Er wird 60 Jahre alt und feiert seinen Geburtstag. Zur Party in seinem Haus kommen etwa 100 Gäste. Zu viele Leute? Kein Problem. Sein Haus ist sehr groß. Er hat genug Platz.

**1** ティーナは日曜日にドレスデンへ行く。

**2** ティーナのおじは百歳の誕生日を迎える。

**3** 誕生日パーティーはティーナのおじの家で行われる。

**4** パーティーの参加者が多いのは問題である。

**8** 以下は，ドイツの各都市の物件情報の一部です。表示の内容と一致するものを，**1** 〜 **8** から三つ選び，その番号を解答欄に記入しなさい。ただし，番号の順序は問いません。

| Berlin | Köln |
|---|---|
| - Wohnung mit Balkon<br>- direkt am S-Bahnhof<br>- große Küche!<br>- Miete: 750 Euro / Monat | - Haus mit Sauna!<br>- 5 Min. zu Fuß zur U-Bahn-Station<br>- Schlafzimmer mit Extra-WC<br>- Miete: monatlich 3 000 Euro |

| Bremen | München |
|---|---|
| - Wohnung im Stadtzentrum<br>- großes Bad<br>- Kinderzimmer<br>- zwei Toiletten<br>- Miete: 830 Euro im Monat | - Haus mit Garten<br>- Nähe Einkaufszentrum (nur 200 m!)<br>- Kinderzimmer mit zwei Betten<br>- Miete: 2 100 Euro pro Monat |

**1** ベルリンの物件には広いキッチンがある。

**2** ケルンの物件にはエキストラ・ベッド付きの寝室がある。

**3** ケルンの物件は駅からバスで 5 分の距離にある。

**4** ブレーメンの物件は郊外にある。

**5** ブレーメンの物件は家賃が月額 830 ユーロである。

**6** ミュンヘンの物件には庭がない。

**7** サウナ付きの物件はベルリンにある。

**8** 子供部屋がある物件はミュンヘンとブレーメンにある。

— 9 —

**5級**

# 2020年度 冬期 ドイツ語技能検定試験

## 筆記試験 解答用紙

| 受 験 番 号 | 氏　　　名 |
|---|---|
| 2 0 W | |

**手書き数字見本**

0 1 2 3 4 5 6 7 8 9

**1** (a) □ (b) □ (c) □ (d) □

**2** (1) □ (2) □ (3) □

**3** (A) □ (B) □ (C) □

**4** (1) □ (2) □ (3) □ (4) □

**5** (A) □ (B) □ (C) □

**6** A □ B □ C □ D □

**7** □ □

**8** □ □ □

# 2020 年度 冬期 ドイツ語技能検定試験
# 5 級
# 聞き取り試験　解答の手引き

（試験時間　約 20 分）

> 出題は新しい正書法(単語のつづり方などに関する規則)に従い
> ます。解答は新旧いずれの方式でも認めます。

―――― 注　意 ――――

■受験票と机の上の受験番号が同じであることを確認してください。

■携帯電話，スマートフォン，スマートウォッチ等の電子機器類は電源を切り，
　カバン等にしまってください。机の上に置いてはいけません。

■中途退場は認めません。

①指示があるまでページを開いてはいけません。

②聞き取り試験は 3 部から成り立っています。

③試験監督者の指示に従って，解答用紙の所定の欄に，受験番号・氏名を記入し
　てください。

④放送の指示でページを開き，解答のしかたをよく読んでください。解答のしか
　たと選択肢などが，2～3 ページに示されています。

⑤解答は黒の HB の鉛筆で強めに記入してください。
　書き直す場合には，消しゴムできれいに消してから記入してください。

⑥**解答はすべて試験時間内に解答用紙の指定された箇所に記入してください。**

⑦記入する数字は，下記の見本に従って書いてください。

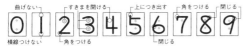

⑧アルファベットは大文字と小文字の判別ができるようにはっきりと書いてくだ
　さい。

■試験が終わっても，指示があるまで席を立たないでください。

■解答用紙は持ち帰ってはいけません。

■この問題冊子の無断転載，無断複製を禁じます。

# 第 1 部　Erster Teil

1. 第1部は，問題(**1**)から(**5**)まであります。
2. まずドイツ語の短い文章を2回放送します。
3. それを聞いて，その文章の内容を最も適切に表している絵をそれぞれ**1** ～ **4**から一つ選び，その番号を解答用紙の所定の欄に記入してください。
4. 以下，同じ要領で問題(**2**)，(**3**)と進みます。
5. 次に，問題(**4**)では数字を聞き取り，その答えを<u>算用数字</u>で<u>解答用紙の所定の欄</u>に記入してください。
6. 次に，問題(**5**)では動詞を聞き取り，その答えを<u>解答用紙の所定の欄</u>に記入してください。
7. 最後に，問題(**1**)から(**5**)までをもう一度通して放送します。
8. メモは自由にとってかまいません。

(**1**)

(**2**)

(**3**)

　　　　1　　　　　　　2　　　　　　　3　　　　　　　4

(**4**)　Der Kugelschreiber kostet ☐ Euro.

(**5**)　Unsere Lehrerin ＿＿＿＿＿＿ aus Deutschland.

**A**

CD 3

───── 第 2 部　Zweiter Teil ─────

1. 第 2 部は，問題（**6**）から（**8**）まであります。
2. まずドイツ語の短い文章を放送します。次にその文章についての質問として，問題（**6**）〜（**8**）を放送します。
3. それを聞いた上で，それぞれの問いの選択肢 **1**〜**3** から質問の答えとして最も適したものを選び，その番号を解答用紙の所定の欄に記入してください。
4. 文章と質問は，合計 3 回放送します。
5. メモは自由にとってかまいません。

（**6**）　**1**　Bäckerin.　　　　**2**　Lehrerin.　　　　**3**　Verkäuferin.

（**7**）　**1**　Deutsch.　　　　**2**　Englisch.　　　　**3**　Japanisch.

（**8**）　**1**　Im Frühling.　　　**2**　Im Sommer.　　　**3**　Im Winter.

**A**

CD 4

───── 第 3 部　Dritter Teil ─────

1. 第 3 部は，問題（**9**）から（**11**）まであります。
2. まずドイツ語の短い会話を続けて 2 回放送します。それを聞いて，その会話の状況として最も適したものを，下の **1**〜**3** から選び，その番号を解答用紙の所定の欄に記入してください。
3. 以下，同じ要領で問題（**11**）まで順次進みます。
4. 最後に，問題（**9**）から（**11**）までをもう一度通して放送します。そのあと，およそ 1 分後に試験終了のアナウンスがあります。試験監督者が解答用紙を集め終わるまで席を離れないでください。
5. メモは自由にとってかまいません。

　**1**　スーパーマーケットで商品を探している。

　**2**　移動手段について話している。

　**3**　ペットについて話している。

（**9**）

（**10**）

（**11**）

## 聞き取り試験 解答用紙

| 受　験　番　号 | 氏　　　名 |
|---|---|
| 2 0 W ▮ ▮ ▮ ▮ | |

**手書き数字見本**

0 1 2 3 4 5 6 7 8 9

【第1部】

| (1) | | (2) | | (3) | |
|---|---|---|---|---|---|

(4) | Der Kugelschreiber kostet ☐ Euro .

採点欄

(5) | Unsere Lehrerin _____ aus Deutschland .

【第2部】

| (6) | | (7) | | (8) | |
|---|---|---|---|---|---|

【第3部】

| (9) | | (10) | | (11) | |
|---|---|---|---|---|---|

# 冬期 《5級》 ヒントと正解

## 【筆 記 試 験】

## 1 動詞の現在人称変化

正解 (a) 3 (b) 3 (c) 1 (d) 3

　動詞の現在人称変化に関する問題です。動詞は原則として「語幹」部分と「語尾」部分からできています。語尾は主語の「人称」と「数」，そして「時制」によって決まります。問題では，主語に一致する動詞の現在人称変化形を選ぶことが求められています。動詞は，規則的に変化するものだけでなく，不規則に変化するものもあります。一つ一つ確実に覚えていきましょう。問題文は「パウルはたくさん本を持っています。彼は読書がとても好きです。ときどき私は彼を自宅に訪ねます。私たちは友人です」という意味です。

　(a) 重要な動詞 haben（持つ）の現在人称変化形を問う問題です。haben は主語に応じて変化形が大きく異なる不規則動詞であり，単数の場合は ich habe, du hast, er/sie/es hat，複数の場合は wir haben, ihr habt, sie haben，敬称2人称の場合は Sie haben のように変化します。問題文の主語 Paul は人称代名詞 er と同じく3人称単数扱いであることから，haben も3人称単数形にする必要があります。正解は選択肢 **3** の hat です。［正解率 85.61%］

　(b) lesen（読む，読書する）の現在人称変化形を問う問題です。lesen は不規則変化動詞であり，主語が2人称単数と3人称単数の場合は du liest, er/sie/es liest のように変化します。問題文の主語は3人称単数の人称代名詞 er であることから，lesen も3人称単数形にする必要があります。正解は選択肢 **3** の liest です。［正解率 65.43%］

　(c) besuchen（訪ねる）の現在人称変化形を問う問題です。besuchen は規則変化動詞であり，問題文の主語が1人称単数の人称代名詞 ich であることから，動詞の変化形は語尾 -e で終わっている必要があります。正解は選択肢 **1** の besuche です。［正解率 84.69%］

　(d) 重要な動詞 sein（～である）の現在人称変化形を問う問題です。sein は主

語に応じて変化形が大きく異なる不規則動詞であり，単数の場合は ich bin, du bist, er/sie/es ist，複数の場合は wir sind, ihr seid, sie sind，敬称 2 人称の場合は Sie sind のように変化します。問題文の主語が wir であることから，sind を選ぶのが適切です。正解は選択肢 **3** の sind です。[正解率 85.15%]

◇この問題は 12 点満点（配点 3 点×4）で，平均点は 9.63 点でした。

┌─ **1** **ここがポイント！** ─────────────────────
│ ＊規則的に変化する動詞については，主語に合わせた語尾の区別を覚えよ
│ 　う！
│ ＊sein，haben，werden など，不規則に変化する重要な動詞については，
│ 　主語ごとにどのような変化形であるのか正確に覚えよう！
└──────────────────────────────────

## **2** 冠詞・疑問詞・代名詞

正解 （1）**4** （2）**3** （3）**1**

　適切な冠詞，疑問詞，代名詞を選ぶ問題です。冠詞と代名詞に関しては，それに関連づけられる名詞と性・数を一致させる必要があります。なお，いずれの問題文も空欄が文頭にあたることから，選択肢はすべて語頭が大文字で表記されています。

　（**1**）定冠詞に関する問題です。前半部は「これは何ですか？」という意味です。この質問に対する後半部の第 1 文は「これは鞄です」という意味です。この文では動詞 sein の 3 人称単数形 ist が使われており，不定冠詞の形が eine であることから，第 1 文における Tasche が女性名詞であり単数 1 格であることがわかります。なお，第 1 文では鞄が初めて会話に導入されているため，Tasche は不定冠詞付きで使われています。続く後半部の第 2 文は「その鞄はとても古い」という意味です。すでに会話に導入された特定の鞄を指していることから，空欄には定冠詞を補う必要があります。後半部の第 2 文でも動詞 sein の 3 人称単数形 ist が使われており，Tasche は文の主語に相当します。したがって，正解は，女性単数 1 格の定冠詞 die を大文字書きした選択肢 **4** です。[正解率 82.13%]

　（**2**）疑問詞に関する問題です。選択肢 **1** の wann は「いつ」，選択肢 **2** の warum は「なぜ」，選択肢 **3** の wie は「どのような，どのように」，選択肢 **4** の wo は「どこ」という意味です。前半部（質問）の答えにあたる後半部「雨が降ってい

る」という意味です。このことから，前半部は天気に関する質問であるものと推測できます。さらに，Wetter（天気）や heute（今日）という語が使用されていることから，「今日の天気はどうですか？」という質問であることが予想されます。天気は「どのような，どのように」を意味する wie で尋ねることができます。したがって，正解は wie の語頭を大文字書きした選択肢 **3** です。［正解率 72.39%］

（3）人称代名詞に関する問題です。第 1 文は「その列車は新しい」という意味であり，主語は Zug（列車）です。定冠詞が der であること，動詞 sein が 3 人称単数形の ist であることから，Zug が男性名詞の単数形であることがわかります。続く第 2 文は，第 1 文の Zug について内容的に補足しているものと理解できます。また，第 2 文では動詞 fahren（走行する）の 3 人称単数形 fährt が用いられていることから，空欄に入る人称代名詞も 3 人称単数であることがわかります。人称代名詞は，名詞と性・数が一致している必要があるため，第 2 文では男性単数の er を用いるのが適切です。したがって，正解は er の語頭を大文字書きした選択肢 **1** です。［正解率 66.82%］

◇この問題は 9 点満点（配点 3 点×3）で，平均点は 6.64 点でした。

---

**2 ここがポイント！**

＊定冠詞の形をしっかり覚え，名詞の性・数や格に応じて適切に用いるようにしよう！
＊主要な疑問詞の意味を覚え，正しく使い分けられるようにしよう！
＊名詞とそれを受ける人称代名詞は性・数が一致していなければならないことに注意しよう！

---

## 3 語彙（意味のグループが他と異なる語の選択）

正解 （A） 2 　（B） 1 　（C） 3

四つの語の中から，意味のグループが他と異なるものを選ぶ問題です。語彙力が試されます。

（**A**）選択肢 **1** は「パン職人」，選択肢 **2** は「コンピューター」，選択肢 **3** は「漁師」，選択肢 **4** は「教師」という意味です。この中では，職業名でない選択肢 **2** が正解です。なお，選択肢 **1**，選択肢 **3**，選択肢 **4** の名詞はいずれも男性形です。女性形はそれぞれ Bäckerin, Fischerin, Lehrerin です。［正解率 95.13%］

（**B**）選択肢 **1** は「目」，選択肢 **2** は「おじ」，選択肢 **3** は「おば」，選択肢 **4** は「娘」という意味です。この中では，親族名称でない選択肢 **1** が正解です。［正解率 85.15%］

（**C**）選択肢 **1** は「ホテル」，選択肢 **2** は「デパート」，選択肢 **3** は「月」，選択肢 **4** は「レストラン」という意味です。この中では，施設名でない選択肢 **3** が正解です。［正解率 98.14%］

◇この問題は 9 点満点（配点 3 点×3）で，平均点は 8.35 点でした。

**3 ここがポイント！**

＊よく使う語は話題や場面別にまとめて効率的に覚えよう！
＊-er のように終わり方が同じ語であっても，意味グループが同じであるとは限らないので注意しよう！

## **4 発音とアクセント**

正解 （1）**3** （2）**4** （3）**2** （4）**4**

発音，アクセントの位置，母音の長短などに関する問題です。基本的な規則や語種に関する知識が必要とされます。

（**1**）子音字 d の発音に関する問題です。d は語末や音節末に置かれている場合は無声音の［t］で発音され，その他の場合は有声音の［d］で発音されます。選択肢 **1** の Deutsch（ドイツ語），選択肢 **2** の drei（3），選択肢 **4** の Student（大学生）では，d は語末や音節末にはなく，［d］と発音されます。一方，選択肢 **3** の Hand の場合，d は語末にあり，［t］と発音されます。したがって，正解は選択肢 **3** です。［正解率 78.19%］

（**2**）アクセントの位置に関する問題です。ドイツ語では原則として，語は最初の音節にアクセントが置かれます。ただし，語頭が be-，ent-，ge- などの非分離前つづりにあたる場合，その前つづりにはアクセントが置かれません。選択肢 **1** の dunkel（暗い），選択肢 **3** の Stunde（時間）では，上記の原則通り最初の音節中の u にアクセントが置かれます。選択肢 **4** の Zeitung（新聞）の場合も，原則通り最初の音節にアクセントが置かれる一方，後続する音節中の u にはアクセントが置かれません。これに対し，選択肢 **2** の gesund（健康な）では，語頭が非

分離前つづりの ge- にあたります。そのため，この ge- にはアクセントが置かれ
ず，後続する音節中の u にアクセントが置かれます。以上をまとめると，下線部
の母音 u にアクセントが置かれないのは，選択肢 **4** の Zeitung のみです。した
がって，正解は選択肢 **4** です。［正解率 83.76%］

(3) 母音の長短を問う問題です。ドイツ語の語では原則として，アクセントの
ある母音は，一つの子音字の前では長く発音され，二つ以上の子音字の前では短
く発音されます。四つの選択肢はいずれも，下線部の母音にアクセントが置かれ
ます。選択肢 **1** の drücken (押す)，選択肢 **3** の Schlüssel (鍵)，選択肢 **4** の
wünschen (望む，願う) では，アクセントのある母音 ü に続く子音字は二つ以上
あり，上記の原則通り ü は短く発音されます。一方，選択肢 **2** の müde (眠い，
疲れている) では，アクセントのある母音 ü に続く子音字は一つであり，ü は長
く発音されます。したがって，正解は選択肢 **2** です。［正解率 93.74%］

(4) 文の中で強調して発音される語を選ぶ問題です。一般的に文中では最も重
要な情報を担う部分が強調されます。**A** は「きみはどこに住んでいるの？」と尋
ね，それに対して **B** は「私は横浜に住んでいます」と答えます。**A** の質問内容は
**B** がどこに住んでいるかというものであり，**B** の返答で最も重要な情報を担うの
は場所を表す表現であることから，選択肢 **4** の Yokohama が強調して発音され
ます。したがって，正解は選択肢 **4** です。［正解率 92.11%］

◇この問題は 12 点満点 (配点 3 点×4) で，平均点は 10.43 点でした。

**4 ここがポイント！**

＊子音字 b，d，g は，語末か音節末にある場合は無声音で発音され，それ
以外の場合は有声音で発音されることに注意しよう！

＊語のアクセントは原則的に最初の音節に置かれるものの，語頭が非分離前
つづりにあたる場合などの例外もあるので，気をつけよう！

＊母音の長短の区別は，後続する子音字の数とある程度まで関わりがあるた
め，文字数も適宜，手がかりにしてみよう！

# 5 会話の場面理解

正解 (**A**) 3 (**B**) 1 (**C**) 2

短い会話を読み，適切な場所や場面を選ぶ問題です。さまざまな表現を手がか

りとした上で，会話の状況を総合的に判断する力が求められます。

（**A**）会話の内容は次の通りです。

　　**A**: このジャケットはいいと思う。きみも？
　　**B**: うん。それに，ここにあるスカートも悪くないね。
　　**A**: そうだね。じゃあ両方とも買うよ。

　Jacke（ジャケット）と Rock（スカート）という語が使用されていることから，衣類に関する会話であることがわかります。また，最終的に **A** がジャケットとスカートを両方とも買うと言っていることから，ショッピングにおいて購入品を選択している場面であることが推測されます。したがって，正解は選択肢 3 です。なお，動詞 nehmen は「選ぶ」という意味があり，買い物の場面では間接的に「選んだ上で買う」という意味でも用いられます。［正解率 95.82%］

（**B**）会話の内容は次の通りです。

　　**A**: このバスは市庁舎まで行きますか？
　　**B**: いいえ，市庁舎までのバスは 10 時に出ますよ。
　　**A**: どうもありがとう！

　**A** と **B** がともに Bus（バス）という語を使用しているため，会話がバスに関するものであることがわかります。さらに，**A** は dieser Bus（このバス）という表現を使いながら目の前にある特定のバスの行き先を尋ねていることから，会話はバスの停留所で交わされているものと予想されます。したがって，正解は選択肢 **1** です。［正解率 99.54%］

（**C**）会話の内容は次の通りです。

　　**A**: ゼバスティアン，そこで何を料理しているの？
　　**B**: スパゲッティを作っているんだ。もうほとんどできているよ。
　　**A**: 素晴らしいね！　私は空腹だよ。

　Spaghetti（スパゲッティ）と kochen（料理する）という語が使われていることから，会話が料理に関するものであることがわかります。正解は選択肢 **2** です。なお，Hunger haben は「空腹である」という意味の表現です。［正解率 99.54%］

◇この問題は 9 点満点（配点 3 点×3）で，平均点は 8.85 点でした。

**5** **ここがポイント！**

＊テキスト全体を読み，キーワードを探し出そう！

＊鍵となる語彙や言い回しを手がかりに，会話の場所や場面を推測しよう！

# **6** 初歩の会話表現

正解 （**A**）**1**　（**B**）**1**　（**C**）**2**　（**D**）**1**

　短い会話文を読み，日本語で記されている内容に対応するドイツ語表現を選ぶ問題です。基本的な会話表現を覚えておく必要があります。

内容：

Clara:　やあ，ジルヴィア。（**A** 今日は何をする？）

Silvia:　やあ，クラーラ。（**B** デパートに行きたいな。）

Clara:　いいよ。きみは一体何が必要なの？

Silvia:　私はドレスを探しているんだ。

Clara:　（**C** パーティーに行くの？）

Silvia:　ううん，でも土曜日にコンサートに行くよ。

Clara:　（**D** わかった。）じゃあ，これからきみのドレスを買おう！

　（**A**）三つの選択肢は，Was machen wir ...?（私たちは［～］何をする？）の部分が共通し，最後の部分だけが異なっています。選択肢 **1** の副詞 heute は「今日」，選択肢 **2** の副詞 hier は「ここで」，選択肢 **3** の副詞 morgen は「明日」という意味です。クラーラはジルヴィアに「今日」は何をするのかと尋ねているので，選択肢 **1** が正解です。［正解率 96.52%］

　（**B**）三つの選択肢は，Ich möchte ins ... gehen.（私は［～］に行きたい）の部分が共通し，行き先を表す部分だけが異なっています。選択肢 **1** の名詞 Kaufhaus は「デパート」，選択肢 **2** の名詞 Kino は「映画館」，選択肢 **3** の名詞 Museum は「博物館，美術館」という意味です。ジルヴィアはクラーラに「デパート」に行きたいと述べているので，選択肢 **1** が正解です。なお，選択肢中の三つの名詞はすべて中性名詞です。［正解率 97.91%］

　（**C**）クラーラはジルヴィアにパーティーに「行く」のかと尋ねます。選択肢 **1** の bist は動詞 sein（いる）の人称変化形，選択肢 **2** の gehst は動詞 gehen（行く）の人称変化形，選択肢 **3** の machst は動詞 machen（～をする，作る）の人称変化

形です。正解は選択肢 **2** です。なお，選択肢 **1** は「きみはパーティーに（出席して）いるの？」，選択肢 **3** は「きみはパーティーをするの？」という意味です。［正解率 91.88%］

（**D**）クラーラは，ジルヴィアの返答に対して「わかった」と言います。これに対応するドイツ語表現は Alles klar. です。したがって，正解は選択肢 **1** です。選択肢 **2** の Alles Gute. と選択肢 **3** の Mach's gut. はどちらも別れ際の挨拶表現であり，「元気でね」という意味を表します。クラーラはジルヴィアに，2 人で一緒にデパートに行こうと提案していることから，選択肢 **2** と選択肢 **3** は文脈的にふさわしくありません。［正解率 63.57%］

◇この問題は 12 点満点（配点 3 点×4）で，平均点は 10.50 点でした。

**6 ここがポイント！**

＊品詞ごとに基本的な語彙を身につけよう！
＊日常でよく使われる挨拶表現を覚えておこう！

## 7 短いテキストの内容把握

正解 　**1**，**3**（順序は問いません）

短いテキストを読み，要点を理解できるかどうかを問う問題です。テキスト中の語句を手がかりに正確な内容を把握する力が求められます。

内容：
　私の名前はティーナといいます。日曜日に，私はドレスデンにいるおじペーターのところへ行きます。彼は 60 歳になり，自分の誕生日を祝います。彼の家でのパーティーには，およそ 100 人のお客さんたちがやって来ます。あまりにも人が多いって？　問題ありません。彼の家はとても大きいのです。彼には十分なスペースがあります。

選択肢 **1** は，第 1〜2 文で「私の名前はティーナといいます。日曜日に，私はドレスデンにいるおじペーターのところへ行きます」と述べられているので正解です。［正解率 97.91%］選択肢 **2** は，第 3 文の「彼は 60 歳になる」という内容と矛盾するので不正解です。選択肢 **3** は，第 4 文で「彼の家でのパーティーには，およそ 100 人のお客さんたちがやって来ます」と述べられているので正解です。

［正解率 96.52%］選択肢 **4** は，第 5〜6 文の「あまりにも人が多いって？ 問題あ
りません」という内容と矛盾するので不正解です。したがって，この問題の正解
は選択肢 **1** と選択肢 **3** です。なお，選択肢 **4** を選んだ解答が 4.64% ありました。

◇この問題は 6 点満点（配点 3 点×2）で，平均点は 5.83 点でした。

**7 ここがポイント！**

＊テキスト全体から，重要な情報を正確に読み取ろう！
＊曜日や年齢などの細かい点に注意しながら内容を把握しよう！

## 8 重要情報の読み取り

正解　**1, 5, 8**（順序は問いません）

　文字情報を手がかりにして要点を把握する問題です。広告や掲示，パンフレッ
トなどの場合，情報は文形式で提示されるとは限らず，キーワードだけで簡潔に
表されることが多くあります。そうした場合にもポイントを押さえることのでき
る力が求められます。以下は，問題で使用されているドイツ各都市の物件情報の
日本語訳です。

内容：

| ベルリン | ケルン |
|---|---|
| － バルコニー付きアパート<br>－ S バーンの駅に直結<br>－ 広いキッチン！<br>－ 家賃：750 ユーロ／月 | － サウナ付き一軒家！<br>－ 地下鉄の駅まで徒歩 5 分<br>－ 付属トイレありの寝室<br>－ 家賃：月 3000 ユーロ |

| ブレーメン | ミュンヘン |
|---|---|
| － 市の中心部にあるアパート<br>－ 広いバスルーム<br>－ 子供部屋<br>－ トイレ二つ<br>－ 家賃：月に 830 ユーロ | － 庭付き一軒家<br>－ 近くにショッピングセンター（わ<br>　ずか 200 メートル！）<br>－ ベッド二つ付きの子供部屋<br>－ 家賃：月ごとに 2100 ユーロ |

以下，選択肢 **1** から選択肢 **8** までの順に沿って確認していきます。ベルリンの物件には「広いキッチン」(große Küche) という表記があることから，選択肢 **1** は正解です。［正解率 91.18%］ケルンの物件情報には「寝室」(Schlafzimmer) という表記があるものの，備え付けてあるのはエキストラ・ベッドではなく「付属トイレ」(Extra-WC) であるため，選択肢 **2** は不正解です。また，ケルンの物件情報には地下鉄の駅まで「徒歩 5 分」(5 Min. zu Fuß) と表記されているため，選択肢 **3** は不正解です。ブレーメンの物件は「市の中心部」(Stadtzentrum) にあると表記されていることから，選択肢 **4** は不正解です。また，ブレーメンの物件の家賃は「月に 830 ユーロ」(830 Euro im Monat) であることから，選択肢 **5** は正解です。［正解率 95.82%］ミュンヘンの物件は「庭付き一軒家」(Haus mit Garten) と表記されていることから，選択肢 **6** は不正解です。「サウナ」(Sauna) の表記があるのはベルリンの物件ではなくケルンの物件であることから，選択肢 **7** は不正解です。「子供部屋」(Kinderzimmer) の表記があるのはブレーメンの物件とミュンヘンの物件であることから，選択肢 **8** は正解です。［正解率 95.59%］

◇この問題は 9 点満点（配点 3 点×3）で，平均点は 8.48 点でした。

┏━**8** ここがポイント！━━━━━━━━━━━━━━━━━━━━
　＊すべての情報が理解できるわけではない場合も，知っている語句や表記を手がかりにして要点をとらえよう！
　＊「月ごとに」を意味する pro Monat, im Monat, monatlich など，類義関係にある諸表現はまとめて覚えよう！

# 【聞き取り試験】

## 第1部 短い文章の聞き取りと数字，単語の書き取り

正解 （1） 3 （2） 2 （3） 1 （4） 2 （5） kommt

　放送された短いテキストを聞き取り，その内容を表すのに最も適した絵を選ぶ問題，および，放送されたテキストに含まれる数字や単語を書き取る問題です。問題 (1) から (3) ではキーワードを，問題 (4) では数字を，(5) では動詞を聞き取ることが求められます。

放送 問題 1:　Im Sommer fährt Julia ans Meer, und dort isst sie Eis.
　内容:　夏にユーリアは海辺へ出かけ，そして，そこで彼女はアイスクリームを食べる。

　夏にユーリアが海へ行ってすることを選ぶ問題です。放送されたテキストでは「そこで彼女はアイスクリーム (Eis) を食べる」と言っています。したがって，正解は選択肢 3 です。動詞 essen（食べる）は主語が 2 人称単数のときと 3 人称単数のとき，語幹の母音が e から i に変化して isst という形になるので注意が必要です。なお，選択肢 1 の「日光浴をする」は ein Sonnenbad nehmen，選択肢 2 の「ビーチバレーをする」は Beachvolleyball spielen，選択肢 4 の「泳ぐ」は schwimmen といいます。［正解率 96.98%］

放送 問題 2:　Mein Bruder studiert Geschichte. Er möchte Lehrer werden.
　内容:　私の兄 (または弟) は大学で歴史を勉強している。彼は教師になりたがっている。

　兄 (または弟) が希望している職業を選ぶ問題です。放送されたテキストでは，兄 (または弟) が大学で歴史を勉強していて，「教師 (Lehrer) になりたがっている」と言っています。したがって，正解は選択肢 2 です。なお，男性形・女性形の順に，選択肢 1 の「調理師」は Koch / Köchin，選択肢 3 の「音楽家」は Musiker / Musikerin，選択肢 4 の「警察官」は Polizist / Polizistin といいます。［正解率 89.56%］

放送 問題 3:　Jetzt gehe ich zum Arzt. Ich habe Fieber.
　内容:　今，私は医者に行くところだ。私は熱がある。

　この問題では「医師」(Arzt)，「熱」(Fieber) という語を聞き取り，場面を正

しく理解することが重要です。正解は，医師による診察が描かれている選択肢 **1** です。なお，選択肢 **2** の「絵を描く」は malen，選択肢 **3** の「鬼ごっこをする」は Fangen spielen，選択肢 **4** の「ボール遊びをする」は Ball spielen といいます。［正解率 91.18%］

放送 問題 **4**: Der Kugelschreiber kostet zwei Euro.
　内容: そのボールペンは 2 ユーロだ。
　数字を書き取る問題です。「解答の手引き」には Der Kugelschreiber kostet □ Euro. と記載されています。空欄□には 1 桁の数字を記入する必要があります。放送されたテキストでは zwei（2）と言っているので，正解は **2** です。なお，動詞 kosten は「〜の値段は ... である」という意味です。［正解率 98.84%］

放送 問題 **5**: Unsere Lehrerin kommt aus Deutschland.
　内容: 私たちの先生はドイツ出身である。
　動詞を書き取る問題です。正解は動詞 kommen（来る）の変化形 **kommt** です。「解答の手引き」には Unsere Lehrerin ＿ aus Deutschland. と記載されています。主語が unsere Lehrerin であることから，動詞は 3 人称単数形であり，語尾 -t で終わるものと予想されます。また，前置詞 aus（〜から）と意味的に結びつきそうな動詞を思い浮かべることも，解答の手助けになるでしょう。なお，解答には人称変化の誤りや kont, kommut などのつづり間違いが見られました。［正解率 85.61%］

◇この問題は 16 点満点（問題 **1** から問題 **4** まで配点 3 点×4，問題 **5** のみ 4 点）で，平均点は 14.72 点でした。

```
┌─ 第1部 ここがポイント！ ──────────
│ ＊キーワードや数，単語を正確に聞き取ろう！
│ ＊絵や文字などの視覚情報は，聞き取りの手助けになるため，積極的に活用
│ 　しよう！
│ ＊zum Arzt gehen や aus ... kommen など，よく使われる言い回しを覚え
│ 　よう！
└──────────────────────────
```

## 第2部 テキストの重要情報の聞き取り

正解 (6) **3**　(7) **3**　(8) **1**

放送されるドイツ語のテキストを聞き，その内容に関する質問に答える問題です。質問もドイツ語で放送されます。

放送

Maria ist Verkäuferin. Sie arbeitet in Deutschland. Am Freitag geht sie zu einer Sprachschule. Sie lernt dort Japanisch. Im Frühling reist sie nach Japan.

内容：

マリアは店員です。彼女はドイツで働いています。金曜日に彼女は語学学校に行きます。彼女はそこで日本語を学んでいます。春に彼女は日本へ旅行します。

放送 問題**6**: Was ist Maria von Beruf?

質問は「マリアの職業は何ですか？」という意味です。テキストの冒頭で，マリアは「店員」（Verkäuferin）であると述べられています。したがって，正解は選択肢**3**の Verkäuferin. です。なお，選択肢**1**の Bäckerin. は「パン職人」，選択肢**2**の Lehrerin. は「教師」という意味であり，いずれも女性形です。女性形は，男性形の名詞に接辞 -in を付けることで作られます。［正解率 90.49%］

放送 問題**7**: Was lernt Maria?

質問は「マリアは何を学んでいますか？」という意味です。テキストでは，マリアが「日本語」（Japanisch）を学んでいると述べられています。したがって，正解は選択肢**3**の Japanisch. です。なお，選択肢**1**の Deutsch. は「ドイツ語」，選択肢**2**の Englisch. は「英語」という意味です。［正解率 92.81%］

放送 問題**8**: Wann reist Maria nach Japan?

質問は「マリアはいつ日本へ旅行しますか？」という意味です。テキストの最後では，マリアが「春に」（im Frühling）日本へ旅行すると述べられています。したがって，正解は選択肢**1**の Im Frühling. です。なお，選択肢**2**の Im Sommer. は「夏に」，選択肢**3**の Im Winter. は「冬に」という意味です。また，「秋に」は im Herbst といいます。［正解率 98.61%］

◇この問題は 9 点満点（配点 3 点×3）で，平均点は 8.46 点でした。

＊was（何が，何を）や wann（いつ）などの疑問詞をしっかり覚えよう！

＊im Frühling（春に），am Freitag（金曜日に）などの前置詞を伴った時間表現はまとまった単位として覚えよう！

## 第3部 会話の場面理解

正解 **(9)** 3 **(10)** 2 **(11)** 1

放送された三つの短い会話を聞き，それぞれの会話の状況を把握する問題です。聞き取りの際には，キーワードを的確に理解し，全体としてどのようなことが述べられているのかを掴むことが重要です。

放送 問題9

**A**: Hast du Haustiere?

**B**: Ja, ich habe eine Katze. Hier ist ein Foto.

**A**: Super! Ich möchte auch eine Katze!

内容：

**A**: きみはペットを飼っている？

**B**: うん，私は猫を1匹飼っているよ。ここに写真があるよ。

**A**: すてきだね！　私も猫を飼いたい。

男性（**A**）が女性（**B**）に「きみはペット（Haustiere）を飼っている？」と尋ねます。その後，女性が「私は猫（Katze）を1匹飼っているよ」と答えていること，さらに男性が，自分も猫を飼いたいと言っていることから，ペットが話題にされていることがわかります。正解は選択肢 **3** です。［正解率 97.22％］

放送 問題**10**

**A**: Ich gehe heute zu Fuß.

**B**: Warum?

**A**: Mein Fahrrad ist kaputt.

内容：

**A**: 私は今日は徒歩で行くよ。

**B**: なぜ？

**A**: 自転車が壊れているんだ。

zu Fuß gehen (徒歩で行く), Fahrrad (自転車) という語句が使われていることから, 移動手段が話題にされているものと予想できます。正解は選択肢 **2** です。なお, kaputt は「壊れた」という意味の形容詞です。[正解率 92.81%]

放送 問題 **11**

**A**: Entschuldigung, wo finde ich Käse?

**B**: Käse? Da hinten links.

**A**: Danke schön!

内容:

**A**: すみません, チーズはどこにありますか?

**B**: チーズですか? そこの奥の左です。

**A**: ありがとうございます!

女性 (**A**) は, チーズ (Käse) に関して男性 (**B**) に質問しています。男性は「そこの奥の左」(Da hinten links) と答えているので, 女性はチーズの置いてある場所を探していることがわかります。女性と男性がどこにいるのか会話からはわかりませんが, 客と店員の会話であることが予想できます。正解は選択肢 **1** です。なお, Entschuldigung は「すみません」, Danke schön! は「ありがとう!」という意味の表現です。[正解率 94.20%]

◇この問題は 9 点満点 (配点 3 点×3) で, 平均点は 8.53 点でした。

┌─ **第3部** **ここがポイント!** ─────
│ ＊会話の中で重要なキーワードを聞き取ろう!
│ ＊すべての内容がわからない場合も, 聞き取れる語句を手がかりにテーマを
│ 　推測しよう!
│ ＊語彙力をつけ, 聞き取りの力を向上させよう!
└────────────────────

# 4級 (Anfängerstufe)
# 検定基準

■基礎的なドイツ語を理解し，初歩的な文法規則を
使って日常生活に必要な表現や文が運用できる。

■家族，学校，職業，買い物など身近な話題に関する
会話ができる。
簡単な手紙や短い文章の内容が理解できる。
比較的簡単な文章の内容を聞き，質問に答え，重要
な語句や数字を書き取ることができる。

■対象は，ドイツ語の授業を約60時間（90分授業で
40回）以上受講しているか，これと同じ程度の学習
経験のある人。

# 2020年度 冬期 ドイツ語技能検定試験

# 4級

## 筆記試験　問題

（試験時間　60 分）

出題は新しい正書法（単語のつづり方などに関する規則）に従います。解答は新旧いずれの方式でも認めます。

─── 注　　意 ───

■受験票と机の上の受験番号が同じであることを確認してください。

■携帯電話，スマートフォン，スマートウォッチ等の電子機器類は電源を切り，カバン等にしまってください。机の上に置いてはいけません。

■中途退場は認めません。退場は試験放棄となります。

①問題冊子は試験開始の合図があるまで，開いてはいけません。

②問題冊子は表紙・裏表紙を含めて **8** ページあります。
　余白は下書き・メモ用に使ってかまいません。

③試験監督者の指示に従って，解答用紙の所定の欄に，受験番号・氏名を記入してください。

④解答は黒の **HB** の鉛筆で強めに記入してください。
　書き直す場合には，消しゴムできれいに消してから記入してください。

⑤**解答はすべて解答用紙の指定された箇所に記入してください。**

⑥記入する数字は，下記の見本に従って書いてください。

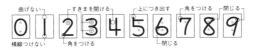

■試験が終わっても，指示があるまで席を立たないでください。

■解答用紙は持ち帰ってはいけません。

■この問題冊子の無断転載，無断複製を禁じます。

# 1

次の (1) ～ (4) の条件にあてはまるものが各組に一つずつあります。それを下の **1** ～ **4** から選び，その番号を解答欄に記入しなさい。

(1) 下線部の発音が他と異なる。

　　**1** <u>V</u>erkaufen　　**2** <u>V</u>illa　　　　**3** <u>V</u>ogel　　　　**4** <u>v</u>öllig

(2) 下線部にアクセント（強勢）がない。

　　**1** Fen<u>s</u>ter　　**2** Ge<u>s</u>icht　　　**3** Instru<u>m</u>ent　　**4** Klari<u>n</u>ette

(3) 下線部が長く発音される。

　　**1** g<u>e</u>ben　　**2** g<u>e</u>nug　　　　**3** g<u>e</u>rade　　　**4** g<u>e</u>sund

(4) 問い **A** に対する答え **B** の下線の語のうち，通常最も強調して発音される。

　　**A**: Heute besucht ihr das Museum, oder?
　　**B**: Nein. <u>Wir</u> <u>gehen</u> <u>morgen</u> <u>dorthin</u>.

　　**1** Wir　　　　**2** gehen　　　**3** morgen　　　**4** dorthin

# 2

次の (1) ～ (4) の文で（　　）の中に入れるのに最も適切なものを，下の **1** ～ **4** から選び，その番号を解答欄に記入しなさい。

(1) Renate, (　　) bitte nicht so schnell!

　　**1** sprechen　　**2** sprecht　　　**3** sprich　　　　**4** sprichst

(2) (　　) ihr jeden Tag Wäsche? – Ja, das ist eine schwere Arbeit.

　　**1** Wasche　　**2** Waschen　　**3** Wascht　　　**4** Wäscht

(3) Meine Kinder (　　) ins Kino gehen. Aber ich habe keine Lust.

　　**1** möchte　　**2** möchten　　**3** möchtest　　**4** möchtet

(4) Das ist ein gutes Restaurant. Was (　　) du mir hier, Georg?

　　**1** empfehle　　**2** empfehlt　　**3** empfiehlst　　**4** empfiehlt

**3** 次の (1) ～ (4) の文において ( ) の中に入れるのに最も適切なものを，下の **1** ～ **4** から選び，その番号を解答欄に記入しなさい。

(1) Der Ring ist schön! Ich kaufe ( ) zu Weihnachten.
   1 er        2 ihm        3 ihn        4 ihr

(2) Wohin soll ich die Tasse stellen? – Auf ( ) Tisch, bitte!
   1 meinem     2 meinen      3 meiner      4 meines

(3) ( ) gehört der Sportwagen hier? Den finde ich ganz toll!
   1 Wem        2 Wen        3 Wer        4 Wessen

(4) Woher kommen ( ) Fußballspielerinnen? Sie spielen sehr gut!
   1 diese       2 diesen      3 dieser      4 dieses

**4** 次の (1) ～ (4) の文に ( ) 内の語を挿入して文を完成させる場合，最も適切な箇所はどこですか。 1 ～ 4 から選び，その番号を解答欄に記入しなさい。ただし，文頭の語でも，小文字で表記している場合があります。

(1) ( mir )
   Papa, ich möchte ein Buch kaufen. Kannst 1 du 2 zehn Euro 3 geben 4 ?

(2) ( keinen )
   Zum Frühstück 1 trinke 2 ich 3 Tee 4 . Ich trinke immer Kaffee.

(3) ( deshalb )
   Sebastian, ich habe wenig Zeit. 1 schreibe 2 ich 3 nur ein paar Sätze 4 .

(4) ( möchte )
   Am Samstag 1 ich 2 mit den Kindern 3 einen Ausflug 4 machen.

**5** 次の (1) ～ (4) の文で ( ) の中に入れるのに最も適切なものを，下の **1** ～ **4** から
選び，その番号を解答欄に記入しなさい。

(1) Guten Morgen! Fünf Brötchen, bitte! – Sonst ( ) etwas?
  **1** dann     **2** erst     **3** noch     **4** schon

(2) Was ist dein Hobby? – Ich ( ) gern Sport.
  **1** esse     **2** gehe     **3** spiele     **4** treibe

(3) Wie trinken Sie Ihren Kaffee? – Mit Zucker, aber ( ) Milch, bitte!
  **1** ohne     **2** seit     **3** von     **4** wegen

(4) Hallo, Lutz! Wir haben hier noch ( ). Setz dich zu uns!
  **1** Fieber     **2** Husten     **3** Kinder     **4** Platz

**6** 次の (1) ～ (4) の会話が完成するように，( ) に入れるのに最も適切なものを，
下の **1** ～ **4** から選び，その番号を解答欄に記入しなさい。

(1) **A**: Wie lange dauert das Konzert?
  **B**: ( ).
  **1** 70 Euro                    **2** Zwölf Meter
  **3** 500 Menschen               **4** Drei Stunden

(2) **A**: Tschüs! Und ( )!
  **B**: Danke, dir auch!
  **1** ich gehe jetzt             **2** ein schönes Wochenende
  **3** kommen Sie wieder          **4** es tut mir leid

(3) **A**: Isst du abends zu Hause?
  **B**: ( ).
  **1** Ja, mein Mann kocht immer für mich
  **2** Ja, in meinem Haus gibt es viele Zimmer
  **3** Nein, ich wohne in einer Wohnung
  **4** Nein, ich esse nicht so gerne Fleisch

(4) **A**: ( ) kommt heute noch zur Party?
  **B**: Vielleicht kommen Klaus und Tanja.
  **1** Wann                       **2** Was
  **3** Wer                        **4** Wo

**7** 以下は，Mia が夏休み中に友人の Sarah に送ったメールです。この文章を読んで，以下の (a) ～ (e) に対応する絵を下の **1** ～ **8** から選び，その番号を解答欄に記入しなさい。

Von: Mia
An: Sarah
Betreff: Schöne Sommerferien!
Datum: 5. August 2019

Liebe Sarah,

wie geht es dir? Ich bin jetzt bei meinen Großeltern und genieße das Leben auf dem Land.

Jeden Morgen gehe ich am See spazieren. Dann frühstücke ich mit meinen Großeltern auf der Terrasse. Danach machen meine Großmutter und ich die Küche sauber. Dort essen wir zu Mittag. Mein Großvater kocht gern. Seine Kartoffelsuppe schmeckt mir besonders gut. Das ist mein Lieblingsessen. Nach dem Essen helfe ich meiner Großmutter bei der Gartenarbeit. Am Nachmittag treffe ich oft meine Freundin Paula. Von ihr lerne ich das Schwimmen. Das macht mir viel Spaß.

Am Wochenende mache ich mit Paula und meinen Großeltern einen Ausflug in den Zoo. Das finde ich wunderbar!

Wie sind deine Ferien in den Bergen? Schick mir mal Fotos!

Viele Grüße

Mia

(a) Was macht Mia vor dem Frühstück?
(b) Was isst Mia gern zu Mittag?
(c) Was machen Mia und ihre Großmutter nach dem Mittagessen?
(d) Was lernt Mia von Paula?
(e) Wohin fährt Mia am Wochenende?

1  2  3  4

5  6  7  8

**8** 以下は，Timo とその友人ナオコの会話です。空欄（ **a** ）～（ **e** ）に入れるのに最も適切なものを，下の **1**～**8** から選び，その番号を解答欄に記入しなさい。

Timo: Naoko, du bist heute sehr leise. ( **a** )
Naoko: Ach nein, mir geht's gut. ( **b** )
Timo: Was denn?
Naoko: Ich hätte gern einen Hund. Was meinst du?
Timo: Einen Hund? Als Haustier?
Naoko: Genau. Kennst du Aya? ( **c** ) Er schläft jeden Tag in ihrem Bett. Das finde ich sehr süß.
Timo: Warte mal. ( **d** ) Willst du auch noch einen Hund? Das finde ich zu viel.
Naoko: Ach, Timo. Hunde sind Hunde, Katzen sind Katzen.
Timo: Aber Katzen mögen normalerweise keine Hunde. Weißt du das nicht?
Naoko: Doch! ( **e** )

1 Sie hat einen sehr hübschen Dachshund.

2 Sie ist jetzt zweiundzwanzig.

3 Du bist doch erst einundzwanzig.

4 Du hast doch schon drei Katzen zu Hause.

5 Hat sie keine Hunde?

6 Bist du vielleicht krank?

7 Aber meine Katzen sind sehr freundlich.

8 Aber ich möchte dich etwas fragen.

# 9

次の文章を読んで，内容に合うものを下の **1 ～ 8** から四つ選び，その番号を解答欄に記入しなさい。ただし，番号の順序は問いません。

Johannes kommt aus Berlin und geht auf ein Gymnasium in Tokyo. Er wohnt schon seit zehn Jahren mit seiner Familie in Japan. Er spielt Baseball in einem Sportklub. Seine Freunde fragen ihn oft: „Warum spielst du nicht Fußball, sondern Baseball?" Fußball ist in Europa viel beliebter als Baseball. Aber er mag Baseball lieber und kann auch gar nicht so gut Fußball spielen. Baseball ist in Japan sehr beliebt, und bei den Olympischen Sommerspielen 2020 in Tokyo ist Baseball als eine Sportart im Programm. Johannes will bei der Olympiade 2020 den Besuchern aus dem Ausland helfen. Er spricht Deutsch, Japanisch und Englisch. Er möchte mit vielen Touristen aus aller Welt und auch mit Sportlern der Olympiade sprechen. Er freut sich sehr darauf. Nach dem Gymnasium möchte er auf eine Sporthochschule in Japan gehen und da weiter Baseball spielen. In Zukunft möchte er als Sporttrainer weltweit arbeiten und in Deutschland Baseball bekannt machen. Baseball ist noch nicht so populär in Deutschland.

1 ヨハネスはベルリン出身で，現在，東京で一人暮らしをしている。

2 ヨハネスの友人たちは，彼がなぜサッカーではなく野球をするのかとよく質問する。

3 ヨハネスは，野球だけでなく，サッカーも得意だ。

4 ヨハネスは，2020 年の東京オリンピックで野球種目に選手として出場することを目指している。

5 ヨハネスは，ドイツ語・日本語・英語を話すことができる。

6 ヨハネスは，2020 年の東京オリンピックで，世界中からやってくる訪問客やオリンピック選手と話したいと思っている。

7 ヨハネスは高校卒業後，ドイツの体育大学で学びたいと思っている。

8 ヨハネスは将来，野球をドイツで有名にしたいと思っている。

# 2020年度 冬期 ドイツ語技能検定試験

## 筆記試験 解答用紙

| 受 験 番 号 | 氏 名 |
|---|---|
| 2 0 W □ □ □ □ □ | |

**手書き数字見本**

0 1 2 3 4 5 6 7 8 9

**1** (1) □ (2) □ (3) □ (4) □

**2** (1) □ (2) □ (3) □ (4) □

**3** (1) □ (2) □ (3) □ (4) □

**4** (1) □ (2) □ (3) □ (4) □

**5** (1) □ (2) □ (3) □ (4) □

**6** (1) □ (2) □ (3) □ (4) □

**7** (a) □ (b) □ (c) □ (d) □ (e) □

**8** a □ b □ c □ d □ e □

**9** □ □ □ □

# 2020年度 冬期 ドイツ語技能検定試験
# 4級
# 聞き取り試験　解答の手引き

（試験時間　約25分）

---

出題は新しい正書法（単語のつづり方などに関する規則）に従います。解答は新旧いずれの方式でも認めます。

--- 注　意 ---

■受験票と机の上の受験番号が同じであることを確認してください。
■携帯電話，スマートフォン，スマートウォッチ等の電子機器類は電源を切り，カバン等にしまってください。机の上に置いてはいけません。
■中途退場は認めません。

① 指示があるまでページを開いてはいけません。
② 聞き取り試験は3部から成り立っています。
③ 試験監督者の指示に従って，解答用紙の所定の欄に，受験番号・氏名を記入してください。
④ 放送の指示でページを開き，解答のしかたをよく読んでください。
⑤ 解答は黒のHBの鉛筆で強めに記入してください。
　書き直す場合には，消しゴムできれいに消してから記入してください。
⑥ **解答はすべて試験時間内に解答用紙の指定された箇所に記入してください。**
⑦ 記入する数字は，下記の見本に従って書いてください。

⑧ アルファベットは大文字と小文字の判別ができるようにはっきりと書いてください。

■試験が終わっても，指示があるまで席を立たないでください。
■解答用紙は持ち帰ってはいけません。
■この問題冊子の無断転載，無断複製を禁じます。

—————— 第 1 部　Erster Teil ——————

1. 第 1 部は，問題 ( **1** ) から ( **4** ) まであります。
2. 各問題において，それぞれ四つのドイツ語の短い会話 **1** ～ **4** を放送します。間隔をおいてもう一度放送します。
3. すべての会話を聞いたうえで，会話として最も自然なものを選び，その番号を<u>解答用紙の所定の欄</u>に記入してください。
4. 以下，同じ要領で問題 ( **4** ) まで順次進みます。
5. メモは自由にとってかまいません。
6. 問題を始める前に，放送で解答のしかたを説明します。その説明の中で例を示します。

【注意】解答は<u>解答用紙</u>に記入してください。

( **1** )　　1　　　　　　2　　　　　　3　　　　　　4

( **2** )　　1　　　　　　2　　　　　　3　　　　　　4

( **3** )　　1　　　　　　2　　　　　　3　　　　　　4

( **4** )　　1　　　　　　2　　　　　　3　　　　　　4

—————— 第 2 部　Zweiter Teil ——————

1. 第 2 部は，問題 ( **5** ) から ( **8** ) まであります。
2. まずドイツ語の会話を放送し，内容についての質問 ( **5** ) ～ ( **8** ) を放送します。それをもう一度放送します。
3. それを聞いたうえで，( **5** ) と ( **7** ) には適切な一語を，( **6** ) と ( **8** ) には算用数字を，<u>解答用紙の所定の欄</u>に記入してください。なお，<u>単語は大文字と小文字をはっきり区別して書いてください</u>。
4. 最後に全体を通して放送します。
5. メモは自由にとってかまいません。

( **5** )　Er macht Kartoffelsalat und _____ .

( **6** )　Sie schneidet □ Tomaten.

( **7** )　Er braucht noch _____ und Pfeffer.

( **8** )　Er kocht sie ungefähr □□ Minuten.

───── **第 3 部　Dritter Teil** ─────

1. 第 3 部は，問題 (**9**) から (**11**) まであります。
2. まずドイツ語の短い文章を 2 回放送します。
3. それを聞いたうえで，その文章の内容を最も適切に表している絵をそれぞれ **1** ～ **4** から一つ選び，その番号を解答用紙の所定の欄に記入してください。
4. 以下，同じ要領で問題 (**11**) まで順次進みます。
5. 最後に，問題 (**9**) から (**11**) までのドイツ語の文章をもう一度通して放送します。そのあと，およそ 1 分後に試験終了のアナウンスがあります。試験監督者が解答用紙を集め終わるまで席を離れないでください。
6. メモは自由にとってかまいません。

(**9**)

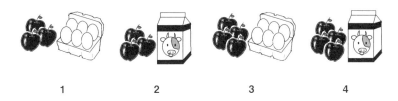

　　　　1　　　　　　　　2　　　　　　　　3　　　　　　　　4

(**10**)

　　　　1　　　　　　　　2　　　　　　　　3　　　　　　　　4

(**11**)

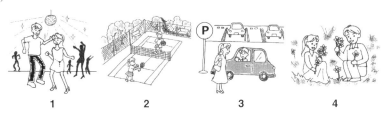

　　　　1　　　　　　　　2　　　　　　　　3　　　　　　　　4

# 4級

## 2020年度 冬期 ドイツ語技能検定試験

## 聞き取り試験 解答用紙

| 受 験 番 号 | 氏 名 |
|---|---|
| 2 0 W | |

**手書き数字見本**

0 1 2 3 4 5 6 7 8 9

## 【第1部】

| 例 | 4 | (1) | | (2) | | (3) | | (4) | |
|---|---|---|---|---|---|---|---|---|---|

## 【第2部】

採点欄

(5) Er macht Kartoffelsalat und _____ .

(6) Sie schneidet ☐ Tomaten .

採点欄

(7) Er braucht noch _____ und Pfeffer .

(8) Er kocht sie ungefähr ☐ Minuten .

## 【第3部】

| (9) | | (10) | | (11) | |
|---|---|---|---|---|---|

— 44 —

# 冬期 《4級》 ヒントと正解

## 【筆 記 試 験】

## ◼1 発音とアクセント

正解 (1) 2　(2) 2　(3) 1　(4) 3

　発音やアクセントの位置，母音の長短などに関する問題です。発音の基本的な規則に加え，外来語や語構成に関する知識を身につけておく必要があります。

　(1) 子音字の発音に関する問題です。子音字 v は原則として [f] と発音されます。実際，選択肢 1 の verkaufen（売る），選択肢 3 の Vogel（鳥），選択肢 4 の völlig（完全な）の子音字 v は原則通り [f] と発音されます。ただし，外来語の場合，この原則は必ずしもあてはまりません。選択肢 2 の Villa（屋敷）は外来語であり，子音字 v は [v] と発音されます。したがって，正解は選択肢 2 です。[正解率 62.99%]

　(2) 語のアクセントの位置に関する問題です。語のアクセントは原則として最初の音節に置かれます。実際，選択肢 1 の Fenster（窓）では，下線部の母音にアクセントが置かれます。一方，ラテン語起源の語では語末近くの母音にアクセントが置かれます。選択肢 3 の Instrument（楽器），選択肢 4 の Klarinette（クラリネット）はいずれもラテン語起源であり，語末近くに位置する下線部の母音にアクセントが置かれます。また，非分離前つづりを含む語の場合，その前つづりにはアクセントが置かれません。選択肢 2 の Gesicht（顔）はアクセントのない前つづり ge- を伴う語なので，下線部の母音にアクセントは置かれません。以上をまとめると，選択肢 2 のみ，下線部の母音にはアクセントが置かれません。したがって，正解は選択肢 2 です。[正解率 65.15%]

　(3) 母音の長短に関する問題です。選択肢 1 の geben（与える）の場合，下線部の母音 e は長く発音されます。これに対し，選択肢 2 の genug（十分に），選択肢 3 の gerade（ちょうど），選択肢 4 の gesund（健康な）の場合，下線部の母音 e は短く発音されます。したがって，正解は選択肢 1 です。一般に，前つづりを含まない動詞の場合，語幹の母音は子音字一つの手前では sagen（言う）や haben

（持つ）の下線部のように長く発音されます。一方，2 音節以上からなる形容詞や副詞の多くは，gerecht（公正な），gesamt（全体の）の下線部のように ge- の母音 e が短く発音されます。［正解率 96.91%］

（4）文の中で強調して発音される語を問う問題です。一般的に，文中では最も重要な情報を担う部分が強調されます。**A** は「今日，きみたちは美術館を訪れるんだよね?」と尋ねます。これに対して **B** は「いや，私たちは明日そこに行く」と答えます。**B** は **A** の質問に「いや」と答えた上で，他の日に美術館を訪れることを追加情報として述べています。とりわけ重要なのは「明日」という時間情報であることから，それに該当する表現 morgen を強調して発音するのが自然です。したがって，正解は選択肢 **3** です。［正解率 70.41%］

◇この問題は 12 点満点（3 点×4）で，平均点は 8.86 点でした。

┌─ **1** ここがポイント！ ─────────────────────
│ ＊語のアクセントの位置や母音の長短に関する原則を覚えよう！
│ ＊前つづりを含む語や外来語の場合，発音やアクセントの原則に関する例外
│　 が多いので注意しよう！
└──────────────────────────────────

## **2** 動詞と話法の助動詞（現在人称変化，命令形）

正解 （1）**3**　　（2）**3**　　（3）**2**　　（4）**3**

動詞と話法の助動詞の現在人称変化形，命令形を問う問題です。

（1）不規則変化動詞 sprechen（話す）の変化形を問う問題です。文末に感嘆符（!）があることや，Renate という呼びかけに続く文において主語に相当する 1 格の名詞や代名詞がないことから，文全体は 2 人称単数 du に対する命令文であると判断できます。sprechen や lesen（読む）のように主語が 2 人称単数 du のときと 3 人称単数 er/sie/es のとき語幹の母音が e → i または e → ie と変化する不規則変化動詞は，du に対する命令形でも語幹の母音が e → i または e → ie と変化します。したがって，正解は選択肢 **3** です。問題文は「レナーテ，どうかそんなに速く話さないで!」という意味です。［正解率 61.65%］

（2）不規則則変化動詞 waschen（洗う）の変化形を問う問題です。waschen や schlafen（眠る）など一部の動詞は，主語が 2 人称単数 du のときと 3 人称単数

— 46 —

er/sie/es のとき，語幹の母音が a → ä と変化します。waschen の場合は，du wäschst, er/sie/es wäscht のように形が変わります。一方，問題文のように主語が 2 人称複数 ihr の場合，語幹の母音は変化せず，waschen の場合は ihr wascht のように変化します。したがって，正解は選択肢 **3** です。問題文は「きみたちは毎日洗濯物を洗っているの？——うん，それはつらい仕事だ」という意味です。なお，主語が er/sie/es のときの変化形にあたる選択肢 **4** を選んだ解答が 26.91% ありました。[正解率 64.74%]

**(3)** 話法の助動詞 möchte（〜したい）の変化形を問う問題です。möchte は können や müssen など他の話法の助動詞と同様に人称変化し，ich möchte, du möchtest, er/es/sie möchte, wir möchten, ihr möchtet, sie/Sie möchten のように形が変わります。問題文では，主語が meine Kinder（私の子どもたち）であり，3 人称複数の人称代名詞 sie と同じ扱いであるため，助動詞 möchte もそれに合わせた形に変化させる必要があります。したがって，正解は選択肢 **2** です。問題文は「私の子どもたちは映画に行きたがっている。しかし，私にはその気がない」という意味です。なお，選択肢 **4** を選んだ解答が 30.82% ありました。[正解率 54.33%]

**(4)** 不規則則変化動詞 empfehlen（勧める）の変化形を問う問題です。empfehlen や sehen（見る）など一部の動詞は，主語が 2 人称単数 du のときと 3 人称単数 er/sie/es のとき，語幹の母音が e → ie と変化します。empfehlen の場合は，du empfiehlst, er/sie/es empfiehlt のように形が変わります。問題文の主語は du です。したがって，正解は選択肢 **3** です。問題文は「これはよいレストランだ。きみはここで私に何を勧めてくれるの，ゲオルク？」という意味です。[正解率 92.37%]

◇この問題は 12 点満点（配点 3 点×4）で，平均点は 8.19 点でした。

**2 ここがポイント！**

＊主語 du, ihr, Sie に対する命令文での動詞の形をしっかり身につけよう！
＊語幹の母音が変音する不規則変化動詞があることに注意しよう！
＊話法の助動詞についても，人称変化形を確実に覚えよう！

# **3** 冠詞類と代名詞

冠詞類や代名詞の適切な変化形を問う問題です。冠詞類や代名詞は，性・数・格に応じて形が異なります。変化形を正しく覚えるとともに，冠詞類や代名詞の文中での役割にも注意する必要があります。

（**1**） 人称代名詞の変化形を問う問題です。問題文は「その指輪は美しい！ 私はそれをクリスマスに買う」という意味だと予想されます。動詞 kaufen（買う）の目的語は 4 格であることから，空欄には男性名詞 Ring（指輪）と性が同じであり，かつ，4 格である代名詞 ihn を入れるのが適切です。したがって，正解は選択肢 **3** です。なお，選択肢 **2** を選んだ解答が 24.74% ありました。［正解率 61.03%］

（**2**） 所有冠詞の変化形を問う問題です。選択肢で使用されている語から，問題文は「このカップをどこに置きましょうか？──私の机の上にお願いします！」という意味だと予想されます。auf は 3 格もしくは 4 格を支配する前置詞であり，問題文の場合には動作の方向を表す必要があるため，auf に後続する表現全体は 4 格であることが求められます。また，Tisch（机）は男性名詞であることから，男性 4 格の所有冠詞を選ぶ必要があります。したがって，正解は選択肢 **2** です。なお，選択肢 **1** を選んだ解答が 31.03% ありました。［正解率 43.71%］

（**3**） 疑問代名詞 wer の変化形を問う問題です。選択肢で使用されている語から，問題文は「ここにあるスポーツカーは誰のものですか？ それはとてもすてきだと思います！」という意味だと予想されます。動詞 gehören（～のものである）は，所有物を主語で表す一方，所有者を 3 格目的語で表す動詞です。そのため，所有者が誰であるかを問う場合には疑問詞 wer を 3 格に変化させた形である wem を使う必要があります。したがって，正解は選択肢 **1** です。なお，選択肢 **3** を選んだ解答が 27.63% ありました。［正解率 45.05%］

（**4**） 冠詞類の変化形を問う問題です。選択肢で使用されている語から，問題文は「この女子サッカー選手たちはどこから来ているのですか？ 彼女たちはとてもいいプレーをします！」という意味だと予想されます。Fußballspielerinnen は Fußballspielerin の複数形であり，第 1 文では主語に相当することから，選択肢のうち dies- を複数 1 格に変化させた形である diese を選ぶ必要があります。したがって，正解は選択肢 **1** です。なお，選択肢 **3** を選んだ解答が 19.28% ありま

した。［正解率 58.45%］

◇この問題は 12 点満点（配点 3 点×4）で，平均点は 6.25 点でした。

**3 ここがポイント！**
* ＊代名詞や冠詞類は動詞や前置詞との関係に応じて形が変化することに注意しよう！
* ＊3 格もしくは 4 格を支配する前置詞については，文が表す意味に応じて適切な格を選ぶようにしよう！

## 4 語順

正解 **(1) 2　(2) 3　(3) 1　(4) 1**

　語順を問う問題です。動詞や話法の助動詞，副詞の位置など，語順についての基本的な規則を覚えている必要があります。

　**(1)** 人称代名詞の位置を問う問題です。定形の動詞もしくは助動詞より後ろに複数の語を並べる場合，代名詞はそれ以外の語よりも前に置きます。さらに，代名詞が複数ある場合は，1 格→4 格→3 格の順に置きます。問題文に挿入するべき mir は 3 格の代名詞であることから，zehn Euro よりも前に置き，かつ，1 格の代名詞である du よりも後ろに置く必要があります。したがって，正解は選択肢 **2** です。問題文は「パパ，私は本を 1 冊買いたい。私に 10 ユーロくれる ?」という意味です。［正解率 80.72%］

　**(2)** 否定冠詞の位置を問う問題です。否定冠詞は名詞の前に置かれます。問題文では，動詞 trinken の 4 格目的語にあたる男性名詞 Tee の前に男性 4 格の否定冠詞 keinen を置く必要があります。したがって，正解は選択肢 **3** です。問題文は「朝食には，私はお茶を飲まない。私はいつもコーヒーを飲む」という意味です。前置詞句 zum Frühstück は「朝食に」を意味します。［正解率 87.32%］

　**(3)** 副詞の位置を問う問題です。挿入すべき deshalb は因果関係を表す副詞的接続詞であり，文中の 1 要素をなします。deshalb を挿入して完成させるべき文は，主語 ich を含み，終止符付きであることから，平叙文であるものと予想されます。また，定形の動詞 schreibe の直前にあたる選択肢 **1** の位置は文頭に相当することから，この位置に deshalb を補うべきであることがわかります。した

がって，正解は選択肢**1**です。問題文は「ゼバスティアン，私は時間がほとんどない。だから，私は 2, 3 文だけ書くよ」という意味です。［正解率 73.81%］

**(4)** 話法の助動詞の位置に関する問題です。平叙文では定形の動詞もしくは助動詞は文頭から 2 番目に置かれます。そのため，挿入すべき möchte は文頭の前置詞句 am Samstag の直後に置く必要があります。したがって，正解は選択肢**1**です。問題文は「土曜日に私は子どもたちと一緒にハイキングをしたい」という意味です。einen Ausflug machen は「ハイキングをする，遠足をする」を意味します。なお，選択肢**2**を選んだ解答が 24.54% ありましたが，選択肢**2**の位置は am Samstag と ich の 2 要素より後であり，文頭から 2 番目の位置にあたりません。［正解率 72.68%］

◇この問題は 12 点満点（配点 3 点×4）で，平均点は 9.44 点でした。

┏━**4** **ここがポイント！**━━━━━━━━━━━━━━━━━━━━┓
＊平叙文では定形の動詞もしくは助動詞を文頭から 2 番目に置くという点に注意しよう！
＊also, dann, deshalb, trotzdem などの副詞は文中の 1 要素をなすという点に注意しよう！

## **5** 語彙

正解 **(1)** **3**　　**(2)** **4**　　**(3)** **1**　　**(4)** **4**

語彙力を問う問題です。状況に合わせて適切な語を選ぶことが求められます。

**(1)** 前半の文で「おはようございます！ 小型のパンを 5 個お願いします！」と言っていることから，ベーカリーでの会話であるものと予想されます。後半の文では，使用されている語句から，前半の文に対する反応として「他にまだ何か（ご注文はありますか？）」と尋ねているものと予想されます。したがって，「まだ」という意味の副詞 noch を補うのが適切です。正解は選択肢**3**です。Sonst noch etwas? は決まり文句であり，ひとまとまりの表現として覚える必要があります。なお，選択肢**1**の dann（それから），選択肢**2**の erst（ようやく），選択肢**4**の schon（もう）は空欄には適しません。［正解率 62.47%］

**(2)**「きみの趣味は何？」という問いに，副詞 gern（好んで）を含んだ「私はス

ポーツを（　）のが好きだ」という発言が対応していることから，空欄に入れるべき語とSportとの組み合わせで「スポーツをする」という表現を完成させる必要があるものと予想されます。該当するのは動詞treiben（行う，する）です。したがって，正解は選択肢**4**です。なお，選択肢**3**を選んだ解答が91.65％ありました。動詞spielenはFußball spielen（サッカーをする）やTennis spielen（テニスをする）のように主として球技名と組み合わせて使う一方，その他のスポーツ名や総称としてのSportと組み合わせて使うことはありません。［正解率4.64％］

　（3）問題文は「あなたはコーヒーをどのように飲みますか？──砂糖入りで，でもミルク（　）でお願いします！」という意味です。選択肢**1**のohneは「〜なしで」，選択肢**2**のseitは「〜以来」，選択肢**3**のvonは「〜から，〜の」，選択肢**4**のwegenは「〜のせいで」という意味です。第2文では，まず「砂糖入りで」と答えた後，逆接の接続詞aberを挟んで「ミルク（　）で」と付け加えていることから，「砂糖入り」と対比的に「ミルクなしで」と述べているものと予想されます。したがって，正解は選択肢**1**です。［正解率78.97％］

　（4）問題文は「やあ，ルッツ！ ここにまだ（　）がある。私たちのところに座りなよ！」という意味です。選択肢**1**のFieberは「熱」，選択肢**2**のHustenは「咳」，選択肢**3**のKinderは「子どもたち」，選択肢**4**のPlatzは「席」という意味です。最後の文では「私たちのところに座りなよ！」と述べていることから，一つ前の文では，話し手が聞き手に対して空席があることを伝えているものと予想されます。そのため，空欄には「席」を表すPlatzを入れるのが適切です。したがって，正解は選択肢**4**です。［正解率62.37％］

◇この問題は12点満点（配点3点×4）で，平均点は6.25点でした。

**⑤ ここがポイント！**
- ＊Sonst noch etwas?のように特定の場面でよく使用される決まり文句は，ひとまとまりの表現として覚えよう！
- ＊Sport treibenのように特定の語の組み合わせとして定着している表現に注意しよう！
- ＊文脈ごとに何が適切な語かをよく判断しよう！

# 6 会話表現

　空欄に適切な表現を入れることにより，短い会話を完成させる問題です。文法的な知識に加え，日常的な場面でよく用いられる慣用表現を覚えておく必要があります。

　(1) **A** の発言「そのコンサートはどれくらい時間がかかりますか？」に対する返答として成り立つ表現を選ぶ問題です。選択肢 **1** は「70 ユーロ」，選択肢 **2** は「12 メートル」，選択肢 **3** は「500 人」，選択肢 **4** は「3 時間」という意味です。このうち，時間を述べていて，自然な問答を成り立たせることができるのは選択肢 **4** だけです。したがって，正解は選択肢 **4** です。wie lange は「どれくらい（時間が）長く」という意味の疑問表現です。また，dauern は「（期間が）続く，かかる」という意味の動詞であり，Wie lange dauert ... ？全体で「〜はどれくらい時間がかかるか？」という意味を表します。［正解率 60.93%］

　(2) **B** の応答に合致するよう，**A** の発言を完成させる問題です。**B** は「ありがとう，きみにもね！」と言っています。一方，空欄を含めた **A** の発言は「じゃあね！ そして（　　）！」という意味です。選択肢 **1** は「私は今から行く」，選択肢 **2** は「素敵な週末」，選択肢 **3** は「またいらしてください」，選択肢 **4** は「私は残念だ」という意味です。このうち，選択肢 **2** は Ich wünsche dir ein schönes Wochenende（私はきみに素敵な週末を願うよ）という挨拶表現の省略形として理解することができます。また，そう理解した場合には，**B** が Danke, dir auch!（ありがとう，きみにもね！）と述べることで，**A** の発言に対して謝意を表すとともに **A** に対しても素敵な週末を願っているものととらえることが可能になります。一方，選択肢 **1**，選択肢 **3**，選択肢 **4** を選んだ場合には，後続する **B** の発言との間に自然なつながりが成り立ちません。以上のことから，正解は選択肢 **2** です。なお，選択肢 **3** を選んだ解答が 13.09% ありました。［正解率 76.39%］

　(3) **A** の発言は「きみは，晩は自宅で食べるの？」という意味です。選択肢 **1** は「はい，私の夫はいつも私のために料理をしてくれます」，選択肢 **2** は「はい，私の家には部屋がたくさんあります」，選択肢 **3** は「いいえ，私はアパートに住んでいます」，選択肢 **4** は「いいえ，私は肉を食べるのがあまり好きではありません」という意味です。晩は自宅で食べるのかどうかという質問と関わりがあり，自然な問答を成り立たせることができるのは選択肢 **1** だけです。したがって，正

解は選択肢 **1** であり，**B** は **A** の質問に「はい」と答えた上で，自宅で食べる理由を補足説明しているものと理解することができます。［正解率 78.04％］

（4）**B** の応答に合致するよう，**A** の疑問文を完成させる問題です。**B** は「もしかするとクラウスとターニャが来るかもしれない」と述べています。選択肢はすべて疑問詞であり，選択肢 **1** の wann は「いつ」，選択肢 **2** の was は「何が，何を」，選択肢 **3** の wer は「誰が」，選択肢 **4** の wo は「どこ」という意味です。空欄を除いた **A** の発話には動詞 kommen の主語がないことから，空欄には主語に相当する疑問詞を入れる必要があります。また，**B** の発言では人物名が挙げられていることから，**A** では誰がパーティーに来るのかを尋ねているものと理解できます。したがって，正解は選択肢 **3** です。［正解率 81.75％］

◇この問題は 12 点満点（配点 3 点×4）で，平均点は 8.91 点でした。

**◤6◢ ここがポイント！**

＊日常会話でよく用いられる挨拶や慣用表現を覚えよう！
＊疑問詞の種類と用法を確認しよう！

## ◤7◢ テキストの要点の理解（イラスト選択）

[正解] **(a) 1 (b) 5 (c) 7 (d) 2 (e) 4**

ミーアが夏休み中に友人のザーラに送ったメールを読み，内容と一致する絵を選ぶ問題です。

内容：
送信者：ミーア
受信者：ザーラ
件名：よい夏休みを！
日時：2019 年 8 月 5 日
ザーラへ

　元気？　私は今，祖父母のところに来ていて，田舎の生活を満喫しています。
　毎朝，私は湖沿いを散歩します。それから祖父母と一緒にテラスで朝食を食べます。その後，祖母と私は台所を掃除します。そこで私たちは昼食を食べます。祖父は料理が好きです。祖父のポテトスープは特においしいです。それは私の好物です。食事の後，私は祖母の庭仕事を手伝います。午後は，よく友人

のパウラと会います。私は彼女から水泳を習っています。それはすごく楽しいです。

　週末，私はパウラと祖父母と一緒に動物園に出かけます。それは素敵だと思っています！

　山での休暇はどうですか？　写真を送ってね！

じゃあね

ミーア

【語彙】　jm schmecken: ～にとっておいしい　jm bei et³ helfen: ～の～を手伝う　treffen: ～に会う　jm Spaß machen: ～にとって楽しい

（a）は「ミーアは朝食の前に何をしますか？」という意味です。テキストでは，ミーアが毎朝，湖畔を散歩していること，そして，その後で朝食をとることが述べられています。したがって，女の子が湖畔を歩く姿が描かれている選択肢 **1** が正解です。［正解率 69.38%］

（b）は「ミーアは昼に何を食べるのが好きですか？」という意味です。テキストでは，祖父の作るポテトスープがミーアの好物だということが述べられています。したがって，スープが描かれている選択肢 **5** が正解です。［正解率 85.26%］

（c）は「ミーアと祖母は昼食後に何をしますか？」という意味です。テキストでは，ミーアが昼食後に祖母の庭仕事を手伝うということが述べられています。したがって，2 人の女性が庭で水まきをする姿が描かれている選択肢 **7** が正解です。［正解率 80.00%］

（d）は「ミーアはパウラから何を習っていますか？」という意味です。テキストでは，ミーアが午後しばしば友人のパウラと会っていること，ミーアがパウラから水泳を習っていることが述べられています。したがって，湖で 2 人の女の子が泳ぐ姿が描かれている選択肢 **2** が正解です。［正解率 96.70%］

（e）は「ミーアは週末にどこへ行きますか？」という意味です。テキストでは，ミーアが週末にパウラと祖父母と一緒に動物園へ行くことが述べられています。したがって，動物園が描かれている選択肢 **4** が正解です。［正解率 98.45%］

◇この問題は 15 点満点（配点 3 点×5）で，平均点は 12.89 点でした。

**7 ここがポイント！**

＊時間や場所を表す語句に注目した上で，テキストの内容を整理しよう！

＊一つ一つの語句に注目するだけでなく，前後の文脈を正確に読み取ろう！

## 8 会話文理解

正解　(a) 6　(b) 8　(c) 1　(d) 4　(e) 7

　文脈的に適切な表現を空欄に入れることにより，会話文を完成させる問題です。選択肢に挙がっている各表現の意味を正しく理解することに加え，空欄に入れるべき表現とその前後の文との意味的なつながりや会話全体の流れを確認することが重要です。テキストは，ティモとその友人ナオコの会話です。ナオコは犬を飼うべきかどうか，ティモに相談します。まず，会話文と選択肢の意味を確認してください。

内容

ティモ：　ナオコ，きみは今日とても静かだね。(**a**)

ナオコ：　違う，調子はいいよ。(**b**)

ティモ：　一体何？

ナオコ：　私は犬を 1 匹飼いたいと思っているんだけど。きみはどう思う？

ティモ：　犬を？　ペットとして？

ナオコ：　そう。きみはアヤを知っている？（**c**）その犬は毎日，彼女のベッドで寝ているの。私はそれがすごくかわいらしいと思う。

ティモ：　ちょっと待って。(**d**) きみはさらに犬も 1 匹飼おうとしているの？それは多すぎると思うな。

ナオコ：　ねぇ，ティモ。犬は犬，猫は猫。

ティモ：　でも，猫はふつう犬が好きじゃないよ。きみはそのことを知らないの？

ナオコ：　そんなことはないよ！（**e**）

**1**　彼女はすごく可愛いダックスフントを 1 匹飼っている。

**2**　彼女はいま 22 歳だ。

**3**　きみはまだ 21 歳だ。

**4**　きみはすでに家で猫を 3 匹飼っている。

**5**　彼女は犬を飼っていないの？

**6**　きみはひょっとして病気なの？

**7**　でも，私の猫たちはとてもフレンドリーだ。

**8**　でも，私はきみに相談したいことがある。

（**a**）：ティモはナオコがとても静かであることを指摘した上で，（**a**）と言います。（**a**）に対して，ナオコは「違う，調子はいいよ」と答えます。ナオコがティモの発言（**a**）の内容を否定し，その上で調子はいいと説明する，という話の展開を踏まえると，まず発言（**a**）を通じて，ナオコの調子が悪いと言われているのではないかと予想されます。正解は，選択肢**6**の「きみはひょっとして病気なの？」です。［正解率 90.62%］

（**b**）：「違う，調子はいいよ」と答えたナオコは，続けて（**b**）と発言し，それを聞いたティモは「一体何？」と言います。この質問に対して，ナオコは「私は犬を1匹飼いたいと思っているんだけど。きみはどう思う？」と言います。このことから，（**b**）では，ナオコは何かティモに話したいこと，あるいは，考えていることがあり，それが何かはまだ具体的に示されていないのだろうと予想できます。正解は，選択肢**8**の「でも，私はきみに相談したいことがある」です。［正解率 76.39%］

（**c**）：ペットとして犬を飼いたいのかと聞き返すティモに対し，ナオコは「そう。きみはアヤを知っている？」と答え，続けて（**c**）と言います。（**c**）の後，ナオコはさらに，「それ（er）は毎日，彼女のベッドで寝ているの」と続けます。このことから，ナオコは，男性名詞で指示される何かが毎日アヤのベッドで寝ているということを話しているものと予想されます。それまでの会話では犬が話題になっていることから，代名詞 er は何らかの犬を指すと考えられます。正解は，男性名詞 Dachshund を含んだ選択肢**1**の「彼女はすごく可愛いダックスフントを1匹飼っている」です。［正解率 76.19%］

（**d**）：犬を飼おうとしているナオコに対し，ティモは「ちょっと待って」と言った上で（**d**）と発言し，さらに「きみはさらに犬も1匹飼おうとしているの？　それは多すぎると思うな」と言います。このことから，ナオコはすでに何らかのペットを飼っていて，ティモはそのことにナオコの注意を向けているのだろうと予想できます。正解は，選択肢**4**の「きみはすでに家で猫を3匹飼っている」です。［正解率 73.20%］

（**e**）：「猫はふつう犬が好きじゃないよ。きみはそのことを知らないの？」というティモの発言に対して，ナオコは「そんなことはないよ！」と答えた上で，（**e**）と続けます。それまでの会話から，ナオコが犬を飼いたがっていることがわかっ

ているので，ナオコは犬と猫がふつうは仲が悪いことを承知しつつも，自分が猫に加えて新たに犬を飼うことには問題がないということを伝えようとしているのだろうと予想できます。正解は，選択肢 **7** の「でも，私の猫たちはとてもフレンドリーだ」です。［正解率 72.37%］

◇この問題は 15 点満点（配点 3 点×5）で，平均点は 11.66 点でした。

┏━**8** **ここがポイント！**━━━━━━━━━━━━━━━━━━━━━━━

＊会話中のキーワードを手がかりに，正確な内容を理解しよう！

＊他者の発言に対する話し手の同意を表す Genau!（その通り！）や打ち消しの意を表す Doch!（それは違う！）に着目して話の流れを掴もう！

＊Ich hätte gern...（～がほしい）のような基本的な言い回しはよく覚えておこう！

## **9** テキストの正確な理解（日本語文選択）

正解  **2**，**5**，**6**，**8**（順序は問いません）

ある程度の長さのまとまったテキストを読み，その要点を正しく理解できるかどうかを問う問題です。テキストの内容を正確に把握した上で，選択肢の正誤を判断することが求められます。

内容：

ヨハネスはベルリン出身で，東京の高校（ギムナジウム）に通っています。彼はすでに 10 年前から家族と一緒に日本に住んでいます。彼はスポーツクラブで野球をしています。彼の友人たちは，「きみはなぜサッカーではなく野球をするの？」とよく質問します。サッカーは，ヨーロッパでは野球よりもずっと人気があります。しかし，彼は野球のほうが好きであり，サッカーをするのもあまり上手ではありません。野球は日本ではとても人気があり，2020 年の東京オリンピック夏季大会では野球がスポーツ種目の一つとしてプログラムに含まれています。ヨハネスは，2020 年のオリンピック競技大会で外国からの訪問客を手助けするつもりです。彼はドイツ語，日本語，英語を話します。彼は世界中からの多くの旅行者やオリンピック競技大会の選手とも話したいと思っています。彼はそれをとても楽しみにしています。高校卒業後，彼は日本の体育大学に進学し，そこで引き続き野球をしたいと思っています。将来，彼はスポーツ

トレーナーとして世界中で仕事をし，野球をドイツで有名にしたいと思っています。野球は，ドイツではまだあまり人気がありません。

【語彙】 auf ein Gymnasium gehen: 高校（ギムナジウム）に通う Sport-klub: スポーツクラブ nicht ... sondern ...: 〜ではなく… beliebt: 人気のある viel beliebter als ...: 〜よりもずっと人気がある lieber: むしろ Olympische Sommerspiele: オリンピック夏季大会 Sportart: スポーツ種目 Olympiade: オリンピック競技大会 aus aller Welt: 世界中から Sporttrainer: スポーツトレーナー bekannt machen: 有名にする

選択肢 **1** は，本文第 1〜2 行「彼はすでに 10 年前から家族と一緒に日本に住んでいます」と矛盾するので，不正解です。選択肢 **2** は，本文第 3〜4 行「彼の友人たちは，『きみはなぜサッカーではなく野球をするの？』とよく質問します」に合致するので，正解です。［正解率 97.94%］選択肢 **3** は，本文第 5 行「彼は野球のほうが好きであり，サッカーをするのもあまり上手ではありません」と矛盾するので，不正解です。選択肢 **4** は，テキストの内容に合致しないため，不正解です。本文第 7〜8 行では，ヨハネスが 2020 年の東京オリンピック夏季大会において「外国からの訪問客を手助けするつもりです」と述べられていますが，ヨハネスが選手として出場することを目指しているとは述べられていません。選択肢 **5** は，本文第 8〜9 行「彼はドイツ語，日本語，英語を話します」に合致するので正解です。［正解率 98.76%］選択肢 **6** は，本文第 9〜10 行「彼は世界中からの多くの旅行者やオリンピック競技大会の選手とも話したいと思っています」に合致するので，正解です。［正解率 93.92%］選択肢 **7** は，本文第 11〜12 行「高校卒業後，彼は日本の体育大学に進学し，そこで引き続き野球をしたいと思っています」と矛盾するので，不正解です。選択肢 **8** は，本文第 12〜13 行「将来，彼はスポーツトレーナーとして世界中で仕事をし，野球をドイツで有名にしたいと思っています」に合致するので正解です。［正解率 88.14%］

◇この問題は 12 点満点（配点 3 点×4）で，平均点は 11.36 点でした。

┏━ **9** **ここがポイント！** ━━━━━━━━━━━━━━━━━

＊テキスト全体の流れをよく把握し，重要な情報を読み取ろう！

＊Sport＋Klub＝Sportklub（スポーツクラブ），Sport＋Art＝Sportart（スポーツ種目）など，複数の要素からなる複合名詞については，個々の要素の意味を手がかりに名詞全体の意味を推測しよう！

# 【聞き取り試験】

## 第1部 会話表現理解（流れが自然なものを選択）

[正解] （1） **3**　（2） **1**　（3） **3**　（4） **1**

　放送された4通りの短い会話を聞き，流れが最も自然であるものを選ぶ問題です。文字や絵などの視覚情報を手がかりとすることなく，質問などの発話とそれに続く発話を正確に聞き取った上で，相互の内容的なつながりを確認する必要があります。また，そのためには，イントネーション，アクセント，個々の母音や子音の発音などに関する適切な理解も求められます。

　なお，4通りの会話において，先行する発話の部分はすべて同じです。以下では，最初にこの共通部分を，次いで後続する4通りの発話の部分を示します。

[放送]　問題**1**:　Gefällt dir die neue Wohnung?
選択肢:　**1**　Ja, er ist ein guter Mann.
　　　　　**2**　Ja, es schmeckt.
　　　　　**3**　Ja, sehr gut.
　　　　　**4**　Ja, bitte.

　「きみは新しい住居が気に入っているの？」という質問に対して，選択肢**1**では「はい，彼はいい人です」，選択肢**2**では「はい，おいしいです」，選択肢**3**では「はい，とても（よく）」，選択肢**4**では「はい，どうぞ」と答えています。選択肢**1**，選択肢**2**，選択肢**4**は，住居が気に入っているかどうかという質問への返答として自然でないのに対し，選択肢**3**は Ja, sie gefällt mir sehr gut（はい，私はそれがとても気に入っています）という返答の省略形として理解できます。したがって，正解は選択肢**3**です。［正解率65.26%］

[放送]　問題**2**:　Wie lange haben Sie schon Kopfschmerzen?
選択肢:　**1**　Seit gestern.
　　　　　**2**　Ihr seid ganz nett.
　　　　　**3**　Am Montag.
　　　　　**4**　Es ist Zeit.

　「あなたはどれくらい前から頭が痛いのですか？」という質問に対して，選択肢**1**では「昨日からです」，選択肢**2**では「きみたちはとても親切です」，選択肢**3**

では「月曜日に」，選択肢 **4** では「時間です」と答えています。「どれくらい前から」という質問に対し，過去からの継続時間を述べていて自然な問答を成立させることができるのは選択肢 **1** だけです。したがって，正解は選択肢 **1** です。［正解率 54.33%］

放送 問題 **3**:　Es ist zu kalt hier.
選択肢:　**1**　Sind Sie (sie) denn Studenten?
　　　　**2**　Wie oft ist es?
　　　　**3**　Dann schließe ich das Fenster.
　　　　**4**　Mein Name ist Müller.

　「ここは寒すぎます」という発話に対して，選択肢 **1** では「あなたたち（または彼ら）は学生ですか？」，選択肢 **2** では「それはどれくらいの頻度ですか？」，選択肢 **3** では「それなら私は窓をしめます」，選択肢 **4** では「私の名前はミュラーです」と答えています。その場が寒すぎるという発話に対する適切な応答として理解できるのは選択肢 **3** だけです。したがって，正解は選択肢 **3** です。なお，選択肢 **2** を選んだ解答が 29.69% ありました。［正解率 58.35%］

放送 問題 **4**:　Wie viele Bücher hast du im Rucksack?
選択肢:　**1**　Sehr viele.
　　　　**2**　Eine Rose.
　　　　**3**　Franz Kafka.
　　　　**4**　Zur Uni.

　「きみはリュックサックにどれくらいの数の本を持っているの？」という質問に対して，選択肢 **1** では「とてもたくさん」，選択肢 **2** では「1 本のバラ」，選択肢 **3** では「フランツ・カフカ」，選択肢 **4** では「大学へ」と答えています。どれくらいの数の本を持っているかという質問に対する答えとなり得るのは選択肢 **1** だけです。したがって，正解は選択肢 **1** です。［正解率 60.31%］

◇この問題は 12 点満点（配点 3 点×4）で，平均点は 7.15 点でした。

---

**第1部 ここがポイント！**

＊疑問文が疑問詞から始まる場合は，その疑問詞をしっかり聞き取ろう！
＊jm gefallen のような表現については，主語が何か，3 格目的語が誰のことを指しているのか，という点に注意しよう！

## 第2部 テキストの重要情報の聞き取りと記述

正解 （5） **Suppe** （6） **4** （7） **Salz** （8） **20**

放送された会話を聞き，その内容に関する質問に単語や数字で答える問題です。質問もドイツ語で放送されます。

放送

**A**: Ralf, was machst du da?

**B**: Hanna, ich mache jetzt Kartoffelsalat und Suppe.

**A**: Ach, schön. Kann ich dir helfen?

**B**: Ja, bitte. Kannst du zwei Zwiebeln und vier Tomaten schneiden?

**A**: Okay, kein Problem. Ralf, brauchst du keine Eier für deinen Salat?

**B**: Nein, Eier brauche ich nicht. Aber für die Suppe brauche ich noch Salz und Pfeffer. Kannst du mir Salz geben?

**A**: Gerne. Und wie lange kochst du die Kartoffeln?

**B**: Ungefähr zwanzig Minuten. Dann sind sie schön weich.

**A**: Jetzt habe ich aber Hunger!

内容：

**A**: ラルフ，何をしているの？

**B**: ハンナ，今ポテトサラダとスープを作っているんだよ。

**A**: わあ，いいね。手伝おうか？

**B**: うん，お願い。玉ねぎ2個とトマト4個を切ってくれる？

**A**: 了解，いいよ。ラルフ，サラダに卵はいらないの？

**B**: うん，卵はいらないよ。でも，スープに塩とコショウがまだ必要だな。塩をとってくれる？

**A**: 喜んで。それで，ジャガイモはどのくらい茹でるの？

**B**: だいたい20分だよ。そうすると，いい具合にやわらかくなるんだ。

**A**: 今からお腹が減ってきたよ！

【語彙】schneiden: 切る　ungefähr: およそ，だいたい　weich: やわらかい

放送 問題**5**: Was macht Ralf?

質問は「ラルフは何をしていますか？」という意味です。ハンナ（**A**）の第1発言での「何をしているの？」という質問に対し，ラルフ（**B**）は「ポテトサラダとスープを作っている」と答えています。解答用紙にはあらかじめ Er macht Kar-

toffelsalat und _____.（彼はポテトサラダと_____を作る）と記載され
ています。「ポテトサラダ」（Kartoffelsalat）についてはすでに明記されているた
め，「スープ」に相当する語を書き取る必要があります。したがって，正解は
**Suppe** です。なお，解答には Zuppe や Soup，Super などのつづり間違いが見
られました。また，語頭が小文字書きの解答もありました。ドイツ語では，名詞
は大文字で書き始めることに注意しましょう。［正解率 66.70%］

放送 問題**6**：　Wie viele Tomaten schneidet Hanna?
　質問は「ハンナはトマトをいくつ切りますか？」という意味です。ラルフ（**B**）
は第 2 発言で，ハンナ（**A**）に「玉ねぎ 2 個とトマト 4 個を切ってくれる？」と頼
み，それに対してハンナ（**A**）は「喜んで！」と応じています。したがって，解答
用紙の Sie schneidet □ Tomaten.（彼女はトマト □ 個を切る）の空欄には数字
4 を記入するのが適切です。正解は **4** です。［正解率 88.45%］

放送 問題**7**：　Was braucht Ralf noch für die Suppe?
　質問は「ラルフは，スープ用に何がまだ必要ですか？」という意味です。ラル
フ（**B**）の第 3 発言では具体的に「塩とコショウ」と言及されています。解答用紙
には，Er braucht noch _____ und Pfeffer.（彼はまだ_____とコショ
ウを必要としている）と記載されています。「コショウ」（Pfeffer）についてはす
でに明記されているため，「塩」に相当する語を書き取る必要があります。正解は
**Salz** です。なお，Saltz や Salts，Salt などのつづり間違いが多く見られました。
子音［ts］に対応するつづりに注意しましょう。［正解率 25.51%］

放送 問題**8**：　Wie lange kocht Ralf die Kartoffeln?
　質問は「ラルフは，ジャガイモをどのくらい茹でますか？」という意味です。ハ
ンナ（**A**）の第 4 発言での「ジャガイモはどのくらい茹でるの？」という質問に対
し，ラルフ（**B**）は「だいたい 20 分（zwanzig Minuten）だよ」と答えています。
解答用紙にはあらかじめ Er kocht sie ungefähr □□ Minuten.（彼はそれをだ
いたい □□ 分茹でる）と記載されているため，所定欄に 2 桁の数字 20 を記入す
るのが適切です。正解は **20** です。［正解率 85.88%］

◇この問題は 16 点満点（配点 4 点×4）で，平均点は 10.66 点でした。

**第2部** **ここがポイント！**

＊単語のつづりはしっかりと覚えよう！
＊ドイツ語では，名詞は文頭・文中を問わず大文字で書き始めることに注意
　しよう！
＊数は注意深く聞き取ろう！

# **第3部** 短い文章／会話文の聞き取り

[正解] (9) **2** (10) **2** (11) **2**

　放送された短いテキストを聞き，その内容を表すのに最も適した絵を「解答の
手引き」から選択する問題です。正確な聞き取り能力が求められます。

[放送] 問題 **9**: Heute backe ich einen Apfelkuchen. Kannst du bitte drei
　　　　　　　　Äpfel und Milch kaufen, Claudia?

内容: 　今日，私はアップルケーキを焼く。リンゴ 3 個と牛乳を買ってきてく
　　　　れる，クラウディア？

　リンゴ 3 個と牛乳が描かれている選択肢 **2** が正解です。この問題では，リンゴ
の個数を表す数詞 drei (3) と Milch (牛乳) という語を聞き取ることが重要です。
なお，「リンゴ」に相当する語として複数形の Äpfel が使われている点に注意し
てください。[正解率 82.37%]

[放送] 問題 **10**: Hallo, ich heiße Christoph. Ich bin vierzig Jahre alt und
　　　　　　　　Arzt. Mein Hobby ist Fotografieren. Ich mache gern
　　　　　　　　Fotos von Blumen.

内容: 　こんにちは，私の名前はクリストフです。私は 40 歳で，医師です。私
　　　　の趣味は写真撮影です。私は花の写真を撮るのが好きです。

　医師と花の写真，カメラが描かれている選択肢 **2** が正解です。この問題では，
Arzt (医師) や Fotografieren (写真撮影) という語を聞き取ることが重要です。
なお，写真撮影の対象として言及されている Blumen (花) という語も，正解を導
く上でヒントになります。[正解率 84.95%]

[放送] 問題 **11**: Heute gehe ich mit Thomas in den Park. Da spielen wir
　　　　　　　　Tennis.

内容: 　今日，私はトーマスと一緒に公園へ行きます。そこで私たちはテニスを

します。

　2人の人物がテニスをする様子が描かれている選択肢 **2** が正解です。この問題では，Tennis（テニス）という語を聞き取ることが最も重要です。Park（公園）という語も，場所を特定する上でのヒントになります。［正解率 97.94%］

◇この問題は9点満点（配点3点×3）で，平均点は7.96点でした。

---

**第3部** **ここがポイント！**

＊イラストに関わる数やキーワードを正しく聞き取ろう！

＊日頃から日常生活に関わるさまざまな語（食べ物，趣味，公共施設，乗り物など）に触れて語彙力を高めるとともに，その発音も身につけておこう！

---

# 3級 (Grundstufe)
# 検定基準

■ドイツ語の初級文法全般にわたる知識を前提に，簡
単な会話や文章が理解できる。

■基本的なドイツ語を理解し，ほとんどの身近な場面
に対応できる。
簡単な内容のコラムや記事などの文章を読むことが
できる。
短い文章の内容を聞き，簡単な質問に答え，重要な
語句や数字を書き取ることができる。

■対象は，ドイツ語の授業を約 120 時間 (90 分授業で
80 回) 以上受講しているか，これと同じ程度の学習
経験のある人。

# 2020年度 冬期 ドイツ語技能検定試験

# 3級

## 筆記試験　問題

（試験時間　60 分）

出題は新しい正書法（単語のつづり方などに関する規則）に従います。解答は新旧いずれの方式でも認めます。

─── 注　意 ───

■受験票と机の上の受験番号が同じであることを確認してください。

■携帯電話，スマートフォン，スマートウォッチ等の電子機器類は電源を切り，カバン等にしまってください。机の上に置いてはいけません。

■中途退場は認めません。退場は試験放棄となります。

①問題冊子は試験開始の合図があるまで，開いてはいけません。

②問題冊子は表紙・裏表紙を含めて 8 ページあります。
　余白は下書き・メモ用に使ってかまいません。

③試験監督者の指示に従って，解答用紙の所定の欄に，受験番号・氏名を記入してください。

④解答は黒の HB の鉛筆で強めに記入してください。
　書き直す場合には，消しゴムできれいに消してから記入してください。

⑤**解答はすべて解答用紙の指定された箇所に記入してください。**

⑥記入する数字は，下記の見本に従って書いてください。

■試験が終わっても，指示があるまで席を立たないでください。

■解答用紙は持ち帰ってはいけません。

■この問題冊子の無断転載，無断複製を禁じます。

# 1

次の (1) ～ (4) の条件にあてはまるものが各組に一つあります。それを下の 1 ～ 4 から選び，その番号を解答欄に記入しなさい。

(1) 下線部の発音が他と<u>異な</u>る。
1 Be<u>ch</u>er　　　2 Ko<u>ch</u>　　　3 Nä<u>ch</u>te　　　4 Tö<u>ch</u>ter

(2) 下線部にアクセント（強勢）が<u>ない</u>。
1 bes<u>o</u>nders　　2 Erf<u>o</u>lg　　3 K<u>o</u>llege　　4 willk<u>o</u>mmen

(3) 下線部が<u>短く</u>発音される。
1 Bew<u>e</u>gung　　2 Br<u>e</u>zel　　3 Erl<u>e</u>bnis　　4 F<u>e</u>ld

(4) 問い A に対する答え B の下線の語のうち，通常最も強調して発音される。
A: Was? Kommst du heute nicht ins Büro?
B: Tut mir leid. Ich bin erst <u>am</u> <u>Montag</u> <u>wieder</u> <u>da</u>.

1 am　　　　　2 Montag　　　3 wieder　　　4 da

# 2

次の (1) ～ (4) の文で（　　）の中に入れるのに最も適切なものを，下の 1 ～ 4 から選び，その番号を解答欄に記入しなさい。

(1) Die Jacke passt (　　) Ihrem Hemd.
1 nach　　　　2 seit　　　　3 von　　　　4 zu

(2) Ich habe große Angst (　　) Erdbeben.
1 auf　　　　2 für　　　　3 gegen　　　　4 vor

(3) Seit einer Woche kümmert sich meine Schwester (　　) die Kinder.
1 auf　　　　2 für　　　　3 um　　　　4 vor

(4) Schneit es (　　) Winter viel in Deutschland?
1 am　　　　2 an　　　　3 auf　　　　4 im

**3** 次の (1) ～ (4) の文で ( ) の中に入れるのに最も適切なものを，下の **1** ～ **4** から選び，その番号を解答欄に記入しなさい。

(1) Siehst du meine Tochter auf der Bühne ( )?
   **1** getanzt      **2** tanzen      **3** tanzt      **4** zu tanzen

(2) Marco ist Italiener. Er spricht so gut Deutsch, als ob er ein Deutscher ( ).
   **1** haben      **2** hätte      **3** wäre      **4** waren

(3) Vielen Dank für die E-Mail. Leider kann ich erst jetzt antworten, weil ich in den letzten Tagen krank ( ).
   **1** bin      **2** ist      **3** war      **4** wäre

(4) Das Buch ist langweilg. Du brauchst es nicht ( ).
   **1** gelesen      **2** lese      **3** liest      **4** zu lesen

**4** 次の (1) ～ (4) の文で ( ) の中に入れるのに最も適切なものを，下の **1** ～ **4** から選び，その番号を解答欄に記入しなさい。

(1) ( ) länger ein Ei gekocht wird, desto härter wird es.
   **1** Als      **2** Dass      **3** Ja      **4** Je

(2) Wie heißt die Schauspielerin, mit ( ) Herr Müller verheiratet ist?
   **1** den      **2** der      **3** deren      **4** die

(3) ( ) keinen Fisch und auch kein Fleisch isst, ist Vegetarier.
   **1** Wem      **2** Wen      **3** Wer      **4** Wessen

(4) Ich bin noch müde. Lass ( ) bitte bis elf im Bett bleiben!
   **1** ich      **2** meiner      **3** mich      **4** wir

**5** 次の (1) ～ (4) の文で ( ) の中に入れるのに最も適切なものを，下の **1** ～ **4** から選び，その番号を解答欄に記入しなさい。

(1)　Wo hast du deine neuen Schuhe gekauft? Sie ( ) dir sehr gut.
　　**1** liegen　　　**2** machen　　　**3** sagen　　　**4** stehen

(2)　Mein Fernseher ist schon alt. Aber er funktioniert ( ) noch gut.
　　**1** erst　　　　**2** immer　　　**3** nie　　　　**4** niemals

(3)　Auf jeden ( ) musst du einmal zum Zahnarzt gehen.
　　**1** Ball　　　　**2** Fall　　　　**3** Hof　　　　**4** Weg

(4)　Der Laden ist den ( ) Tag geöffnet.
　　**1** ganzen　　　**2** großen　　　**3** kurzen　　　**4** schönen

**6** 次の文章は，ナツがミュンヘンにいる友人の Sabrina に宛てたメールです。このメールを読んで，(1) ～ (3) の問いに答えなさい。

Von:　　 Natsu Matsuyama
An:　　　 Sabrina Weber
Betreff:　Japanreise
Datum:　 3. Mai 2020

Liebe Sabrina,

danke für deine E-Mail. Du hast mir geschrieben, dass du im Sommer für zwei Wochen nach Japan kommst und mich in Sapporo besuchst. Schön, dass wir uns wieder treffen können!
　　In Sapporo kannst du selbstverständlich bei mir übernachten. Dann können wir mehr ( **A** ) miteinander verbringen. Es ist schade, dass du erst im August kommst, denn im Juli finden die Olympischen Fußballspiele in Sapporo statt. Aber wir können auch so viel in Sapporo machen.

Hast du schon Reisepläne gemacht? (B)Was meinst du dazu, in Sapporo die Sehenswürdigkeiten zu besichtigen? In der Nähe des Bahnhofs Sapporo gibt es viele Orte zu sehen, zum Beispiel die Universität Hokkaido. Mit dem Bus können wir auch das Biermuseum und den Maruyama-Zoo besuchen. Ich zeige dir alles.

In München hast du mich durch die Stadt geführt. Das war ein wunderbares Erlebnis. Das neue Rathaus und die alten Kirchen fand ich besonders schön. Dieses Mal bin ich deine Reiseführerin. Ich freue mich schon auf deinen Besuch.

Liebe Grüße

Natsu


(1) 空欄（ **A** ）に入れるのに最もふさわしい語を，次の**1**～**4**から選び，その番号を解答欄に記入しなさい。

1 Geld      2 Lust      3 Spaß      4 Zeit

(2) 下線部 (**B**) を言い換えた時に最も近い意味になるものを，次の**1**～**3**から選び，その番号を解答欄に記入しなさい。

1 Hast du die Möglichkeit,

2 Wie findest du es,

3 Wovon sprichst du,

(3) 本文全体の内容に合うものを下の**1**～**5**から二つ選び，その番号を解答欄に記入しなさい。ただし，番号の順序は問いません。

1 Natsu hat eine E-Mail von Sabrina bekommen.

2 Sabrina muss mit Natsu im Hotel übernachten.

3 Sabrina macht im Juli eine Reise nach Sapporo.

4 Man kann den Maruyama-Zoo nur zu Fuß erreichen.

5 Sabrina hat Natsu verschiedene Orte in München gezeigt.

# 7

以下は，Stefan と Andrea の会話です。会話が完成するように，空欄（ **a** ）～（ **e** ）に入れるのに最も適切なものを，下の **1** ～ **8** から選び，その番号を解答欄に記入しなさい。

Stefan:      Andrea, hast du den neuen Film über Shakespeare gesehen?

Andrea:      Meinst du den Film, der seit letzter Woche in den Kinos läuft? ( **a** )

Stefan:      Ich habe ihn gestern angeschaut. Du musst ihn unbedingt auch sehen! Der war großartig!!

Andrea:      Wirklich? ( **b** )

Stefan:      Mir hat die Geschichte vom Liebespaar am besten gefallen. Sie war traurig, aber sehr schön.

Andrea:      Das klingt interessant. ( **c** )

Stefan:      Der Film wurde von einem englischen Regisseur gemacht. Den Namen habe ich vergessen.

Andrea:      Aha. Und wie lang ist der Film?

Stefan:      Der ist relativ lang. ( **d** )

Andrea:      Okay. Ich gehe am Wochenende ins Kino. ( **e** )

Stefan:      Den habe ich im Kino in der Nähe von der Uni gesehen.

Andrea:      Gut. Das mache ich auch.

1   Wie viel hat der Eintritt gekostet?

2   Nein, noch nicht. Und du?

3   Ja, natürlich! Hast du ihn gut gefunden?

4   Wo hast du den Film gesehen?

5   Etwa zwei Kilometer von hier.

6   Von wem ist der Film?

7   Was hat dir denn so gut gefallen?

8   Er dauert über zwei Stunden.

**8** „Ohrwurm" という聴覚現象に関する次の文章を読んで，内容に合うものを下の**1**〜**8**から四つ選び，その番号を解答欄に記入しなさい。ただし，番号の順序は問いません。

Die folgende Situation kennt jeder: Eine Melodie bleibt lange im Kopf, manchmal so lange, bis sie nervt und man sie vergessen möchte. Das nennt man einen „Ohrwurm". Der Ohrwurm wird allerdings nicht im Ohr, sondern im Gehirn* produziert. Aber wie bekommt man einen Ohrwurm?

Wenn man eine Melodie oder ein Lied in einer schönen Situation hört, erinnert man sich gut daran. Aber in einer normalen Situation vergisst man sie vielleicht schon bald. Das heißt, positive Gefühle oder Emotionen spielen eine große Rolle, wenn sich das Gehirn eine Melodie gut merkt.

Neben besonderen Situationen ist auch eine entspannende Atmosphäre sehr wichtig für die Entstehung eines Ohrwurms. Eine Melodie im Kopf kommt nämlich oft zurück, wenn das Gehirn entspannt ist.

Zum Beispiel passiert es oft, dass ein kleines Kind nach einer schönen Geburtstagsparty das Geburtstagslied nachts im Bett immer wieder singt. Wenn das Kind auf der Party keinen Spaß hatte, bleibt die Melodie nicht lange im Kopf.

Ein Ohrwurm wird aber manchmal zu einem großen Problem. Es ist nicht gut, wenn er während des Lernens oder beim Lesen erscheint. Und noch schlimmer ist es, wenn die Melodie im Bett nicht aufhört. Dann kann man nicht schlafen.

Hier ist ein Tipp, um einen Ohrwurm zu beenden. Man sollte sich auf etwas anderes konzentrieren. Wenn das Gehirn mit anderen Sachen beschäftigt ist, dann geht er bald wieder weg.

*Gehirn: 脳

**1** いらだちが原因で，勝手にメロディーが聞こえ始めるという経験をする人は多い。

**2** Ohrwurm は，耳と脳の両方で現れる。

**3** 素晴らしい状況で聞くメロディーや歌は，普通の状況で聞くよりも記憶に留まりやすい。

**4** 脳がリラックスしているときに，Ohrwurm は出現しやすい。

**5** 子どもの場合，Ohrwurm は，夜，寝ようとしているときにのみ現れる。

**6** 勉強中や読書中などに Ohrwurm が現れても問題になることはほとんどない。

**7** 場合によっては，Ohrwurm が睡眠の妨げになることがある。

**8** Ohrwurm を消すには，何か別のことに集中して取り組むのが効果的である。

**3級**

# 2020年度 冬期 ドイツ語技能検定試験

## 筆記試験 解答用紙

| 受 験 番 号 | 氏 名 |
|---|---|
| 2 0 W □ □ □ □ | |

手書き数字見本
0 1 2 3 4 5 6 7 8 9

**1** (1) □ (2) □ (3) □ (4) □

**2** (1) □ (2) □ (3) □ (4) □

**3** (1) □ (2) □ (3) □ (4) □

**4** (1) □ (2) □ (3) □ (4) □

**5** (1) □ (2) □ (3) □ (4) □

**6** (1) □ (2) □ (3) □ □

**7** a □ b □ c □ d □ e □

**8** □ □ □ □

# 2020年度 冬期 ドイツ語技能検定試験

# 3級

# 聞き取り試験　解答の手引き

（試験時間　約25分）

> 出題は新しい正書法（単語のつづり方などに関する規則）に従い
> ます。解答は新旧いずれの方式でも認めます。

―――― 注　　意 ――――

■受験票と机の上の受験番号が同じであることを確認してください。

■携帯電話, スマートフォン, スマートウォッチ等の電子機器類は電源を切り,
　カバン等にしまってください。机の上に置いてはいけません。

■中途退場は認めません。

① 指示があるまでページを開いてはいけません。

② 聞き取り試験は3部から成り立っています。

③ 試験監督者の指示に従って, 解答用紙の所定の欄に, 受験番号・氏名を記入し
　てください。

④ 放送の指示でページを開き, 解答のしかたをよく読んでください。

⑤ 解答は黒のHBの鉛筆で強めに記入してください。

　書き直す場合には, 消しゴムできれいに消してから記入してください。

⑥ **解答はすべて試験時間内に解答用紙の指定された箇所に記入してください。**

⑦ 記入する数字は, 下記の見本に従って書いてください。

⑧ アルファベットは大文字と小文字の判別ができるようにはっきりと書いてくだ
　さい。

■試験が終わっても, 指示があるまで席を立たないでください。

■解答用紙は持ち帰ってはいけません。

■この問題冊子の無断転載, 無断複製を禁じます。

## 第 1 部　Erster Teil

1. 第 1 部は問題 ( **1** ) から ( **3** ) まであります。
2. ドイツ語の短い会話を 2 回放送します。
3. 設問の答えとして最も適切なものを選択肢 **1** 〜 **4** から一つ選び，その番号を<u>解答用紙の所定の欄</u>に記入してください。
4. メモは自由にとってかまいません。

( **1** )　Wie fahren Anna und Christian zur Party?

    **1**　Mit dem Taxi.
    **2**　Mit der S-Bahn.
    **3**　Mit dem Bus.
    **4**　Mit dem Auto.

( **2** )　Wo hat die Frau gestern ihr Handy gefunden?

    **1**　Sie hat es im Auto gefunden.
    **2**　Sie hat es in der Küche gefunden.
    **3**　Sie hat es im Badezimmer gefunden.
    **4**　Sie hat es nicht gefunden.

( **3** )　Um wie viel Uhr muss Thomas losgehen?

    **1**　Um sechs Uhr.
    **2**　Um halb sieben.
    **3**　Um sieben Uhr.
    **4**　Um halb acht.

## 第 2 部　Zweiter Teil

1. 第 2 部は，問題 ( **4** ) から ( **6** ) まであります。
2. まずドイツ語の文章を放送します。
3. 次に，内容についての質問を読みます。間隔をおいてもう一度放送します。
4. 質問に対する答えとして最も適した絵をそれぞれ **1** 〜 **3** から選び，その番号を<u>解答用紙の所定の欄</u>に記入してください。
5. 以下，同じ要領で問題 ( **6** ) まで順次進みます。
6. 最後に，問題 ( **4** ) から ( **6** ) までの文章と質問をもう一度通して放送します。
7. メモは自由にとってかまいません。

( 4 )

( 5 )

( 6 )

CD 12

---
第 3 部　**Dritter Teil**

1. 第 3 部は，問題 ( **7** ) から ( **10** ) まであります。
2. まずドイツ語の会話を放送します。それに続き，この会話の内容に関する質問 ( **7** ) ～ ( **10** ) を読みます。
3. そのあと，約 30 秒の間をおいてから，同じ会話をもう一度放送します。
4. 次に質問 ( **7** ) ～ ( **10** ) をもう一度読みます。
5. 質問に対する答えとして，( **7** )，( **10** ) には算用数字を，( **8** )，( **9** ) には適切な一語 を解答用紙の所定の欄に記入してください。なお，単語は大文字と小文字をはっ きり区別して書いてください。
6. メモは自由にとってかまいません。
7. 質問 ( **10** ) の放送のあと，およそ 1 分後に試験終了のアナウンスがあります。試験 監督者が解答用紙を集め終わるまで席を離れないでください。

---

( **7** )　Martin war ☐ Monate in Spanien.

( **8** )　Er arbeitet jetzt in einer ＿＿＿＿＿＿＿＿.

( **9** )　In seiner Freizeit trifft Martin seine ＿＿＿＿＿＿＿＿.

( **10** )　Die Miete kostet ☐☐☐ Euro im Monat.

# 2020年度 冬期 ドイツ語技能検定試験

## 聞き取り試験 解答用紙

| 受 験 番 号 | 氏　　　名 |
|---|---|
| 2 0 W □ □ □ □ | |

**手書き数字見本**
0 1 2 3 4 5 6 7 8 9

## 【第1部】

(1) □　(2) □　(3) □

## 【第2部】

(4) □　(5) □　(6) □

## 【第3部】

(7) Martin war □ Monate in Spanien.

採点欄 □□

(8) Er arbeitet jetzt in einer _____ .

採点欄 □□

(9) In seiner Freizeit trifft Martin seine _____ .

(10) Die Miete kostet □□□ Euro im Monat.

# 冬期 《3級》 ヒントと正解

## 【筆 記 試 験】

## **1** 発音とアクセント

 正解  (1) **2**　　(2) **3**　　(3) **4**　　(4) **2**

　発音やアクセントの位置，母音の長短などに関する問題です。発音の基本的な規則を覚える他，語の構成に関する理解を深め，外来語などの例外に対応できるようにしておくことが重要です。

　(1) 子音字 ch の発音に関する問題です。子音字 ch は，母音 a, o, u, au の後では，のどの奥を震わせて作る摩擦音 [x] として発音されます。実際，選択肢 **2** の Koch（コック）の子音字 ch は [x] と発音されます。一方，a, o, u, au 以外の母音や子音に続く子音字 ch は，舌の前方を上に動かして作る摩擦音 [ç] として発音されます。選択肢 **1** の Becher（コップ），選択肢 **3** の Nächte（夜：Nacht の複数形），選択肢 **4** の Töchter（娘：Tochter の複数形）の場合，子音字 ch は a, o, u, au 以外の母音に続いていることから [ç] と発音されます。したがって，正解は選択肢 **2** です。なお，選択肢 **1** を選んだ解答が 45.81% ありました。［正解率 39.1%］

　(2) 語のアクセントの位置に関する問題です。ドイツ語では，語は原則として最初の音節にアクセントが置かれますが，語頭が非分離前つづりにあたる語や外来語を含め，この原則があてはまらない例外もあるため，注意が必要です。選択肢 **1** の besonders（とりわけ），選択肢 **2** の Erfolg（成功）は，それぞれ語頭が非分離前つづり be-, er- にあたります。非分離前つづりはアクセントを担うことがなく，besonders と Erfolg についても，アクセントは語頭に置かれず，その次の音節中の母音 o に置かれます。また，選択肢 **3** の Kollege（同僚）は外来語であり，アクセントは語頭の Ko に置かれず，その次の音節中の母音 e に置かれます。さらに，選択肢 **4** の willkommen（歓迎される）についても，上記の原則に反してアクセントは語頭に置かれず，その次の音節中の母音 o に置かれます。以上をまとめると，四つの選択肢のうち下線部の母音 o にアクセントが置かれないのは選択肢 **3** の Kollege だけです。したがって，正解は選択肢 **3** です。［正解率

63.48％〕

（**3**）母音の長短を問う問題です。ドイツ語では原則として，アクセントが置かれる母音は，子音字一つの前では長く発音されるのに対し，子音字二つ以上の前では短く発音されます。ただし，派生語のように複数の要素からなる語の場合はこの限りでないため，注意が必要です。選択肢 **1** の Bewegung（動き），選択肢 **2** の Brezel（ブレーツェル）では下線部の母音 e が子音字一つの前にあり，いずれの場合も e は原則通り長く発音されます。また，選択肢 **4** の Feld（畑，野原）では，下線部の母音 e が子音字二つの前にあり，e は原則通り短く発音されます。一方，選択肢 **3** の Erlebnis（体験）の場合，下線部の母音 e は子音字二つの前にあるものの短く発音されません。この語は，動詞語幹や形容詞に付いて名詞を作る接辞 -nis と動詞 erleben（体験する）の語幹 erleb- から成り立っています。接辞 -nis を取り除いた動詞語幹 erleb- のうち leb 中の母音 e は b という子音字一つの前にあり，原則通り長く発音されます。以上をまとめると，四つの選択肢のうちで下線部の母音 e が短く発音されるのは選択肢 **4** の Feld（畑，野原）のみです。したがって，正解は選択肢 **4** です。〔正解率 50.69％〕

（**4**）文アクセントを問う問題です。一般的に，文においては最も重要な情報を担う部分が強調されます。**A** は「何だって？ きみは今日オフィスに来ないの？」と尋ねています。これに対して **B** は「申し訳ない。私はようやく月曜日になってからまた来る」と答えています。**A** の「きみは今日オフィスに来ないの？」という問いに対して，**B** は「申し訳ない」（Tut mir leid.）と述べることで間接的に，自分が来られないことを認めています。その上で **B** はさらに，自分が次にオフィスに来るのはいつかという情報を補足的に伝えています。このことから，最も重要な情報を担うのは「月曜日」を意味する Montag であり，この部分にアクセントが置かれます。したがって，正解は選択肢 **2** です。〔正解率 87.03％〕

◇この問題は 12 点満点（配点 3 点×4）で，平均点は 7.21 点でした。

**1 ここがポイント！**

＊語の構成に関する知識を手がかりとした上で，正確な発音を身につけよう！
＊外来語をはじめとする例外的な語については，個別に発音やアクセントの位置を覚えておこう！

# 2 前置詞

正解 (1) **4** (2) **4** (3) **3** (4) **4**

前置詞に関する問題です。前置詞は，時間や場所などさまざまな意味関係を表します。また，特定の動詞や形容詞との組み合わせで用いられる場合があります。そうした「動詞＋前置詞」，「形容詞＋前置詞」の組み合わせはひとまとまりの表現として覚えましょう。

(**1**) 動詞 passen は前置詞 zu と結びつき，zu jm/et$^3$ passen 全体で「～に似合う，ふさわしい」という意味を表します。したがって，正解は選択肢 **4** の zu です。選択肢 **1** の nach，選択肢 **2** の seit，選択肢 **3** の von も zu と同様に 3 格を支配する前置詞ですが，これらを選んだ場合には自然な意味の文が成り立ちません。問題文は「このジャケットはあなたのシャツに似合っています」という意味です。なお，選択肢 **3** の von を選んだ解答が 30.27% ありました。［正解率 54.83%］

(**2**) Angst haben は「怖い」という意味の表現です。「怖い」という感情の対象は，vor jm/et$^3$ という前置詞句で表されます。したがって，正解は選択肢 **4** の vor です。問題文は「私は地震が非常に怖い」という意味です。なお，選択肢 **1** の auf を選んだ解答が 22.63%，選択肢 **2** の für を選んだ解答が 31.46% ありました。［正解率 30.45%］

(**3**) 再帰動詞 sich$^4$ kümmern は前置詞 um と結びつき，sich$^4$ um jn/et$^4$ kümmern 全体で「～を気にかける，～の面倒を見る」という意味を表します。したがって，正解は選択肢 **3** の um です。問題文は「1 週間前から私の姉（または妹）はその子どもたちの面倒を見ている」という意味です。なお，選択肢 **1** の auf を選んだ解答が 20.06%，選択肢 **2** の für を選んだ解答が 29.53% ありましたが，いずれの前置詞にも sich$^4$ kümmern と結びつく用法はありません。［正解率 40.29%］

(**4**)「春／夏／秋／冬に」という時間表現では，前置詞 in と定冠詞 dem の融合形 im を使います。したがって，正解は選択肢 **4** の im です。問題文は「ドイツでは冬に雪がたくさん降りますか?」という意味です。なお，選択肢 **1** の am は前置詞 an と定冠詞 dem の融合形であり，am Montag（月曜日に）や am Vormittag（午前中に）のように曜日や時間帯を表す名詞とともに用いられます。［正

解率 83.62%]

◇この問題は 12 点満点（配点 3 点×4）で，平均点は 6.28 点でした。

**2 ここがポイント！**

＊前置詞の基本的な意味と格支配を覚えよう！

＊特定の動詞や形容詞と結びつく前置詞の用法を覚えよう！

＊ im Winter や Angst vor jm/et³ haben などの言い回しを覚えよう！

## 3 動詞と助動詞（不定形・接続法第Ⅱ式・過去形・zu 不定詞）

正解 （1） **2** （2） **3** （3） **3** （4） **4**

動詞や助動詞に関する問題です。不定形，接続法第Ⅱ式，過去形など，さまざまな時制や用法における適切な形を選ぶ必要があります。

（1）選択肢で使用されている語句から，問題文は「きみは，私の娘が舞台の上で踊っているのが見える？」という意味だと予想されます。知覚動詞 sehen には，4 格名詞および他の動詞の不定形との組み合わせで「〜が…するのが見える」という意味を表す用法があります。このことから，空欄には動詞の不定形を入れるのが適切です。したがって，正解は選択肢 **2** の tanzen です。なお，選択肢 **4** の zu tanzen を選んだ解答が 32.29% ありましたが，知覚動詞は zu 不定詞とは結びつきません。［正解率 47.47%］

（2）選択肢で使用されている語から，問題文は「マルコはイタリア人です。彼は，あたかもドイツ人であるかのように上手にドイツ語を話します」という意味だと予想されます。als ob は，「あたかも〜であるかのように」という意味の接続表現であり，事実に反する内容を表す従属文を導きます。また，事実に反する内容は接続法第Ⅱ式で表されます。さらに，「ドイツ人である」という内容は ein Deutscher sein のように動詞 sein を用いて表されます。以上のことから，空欄には動詞 sein の接続法第Ⅱ式にあたる変化形を入れるのが適切です。したがって，正解は選択肢 **3** の wäre です。なお，選択肢 **2** の hätte を選んだ解答が 10.67% ありました。［正解率 73.60%］

（3）選択肢で使用されている語から，問題文の後半部のうち接続詞 weil から

始まる部分は「私は過去数日間，病気だったので」という意味だと予想されます。「過去数日間」（in den letzten Tagen）という時間表現があることから，話し手は過去の時点で病気だったということがわかります。このことから，空欄には動詞の過去形を入れるのが適切です。四つの選択肢のうち，動詞 sein の過去形に相当するのは選択肢 **3** の war のみです。したがって，正解は選択肢 **3** です。なお，選択肢 **1** の bin を選んだ解答が 20.15% ありました。動詞 sein の 1 人称単数形である bin は時制の上では現在形であり，in den letzten Tagen という時間表現とは整合しません。問題文は「メールをありがとう。私は過去数日間病気だったので，残念ながら今になってようやく返事ができるんだ」という意味です。［正解率 69.27%］

（4）問題文の後半部で用いられている動詞 brauchen には，否定表現および zu 不定詞との組み合わせで「〜する必要がない」という意味を表す用法があります。したがって，空欄には zu と動詞の不定形との組み合わせを入れるのが適切です。正解は選択肢 **4** の zu lesen です。問題文は「その本はつまらない。きみはそれを読む必要はない」という意味です。［正解率 85.19%］

◇この問題は 12 点満点（配点 3 点×4）で，平均点は 8.27 点でした。

---

**3** **ここがポイント！**

＊知覚動詞 sehen や接続表現 als ob など文中の他の語句に着目した上で，補うべき動詞を適切な形に変化させよう！

＊jetzt（今），in den letzten Tagen（過去数日間）などの時間表現を手がかりに文の時制を正しく把握しよう！

---

## **4** 接続詞・代名詞など

正解 （1） **4**　　（2） **2**　　（3） **3**　　（4） **3**

接続詞，関係代名詞，疑問代名詞，人称代名詞に関する問題です。

（1）接続詞に関する問題です。問題文のうち空欄を除いた前半部はおおよそ「卵がより長く茹でられる」という意味です。受身の助動詞 werden を主語 Ei（卵）に合わせて人称変化させた wird が前半部の末尾に置かれていることから，前半部全体は従属文であることがわかります。後半部は「それ（卵）はそれだけますます硬くなる」という意味です。後半部冒頭の副詞 desto は形容詞・副詞の比較級

との組み合わせで「それだけますます〜」という意味を表します。問題文の場合は，形容詞 hart（硬い）の比較級 härter との組み合わせで「それだけますます硬く」という意味を表します。また，desto は接続詞 je と対をなし，je＋比較級，desto＋比較級というまとまりで「〜であればあるほど，ますます…である」という意味を表します。以上のことから，正解は選択肢 **4** です。desto の代わりに umso を用いて，Je länger ein Ei gekocht wird, umso härter wird es. と表現することもできます。問題文全体は「卵は茹でる時間が長ければ長いほど，それだけますます硬くなる」という意味です。なお，選択肢 **1** を選んだ解答が 33.76% ありました。［正解率 44.34%］

**(2)** 関係代名詞に関する問題です。問題文の前半部は「その女優は何という名前なのか」という意味です。後半部では動詞 sein の定形 ist が後置されています。そのことから，後半部全体は従属文であること，また，空欄には従属文を導く語が入ることが予想されます。さらに，四つの選択肢からは，その語が関係代名詞に相当することがわかります。関係代名詞は，先行詞の性と数，また関係文中での役割に応じて形が異なります。先行詞はふつう関係代名詞の直前にあります。問題文の場合，先行詞は Schauspielerin（女優）です。一方，関係文中の動詞 sein は 3 人称単数形の ist であることから，その主語は空欄直後にある単数形の名詞 Herr Müller（ミュラー氏）であり，後半部の関係文は「その女優とミュラー氏が結婚している」という意味であると予想できます。したがって，先行詞 Schauspielerin と空欄直前にある前置詞 mit を結びつける必要があります。また，mit は 3 格支配の前置詞であることから，空欄には性と数が Schauspielerin と一致する女性単数 3 格の関係代名詞 der を入れるのが適切です。正解は選択肢 **2** です。問題文は「ミュラー氏と結婚しているその女優は何という名前なのか？」という意味です。［正解率 65.69%］

**(3)** 疑問代名詞の格変化に関する問題です。選択肢はすべて wer（誰）の変化形です。問題文の前半部は，動詞 essen（食べる）の人称変化形 isst で終わっています。このことから，前半部全体は従属文であることがわかります。前半部は空欄を除くと「魚も肉も食べない」という意味であり，主語が欠けています。したがって，空欄には 1 格の疑問代名詞 wer を入れるのが適切です。正解は選択肢 **3** です。問題文全体は「魚も肉も食べない者は，ベジタリアンである」という意味です。［正解率 76.08%］

**(4)** 代名詞に関する問題です。第 1 文は，「私はまだ疲れている」という意味

です。第 2 文の冒頭は動詞 lassen（〜させる）の du に対する命令形 lass である
ことから，第 2 文全体は命令文であることがわかります。lassen には，4 格名詞
および動詞の不定形と結びついて「〜に…させる」という意味を表す用法があり
ます。選択肢の中では，4 格の代名詞は選択肢 **4** の mich のみであることから，
空欄には mich 入れるのが適切です。したがって，正解は選択肢 **4** です。第 2 文
の意味は「どうか私に 11 時までベッドにいさせて！」という意味です。［正解率
84.45%］

◇この問題は 12 点満点（配点 3 点×4）で，平均点は 8.12 点でした。

┌─ **4** ここがポイント！ ─────────────────────────

　＊ je ..., desto ... のような 2 語の組み合わせからなる接続表現を覚えよう！
　＊関係代名詞を用いるときは，先行詞の性と数，そして関係文中での役割を
　　しっかり確認しよう！

## **5** 語彙（動詞・副詞・慣用表現）

正解 　（1）　**4**　　（2）　**2**　　（3）　**2**　　（4）　**1**

　動詞，副詞，慣用表現に関する問題です。よく使われる言い回しに関する知識
が求められます。

　**（1）** 第 1 文は「きみは自分の新しい靴をどこで買ったの？」という意味です。
第 2 文は，空欄を除く Sie（　　　）dir sehr gut. という部分だけを取り出せば，
おおよそ「それはきみにとてもよく（　　　）」という意味だと理解できます。また，
第 2 文において 3 格の人称代名詞 dir が含まれていることは，解答上のヒントに
なります。選択肢 **4** の stehen には，3 格の名詞・代名詞との組み合わせで「〜に
似合う」という意味を表す用法があります。仮に空欄に stehen を入れた場合に
は，「その靴はきみにとてもよく似合う」という意味の文が成立します。したがっ
て，正解は選択肢 **4** です。なお，選択肢 **2** の machen を選んだ解答が 32.29% あ
りました。［正解率 36.25%］

　**（2）** 第 1 文は「私のテレビはもう古い」という意味です。第 2 文は，空欄を除
いた部分だけを取り出せば，「でも，それは（　　　）まだよく動く」という意味だ
と理解できます。仮に空欄に選択肢 **2** の immer を入れた場合は，immer noch
（いまだになお，相変わらず）という意味の副詞表現が成立します。一方，他の選

択肢には ...＋noch という配列からなる用法がありません。以上のことから，正解は選択肢 **2** です。問題文全体は「私のテレビはもう古い。でも，それは相変わらずよく動く」という意味です。［正解率 67.34%］

（3）問題文のうち空欄より後ろの部分はおおよそ「きみは一度，歯医者に行かねばならない」という意味だと理解できます。仮に空欄に選択肢 **2** の Fall を入れた場合は，auf jeden Fall（いずれにしろ）という意味の表現が成立します。一方，その他の選択肢を入れた場合には，「きみは一度，歯医者に行かねばならない」という内容と整合する表現が成り立ちません。以上のことから，正解は選択肢 **2** です。問題文は「いずれにしろ，きみは一度，歯医者に行かねばならない」という意味です。なお，選択肢 **4** を選んだ解答が 35.14% ありました。［正解率 49.49%］

（4）問題文のうち，空欄部分を含めた den（　　　）Tag はひとまとまりの句をなすものと予想されます。仮に空欄に選択肢 **1** の形容詞 ganzen を入れた場合は，「一日中」という意味の副詞表現 den ganzen Tag が成立します。一方，その他の選択肢を選んだ場合，同様の副詞表現は成立しません。したがって，正解は選択肢 **1** です。問題文は「その店は一日中開いている」という意味です。［正解率 68.08%］

◇この問題は 12 点満点（配点 3 点×4）で，平均点は 6.63 点でした。

━**5** ここがポイント！━━━━━━━━━━━━━━━
＊ jm stehen のように，動詞が名詞句との結びつきで特定の意味を表す場合があることに注意しよう！
＊よく使われる言い回しは，ひとまとまりの表現として覚えよう！

## **6** 手紙文理解

正解 （1）**4** （2）**2** （3）**1, 5**（順序は問いません）

メールの文面を読んだ上で内容を正しく理解できるかどうかを問う問題です。ドイツ語のメールには，手紙に準じた独自の形式があります。以下は，問題で使用されたテキストの日本語訳です。

送信者：ナツ・マツヤマ
受信者：ザブリーナ・ヴェーバー

件名：日本旅行

日付：2020 年 5 月 3 日

親愛なるザブリーナ

　メールをありがとう。きみは，夏に 2 週間日本に来て私を札幌に訪ねるんだと書いてくれたね。私たちがまた会えるなんて，すてき！

　札幌では，きみはもちろん私のところに泊っていいよ。そうすれば私たちはより多くの (**A**) を一緒に過ごせるね。きみが 8 月になってからようやく来るのは残念だよ。というのも，7 月にはオリンピックのサッカー試合が札幌で行われるんだから。でも，私たちは札幌で他にもとてもたくさんのことができるよ。

　きみはもう旅行の計画を立てた？　札幌で名所を見学すること (**B**) についてきみはどう思う？　札幌駅の近くには，例えば北海道大学のように，見るべき場所がたくさんあるよ。バスでビール博物館や円山動物園にも行けるよ。私はきみにすべて見せてあげるね。

　ミュンヘンでは，きみが私に街中を案内してくれたね。あれは素晴らしい体験だったよ。新市庁舎と古い教会が特にすてきだと思った。今回は，私がきみの旅行ガイドになるね。きみの訪問を早くも楽しみにしているよ。

それじゃあね。

ナツ

　テキストは，ナツが友人ザブリーナに宛てたメールの文面です。ザブリーナが夏に日本を旅行することが話題とされています。この問題では，文脈的に適切な語を選択できるかどうか，文意を正確に理解できるかどうか，テキストの内容を正しく把握できるかどうかが問われています。

　(1) は，空欄 (**A**) を埋めるのに適切な名詞を選ぶ問題であり，文脈を把握する力と語彙力が求められます。空欄 (**A**) を含む文は，直前の文が表す「札幌では，きみはもちろん私のところに泊っていいよ」という内容を副詞 dann（そうすれば）で受けていて，「そうすれば私たちはより多くの (**A**) を一緒に過ごせるね」という意味を表します。選択肢 **1** の Geld は「お金」，選択肢 **2** の Lust は「気持ち，意欲」，選択肢 **3** の Spaß は「楽しみ」，選択肢 **4** の Zeit は「時間」という意味です。空欄 (**A**) を含む文の動詞 verbringen は「〜を過ごす」という意味であり，Zeit のように時間・期間を表す名詞を目的語に取ります。したがって，空欄 (**A**) には Zeit を入れるのが適切です。正解は選択肢 **4** です。なお，選択肢 **3**

を選んだ解答が 31.55% ありましたが,「楽しみ」を意味する Spaß は verbringen の目的語として適切ではありません。[正解率 50.69%]

(2) は,下線部 (B) の言い換えとして適切なものを選ぶ問題です。下線部 (B) は「きみは ... についてどう思うか」という意味であり,前置詞 zu と事物を表す代名詞の融合形である dazu は直後の zu 不定詞句 in Sapporo die Sehenswürdigkeiten zu besichtigen(札幌で名所を見学すること)の内容を指します。三つの選択肢の意味は以下の通りです。

**1** きみには ... の可能性・機会があるか
**2** きみは ... をどう思うか
**3** きみは何について話すのか

下線部 (B) を含む文は,「札幌で名所を見学すること」に関するザブリーナの意見を尋ねています。選択肢 1 は「札幌で名所を見学すること」に関して可能性・機会があるかどうかをザブリーナに尋ねる表現であり,意見を尋ねる表現の言い換えとして適切ではありません。選択肢 2 は,相手の意見を尋ねる表現であり,下線部 (B) の言い換えとして適切です。選択肢 3 は「きみは何について話すのか」という意味であり,これ自体で完結した文として成立する一方,直後の zu 不定詞句との間に自然な関係を結ぶことができません。以上のことから,正解は選択肢 2 です。なお,選択肢 1 を選んだ解答が 24.38% ありました。[正解率 62.19%]

(3) は,テキストの内容に合致する選択肢を選ぶ問題です。選択肢 1 は「ナツはザブリーナからメールをもらった」という意味です。テキストでは,ナツがザブリーナに宛てて「メールをありがとう」と書いていることから,ナツはザブリーナからメールを受け取り,そのことについてお礼を述べていることがわかります。したがって,選択肢 1 は正解です。[正解率 83.44%] 選択肢 2 は「ザブリーナはナツと一緒にホテルに泊まらなければならない」という意味です。テキストでは,ナツがザブリーナに宛てて「札幌では,きみはもちろん私のところに泊まっていいよ」と提案しています。一方,2 人が一緒にホテルに泊まらなければならないということはテキスト全体を通じて書かれていません。したがって,選択肢 2 は不正解です。選択肢 3 は「ザブリーナは 7 月に札幌旅行をする」という意味です。テキストでは,「きみが 8 月になってからようやく来るのは残念だよ」と書かれています。このことから,ザブリーナは 7 月にはまだ札幌に来ないということがわかります。したがって,選択肢 3 は不正解です。選択肢 4 は,「円山動物園には徒歩でのみ到達できる」という意味です。テキストでは,バスを使えばビール

博物館や円山動物園に行くことが可能であると書かれています。徒歩以外にも円山動物園に行く交通手段があることから，選択肢 **4** は不正解です。選択肢 **5** は「ザブリーナはナツにミュンヘンのさまざまな場所を見せた」という意味です。テキストでは，ナツがザブリーナに対して「ミュンヘンでは，きみが私に街中を案内してくれたね」と書いています。さらに，ナツは「新市庁舎と古い教会が特にすてきだと思った」と書いています。このことから，ザブリーナはナツにミュンヘン市内にある複数の場所を案内したことがわかります。したがって，選択肢 **5** は正解です。[正解率 77.46%]

◇この問題は 12 点満点（配点 3 点×4）で，平均点は 8.21 点でした。

**6 ここがポイント！**

＊書き出し，結び，呼びかけなどの定型表現を含め，メール・手紙・葉書の形式に慣れておこう！
＊動詞の意味に着目した上で適切な名詞を選ぼう！
＊季節や日程，時刻が話題とされている場合は，時間関係に注意して内容を正確に把握しよう！

# 7 会話文理解

正解 (**a**) **2**　(**b**) **7**　(**c**) **6**　(**d**) **8**　(**e**) **4**

空欄に適切な表現を補い，会話を完成させる問題です。選択肢に挙げられている各表現の意味を正しく理解するだけでなく，空欄ごとに前後の会話の流れを把握する必要があります。

内容：
シュテファン：　アンドレア，きみはシェイクスピアに関する新作映画を観たかい？
アンドレア：　先週から映画館で上映している映画のことをいっているの？（**a**）
シュテファン：　僕は昨日観たよ。きみもあれは絶対に観ないといけないよ！素晴らしかったよ！！
アンドレア：　本当？（**b**）
シュテファン：　僕はカップルの話が一番気に入ったよ。悲しい話だったけれ

　　　　　　　　ど，でもとてもすてきだった。

アンドレア：　　面白そうだね。(**c**)

シュテファン：　この映画はイギリス人の監督によって作られたものだ。名前は忘れてしまった。

アンドレア：　　そう。それで，映画はどれくらいの長さなの？

シュテファン：　割と長いよ。(**d**)

アンドレア：　　わかった。私は週末に映画館に行くよ。(**e**)

シュテファン：　僕は大学の近くにある映画館で観たよ。

アンドレア：　　いいね。私もそうする。

**1**　入場料はいくらだった？

**2**　ううん，まだだよ。きみは？

**3**　うん，もちろん！　きみはそれをいいと思った？

**4**　きみはどこでその映画を観たの？

**5**　ここからおよそ 2 キロメートルだ。

**6**　その映画は誰によるものなの？

**7**　きみは一体何がそんなに気に入ったの？

**8**　それは 2 時間以上かかる。

　会話は，ある映画についてシュテファンとアンドレアの 2 人の間で交わされているものです。会話全体の流れが自然になるように選択肢を選ぶ必要があります。

　(**a**)：シュテファンがアンドレアに，新作映画をもう観たかどうか尋ねます。それに対して，アンドレアが (**a**) と答えます。したがって，(**a**) には「はい」か「いいえ」のどちらかの答えが入るものと予想され，選択肢 **2** か選択肢 **3** が候補として考えられます。さらに，(**a**) の後でシュテファンはアンドレアに映画をぜひ観るようにと勧めます。このことから，アンドレアはまだ映画を観ていないことがわかります。以上のことから，(**a**) には Nein（ううん）で始まる選択肢 **2** を入れるのが適切です。正解は選択肢 **2** の「ううん，まだだよ。きみは？」です。〔正解率 74.79%〕

　(**b**)：映画を絶賛するシュテファンに対し，アンドレアは (**b**) と発言します。それを受けたシュテファンは「僕はカップルの話が一番気に入ったよ」と，内容に関する感想を伝えます。したがって，(**b**) にはシュテファンが映画のどの部分を気に入ったのか尋ねる質問が入るものと予想されます。正解は選択肢 **7** の「きみは一体何がそんなに気に入ったの？」です。〔正解率 91.44%〕

（**c**）：シュテファンの話を聞いたアンドレアが「面白そうだね」と映画への興味を示した上で（**c**）と発言すると、シュテファンはこの映画がイギリス人の監督によるものであると説明します。このことから、アンドレアが話題を映画の監督に向けているものと予想できます。したがって、（**c**）には、映画が誰の作品であるのかを尋ねる選択肢 **6** を入れるのが適切です。正解は選択肢 **6** の「その映画は誰によるものなの？」です。［正解率 84.08%］

（**d**）：映画の上映時間を尋ねるアンドレアに、シュテファンは映画が比較的長いものであると伝え、さらに（**d**）と発言します。するとアンドレアは「わかった」と答えます。このことから、（**d**）には映画の上映時間に関わる補足内容が入るものと予想されます。正解は、選択肢 **8** の「それは 2 時間以上かかる。」です。［正解率 87.95%］

（**e**）：週末に映画館に行くつもりであると語ったアンドレアは、（**e**）と続けます。するとシュテファンは、自分は大学の近くの映画館で映画を観たと伝えます。それを受けて、アンドレアは自分もそこに行くと言います。このことから、（**e**）には、シュテファンがどこで映画を観たのか尋ねる質問が入るものと予想されます。正解は選択肢 **4** の「きみはどこでその映画を観たの？」です。［正解率 80.86%］

なお、選択肢 **1**「入場料はいくらだった？」、選択肢 **3**「うん、もちろん！ きみはそれをいいと思った？」、選択肢 **5**「ここからおよそ 2 キロメートルだ。」は、本文中のどの空欄にも入りません。

◇この問題は 15 点満点（配点 3 点×5）で、平均点は 12.57 点でした。

**7 ここがポイント！**

＊一つ一つの発言とその前後の発言との内容的なつながりを把握しよう！
＊さまざまな疑問詞の意味を正確に覚えよう！
＊会話の中では過去のことは現在完了形で表されることが多いため、重要な動詞については過去分詞形にも慣れておこう！

## 8 テキスト理解

正解　**3, 4, 7, 8**（順序は問いません）

一定の長さのまとまったテキストを読み、内容を正しく理解できるかどうかを

問う問題です。テキストは，試験のために作成されたオリジナルです。

内容：

　次の状況は，誰もが知っている。あるメロディーが長い間，ときにはいらだたしくて忘れたくなるほど長い間，頭に残るのだ。これを「オーアヴルム」という。もっとも，オーアヴルムは耳の内部ではなく脳内で生み出される。しかし，どのようにしてオーアヴルムにかかるのだろうか？

　あるメロディーや歌を素晴らしい状況で聞くときは，それをよく覚えている。しかし，普通の状況では，すぐに忘れるかもしれない。つまり，ポジティブな気持ちや感情が，あるメロディーを脳がしっかりと記憶する上で重要な役割を果たしているのだ。

　特別な状況と並び，くつろいだ雰囲気も，オーアヴルムの発生にとって非常に重要である。なぜなら，脳がリラックスしていると，頭の中のメロディーがしばしばよみがえってくるからだ。

　例えば，小さな子どもがすてきな誕生日パーティーの後，夜にベッドの中で繰り返し誕生日の歌を歌うということがよくある。仮にその子どもがパーティーを楽しんでいなかったら，メロディーが頭の中に長い間残ることはない。

　しかし，オーアヴルムはときとして大きな問題になる。勉強中や読書の際にオーアヴルムが現れるのは，よいことではない。もっと悪いのは，メロディーがベッドの中でやまない場合だ。そうなると，眠ることができない。

　ここで，オーアヴルムを終わらせるためのアドバイスを一つ。何か他のことに集中するとよいだろう。脳が他の物事で忙しくなれば，オーアヴルムはじきにまた消える。

【語彙】　folgend: 次の　　nerven: いらいらさせる　　Emotion: 感情

　選択肢 **1** は，テキストの内容に合致せず，不正解です。テキスト第 1 段落では「あるメロディーが長い間，ときにはいらだたしくて忘れたくなるほど長い間，頭に残る」と述べられている一方，いらだちが原因で勝手にメロディーが聞こえ始めるということはテキスト全体を通じて述べられていません。選択肢 **2** は，第 1 段落の「オーアヴルムは耳の内部ではなく脳内で生み出される」という内容に合致しません。したがって，選択肢 **2** は不正解です。選択肢 **3** は，第 2 段落の「あるメロディーや歌を素晴らしい状況で聞くときは，それをよく覚えている。しかし，普通の状況では，すぐに忘れるかもしれない」という内容に合致します。したがって，選択肢 **3** は正解です。［正解率 92.82%］　選択肢 **4** は，第 3 段落の「脳

がリラックスしているときは，頭の中のメロディーがしばしばよみがえってくる」
という内容に合致します。したがって，選択肢 **4** は正解です。［正解率 63.57%］
選択肢 **5** は，テキストの内容に合致せず，不正解です。第 4 段落では「小さな子
どもがすてきな誕生日パーティーの後，夜にベッドの中で繰り返し誕生日の歌を
歌うということがよくある」と述べられている一方，子どもが夜に寝ようとして
いるときのみオーアヴルムが現れるということはテキスト全体を通じて述べられ
ていません。選択肢 **6** は，第 5 段落の「オーアヴルムはときとして大きな問題に
なる。勉強中や読書の際にオーアヴルムが現れるのは，よいことではない」とい
う内容に合致しません。したがって，選択肢 **6** は不正解です。選択肢 **7** は，第 5
段落の「もっと悪いのは，メロディーがベッドの中でやまない場合だ。そうなる
と，眠ることができない」に合致します。したがって，選択肢 **7** は正解です。［正
解率 96.60%］ 選択肢 **8** は，第 6 段落の「脳が他の物事で忙しくなれば，オーア
ヴルムはじきにまた消える」という内容に合致します。したがって，選択肢 **8** は
正解です。［正解率 94.76%］

◇この問題は 12 点満点（配点 3 点×4）で，平均点は 10.43 点でした。

---

**8** **ここがポイント！**

*長文読解では「いつ」「どこで」「何が」「どうした」といった情報から，
　文脈を正しく把握しよう！

*読解の際は，歴史・時事・自然科学など，さまざまな分野の知識も必要に
　応じて活用しよう！

# 【聞き取り試験】

## 第1部 会話の重要情報の聞き取り

正解 （1） **2** （2） **1** （3） **1**

　放送された会話を聞き，質問に対する答えとして最も適切な選択肢を選ぶ問題です。質問と選択肢は「解答の手引き」に記載されています。質問に関わる内容を正しく聞き取る力が求められます。

放送 問題**1**

**A**: Anna, wir haben nur noch wenig Zeit. Fahren wir mit dem Taxi? Sonst kommen wir zu spät zur Party.

**B**: Nein, Christian, das ist zu teuer. Lass uns mit der S-Bahn oder mit dem Bus fahren.

**A**: Dann mit der S-Bahn. Der Bus ist nicht pünktlich.

**B**: Du hast recht. Das machen wir.

内容:

**A**: アンナ，もうほとんど時間がない。タクシーで行こうか？ さもないと，パーティーに着くのがあまりに遅くなってしまうよ。

**B**: いや，クリスティアン，それはお金がかかりすぎるよ。Sバーンかバスで行こう。

**A**: じゃあ，Sバーンで。バスは時間通りではないよ。

**B**: きみの言う通りだね。そうしよう。

質問文: Wie fahren Anna und Christian zur Party?

　質問文は「アンナとクリスティアンはどうやってパーティーに行きますか？」という意味です。会話では，交通手段の名称として Taxi（タクシー），S-Bahn（Sバーン，電車），Bus（バス）が挙がっています。2人がそのうちどの交通手段で行くことに決めたのかを正しく聞き取る必要があります。選択肢**1**は「タクシーで」，選択肢**2**は「Sバーンで」，選択肢**3**は「バスで」，選択肢**4**は「車で」という意味です。会話の最後では，クリスティアンがSバーンで行くことを提案し，アンナもそれに賛成しています。したがって，正解は選択肢**2**です。［正解率91.35％］

— 94 —

放送 問題**2**

**A**: Markus, ich kann mein Handy nicht finden.

**B**: Was? Findest du dein Handy schon wieder nicht? Gestern hast du es doch im Auto gefunden. Hast du da schon nachgesehen?

**A**: Ja, natürlich. Ich habe auch in der Küche und im Badezimmer gesucht. Aber es war nicht da.

**B**: Soll ich vielleicht mal mit meinem Handy anrufen?

内容:

**A**: マルクス，私の携帯電話が見つからない。

**B**: 何だって？ また携帯電話が見つからないの？ 昨日は車の中で見つけたよね。そこはもう見た？

**A**: うん，もちろん。キッチンでも浴室でも探したよ。でも，そこにはなかった。

**B**: よかったら，ぼくの携帯電話でちょっとかけてみようか？

質問文: Wo hat die Frau gestern ihr Handy gefunden?

質問文は「女性は昨日どこで自分の携帯電話を見つけましたか？」という意味です。選択肢 **1** は「彼女はそれを車の中で見つけた」，選択肢 **2** は「彼女はそれをキッチンで見つけた」，選択肢 **3** は「彼女はそれを浴室で見つけた」，選択肢 **4** は「彼女はそれを見つけなかった」という意味です。マルクスは，女性が前の日に携帯電話を車の中で見つけたことを指摘しています。したがって，正解は選択肢 **1** です。なお，選択肢 **4** を選んだ解答が54.65％ありました。質問文では，会話が交わされている時点のことではなく，その前日のことを尋ねています。したがって，選択肢 **4** は正しくありません。［正解率 26.86％］

放送 問題**3**

**A**: Thomas, wann gehst du los?

**B**: Das Konzert beginnt um halb acht. Also muss ich ungefähr um halb sieben los, glaube ich.

**A**: Nein, nein. Das ist zu spät. Zum Konzerthaus brauchst du über eine Stunde. Du musst um sechs Uhr los.

**B**: Ach, wirklich? Danke für den Tipp!

内容:

**A**: トーマス，きみはいつ出発するの？

**B**: コンサートは7時半に始まるんだ。だから，6時半頃には出ないといけな

いと思う。

**A**： いや，いや。それは遅すぎる。コンサートホールまでは 1 時間以上が必要
だよ。きみは 6 時には出ないといけないよ。

**B**： え，本当に？ アドバイスをありがとう！

質問文： Um wie viel Uhr muss Thomas losgehen?

質問文は「トーマスは何時に出発しなければなりませんか？」という意味です。
会話にはいくつかの時刻表現が含まれています。そのうちのどの時刻にトーマス
が出発しなければならないのかを正しく理解する必要があります。選択肢 **1** は「6
時に」，選択肢 **2** は「6 時半に」，選択肢 **3** は「7 時に」，選択肢 **4** は「7 時半に」
という意味です。トーマスが 6 時半頃に出発するつもりであると発言しているの
に対し，女性は，それでは遅すぎると指摘し，6 時には出発しなければならない
と発言しています。また，トーマスはお礼を述べることで，女性の助言に対する
同意を示しています。したがって，正解は選択肢 **1** です。〔正解率 87.21％〕

◇第 1 部は 12 点満点（配点 4 点×3）で，平均点は 8.22 点でした。

---

第1部 **ここがポイント！**

＊数や時間表現，疑問詞を注意深く聞き取ろう！

＊会話を聞き取る場合は，背景となる場面もイメージしながら，正確な内容
理解に努めよう！

---

## 第2部 テキスト内容の理解

正解 (4) 3 (5) 2 (6) 3

放送されたテキストと質問を聞き，その答えとして最も適した絵を選ぶ問題で
す。テキスト全体のうち質問に関連する情報を正しくとらえることが求められま
す。

放送 問題**4**

Gestern Abend wollte Peter mit mir tanzen gehen. Ich war aber zu
müde und wollte lieber zu Hause fernsehen. Das war ihm aber zu lang-
weilig. Also hat er mich gefragt, ob wir zusammen chinesisch essen
gehen. Das haben wir gemacht und wir hatten gemeinsam einen schö-

nen Abend.

内容：

昨晩ペーターは私と一緒に踊りに行きたがっていました。でも，私はあまりに疲れていて，むしろ自宅でテレビを見たいと思いました。しかし，それは彼にはあまりに退屈でした。そこで彼は私に，一緒に中華料理を食べに行こうかと尋ねました。私たちはそうしましたし，共に楽しい晩を過ごしました。

質問文： Was haben die beiden gestern Abend gemacht?

　質問文は「2 人は昨晩何をしましたか？」という意味です。放送されたテキストの最後では das haben wir gemacht（私たちはそうしました）と述べられています。この表現中の指示代名詞 das は前文中の zusammen chinesisch essen gehen（一緒に中華料理を食べに行く）を指します。したがって，正解は，中華料理を食べる様子が描かれている選択肢 3 です。なお，踊る様子が描かれた選択肢 1 を選んだ解答が 50.23%，テレビを見る様子が描かれた選択肢 2 を選んだ解答が 10.30% ありました。放送されたテキストでは，話法の助動詞 wollen の過去形 wollte（〜したがっていた）が用いられていることに注意してください。テキストの冒頭では，ペーターが踊りたがっていたということは述べられていますが，2 人が実際に踊りに出かけたということは述べられていません。同様に，女性が自宅でテレビを見たいと思ったということも述べられていますが，2 人が実際にテレビを見たということは述べられていません。したがって，選択肢 1 と選択肢 2 は不正解です。［正解率 39.37%］

放送 問題 5

Liebe Kunden! Heute gibt es wieder viele Sonderangebote für Obst und Gemüse: Süße Birnen aus Italien, vier Stück für nur ein Euro achtundneunzig. Große Tomaten aus der Türkei sind heute auch besonders günstig. Ein Kilo kostet nur zwei Euro achtundneunzig. Und ganz frische Zwiebeln aus Polen, das fünf-Kilo-Netz zum Sonderpreis von nur drei Euro achtundneunzig.

内容：

　お客様！ 本日もまた果物と野菜の特別奉仕品がたくさんあります。イタリア産の甘い洋梨が 4 個でたったの 1 ユーロ 98（セント）。トルコ産の大きなトマトも本日は特にお買い得です。1 キロたったの 2 ユーロ 98（セント）です。そして，とても新鮮なポーランド産の玉ねぎは，5 キロ入りネットがたったの 3 ユーロ 98（セント）という特別価格です。

質問文：Was kommt aus der Türkei?

　質問文は「トルコから来ているのは何ですか」という意味です。選択肢 **1** は洋梨，選択肢 **2** はトマト，選択肢 **3** は玉ねぎの絵です。放送では「トルコ産の大きなトマト」(große Tomaten aus der Türkei) と述べられていることから，正解は選択肢 **2** です。なお，選択肢 **3** を選んだ解答が 20.52% ありました。［正解率 63.29%］

放送　問題 **6**

Meine Mutter arbeitet nicht mehr und hat viel Zeit für sich selbst. Deshalb hat sie viel Neues angefangen, zum Beispiel Tanzen, Singen oder Gitarre spielen. Vor allem machen ihr aber Computerspiele großen Spaß. Ich finde es lustig, dass sie sich für so etwas interessiert.

内容：

　私の母はもはや働いておらず，自分自身のための時間がたくさんあります。そのため彼女は，ダンス，歌，ギターなど，多くの新しいことを始めました。でも，彼女がとりわけ楽しんでいるのはコンピューターゲームです。彼女がそういうものに興味を持つのは面白いと私は思います。

質問文：Was macht die Mutter am liebsten?

　質問文は「お母さんは何をするのが一番好きですか？」という意味です。選択肢 **1** はダンスをする様子，選択肢 **2** はギターを演奏する様子，選択肢 **3** はコンピューターゲームで遊ぶ様子を描いた絵です。放送では「でも，彼女がとりわけ楽しんでいるのはコンピューターゲームです」(Vor allem machen ihr aber Computerspiele großen Spaß.) と述べられていることから，正解は選択肢 **3** です。［正解率 92.55%］

◇この問題は 9 点満点（配点 3 点×3）で，平均点は 5.86 点でした。

┌─ **第2部** ここがポイント！ ─────────────
│　＊聞き取りの上で，イラストなどの視覚情報がある場合はそれを有効に利用
│　　しよう！
│　＊話の流れを追った上で，指示表現が何を指しているのかに注意しよう！
│　＊場所や数に関する情報は正確に聞き取ろう！
└──────────────────────────────

## 第3部 やや長い会話文の聞き取りと記述

正解 (7) 6  (8) Schule  (9) Freunde  (10) 400

放送された会話と質問を聞き，解答用紙の空欄に適切な語または数字を記入することにより，答えを完成させる問題です。問題 (7)(10) では数を聞き取る一方，問題 (8)(9) では会話に出てくるキーワードを聞き取ります。「解答の手引き」および解答用紙に記載されている表現を確認した上で補うべき情報を正しく聞き取る力が求められます。放送された会話は，ベッティーナという女性とマーティンという男性が電話越しに交わしているものです。

放送

**A**: Hallo, Martin. Kannst du mich hören? Ja?

**B**: Hallo, Bettina. Ja. jetzt kann ich dich gut hören.

**A**: Wie geht es dir? Wir haben uns lange nicht gesprochen.

**B**: Das stimmt. Mir geht's gut, danke. Und dir?

**A**: Mir geht es auch gut. Danke. Ich war total überrascht. Du wohnst jetzt in Spanien, oder?

**B**: Nein, nein. Ich war nur sechs Monate in Spanien. Jetzt bin ich schon seit einem Jahr in Portugal und habe auch schon viel Portugiesisch gelernt.

**A**: Super. Hast du eine Arbeit?

**B**: Ja, ich arbeite als Hausmeister in einer Schule. Die Arbeit gefällt mir sehr gut. Ich spreche viel mit den Kindern und verbessere so mein Portugiesisch.

**A**: Und was machst du in deiner Freizeit?

**B**: Nach der Arbeit gehe ich an den Strand und entspanne mich. Manchmal treffe ich in meiner Freizeit auch Freunde in der Stadt und wir sitzen bis spät abends in einem Restaurant und reden.

**A**: Das klingt ja sehr gut. Aber verdienst du als Hausmeister denn genug Geld?

**B**: Es ist nicht sehr viel, neunhundert Euro im Monat. Aber es reicht. Ich habe eine kleine Wohnung. Für die bezahle ich nur vierhundert Euro pro Monat.

**A**: Das ist ja günstig. Darf ich dich da mal besuchen?

**B**: Das würde mich freuen. So, jetzt muss ich aber los. Ich hoffe, wir sprechen bald wieder.

**A**: Das wäre schön.

内容:

**A**: やあ，マーティン。私の声が聞こえる？　どうかな？

**B**: やあ，ベッティーナ。ああ，今はきみの声がよく聞こえるよ。

**A**: 元気？　私たちは長いこと話していなかったね。

**B**: そうだね。ぼくは元気だよ。ありがとう。きみは？

**A**: 私も元気だよ。ありがとう。私，とてもびっくりしたよ。きみは今スペインに住んでいるんだよね？

**B**: いや，いや。スペインには6か月だけいたんだ。今はもう1年前からポルトガルにいるし，ポルトガル語もすでにたくさん覚えたよ。

**A**: すごいね。仕事はあるの？

**B**: ああ，ぼくはある学校で用務員として働いているんだ。ぼくはその仕事がとても気に入っている。子どもたちとたくさん話して，自分のポルトガル語を上達させているよ。

**A**: それで，自由時間には何をしているの？

**B**: 仕事の後は海岸に行ってくつろいでいる。ときどき，ぼくは自由時間に町で友人たちと会うこともあるし，夜遅くまでレストランに座ってしゃべっているよ。

**A**: それはとてもよさそうだね。でも，用務員としてお金は十分稼いでいるの？

**B**: あまり多くないよ。ひと月900ユーロだ。でも，それで十分だよ。ぼくは小さな住まいを持っている。僕はそれに1か月400ユーロしか払っていないんだ。

**A**: それはお手頃だね。一度，きみを訪ねてもいい？

**B**: それは嬉しいな。さあ，そろそろ行かないと。近いうちにまた話をすることを望んでいるよ。

**A**: そうなったらすてきだね。

---

放送　問題**7**

質問文：　Wie lange war Martin in Spanien?

問題文：　Martin war □ Monate in Spanien.

質問文は「マーティンはどれくらいの間スペインにいましたか？」という意味

です。問題文は「マーティンは□か月間スペインにいました」という意味です。会話の中でマーティンは Ich war nur sechs Monate in Spanien.（ぼくは 6 か月だけスペインにいた）と発言しているので，解答欄には 1 桁の算用数字で 6 と記入するのが適切です。正解は **6** です。［正解率 95.68%］

放送　問題 **8**

質問文：　Wo arbeitet Martin in Portugal?

問題文：　Er arbeitet jetzt in einer _____.

質問文は「マーティンはポルトガルのどこで働いていますか？」という意味です。問題文は「彼は今，ある_____で働いています」という意味です。会話の中でマーティンは Ich arbeite als Hausmeister in einer Schule.（ぼくはある学校で用務員として働いている）と発言しているので，解答欄には Schule を記入するのが適切です。正解は **Schule** です。なお，つづり間違いがあった他，Hausmeister と記入した解答がありました。［正解率 54.41%］

放送　問題 **9**

質問文：　Was macht Martin in seiner Freizeit?

問題文：　In seiner Freizeit trifft Martin seine _____.

質問文は「マーティンは自由時間に何をしますか？」という意味です。問題文は，「自由時間にマーティンは彼の_____と会います」という意味です。会話の中でマーティンは Manchmal treffe ich in meiner Freizeit auch Freunde in der Stadt（ときどき，ぼくは自由時間に町で友人たちと会うこともある）と発言しているので，解答欄には Freunde を記入するのが適切です。正解は **Freunde** です。Freunde は男性名詞 Freund の複数形です。なお，女性名詞の単数形 Freundin や Freunde に複数 3 格の語尾 -n を足した変化形である Freunden を記入した解答がありました。［正解率 27.57%］

放送　問題 **10**

質問文：　Wie viel bezahlt Martin für seine Wohnung?

問題文：　Die Miete kostet □□□ Euro im Monat.

質問文は「マーティンは彼の住まいにいくら支払っていますか？」という意味です。問題文は「家賃はひと月□□□ユーロです」という意味です。会話の中でマーティンは Für die bezahle ich nur vierhundert Euro pro Monat.（僕はそれに 1 か月 400 ユーロしか払っていない）と発言しているので，解答欄には 3 桁の算用数字で 400 と記入するのが適切です。正解は **400** です。［正解率 17.39%］

◇この問題は 16 点満点（配点 4 点×4）で，平均点は 7.80 点でした。

┌─ **第3部** **ここがポイント！** ─────────────────────
│　＊数は正確に聞き取ろう！
│　＊基本語彙は正確につづるようにしよう！
│　＊名詞については，語尾の有無や種類を正しく聞き分けよう！
└──────────────────────────────

# 2級 (Mittelstufe)
## 検定基準

■ドイツ語の文法や語彙についての十分な知識を前提に，日常生活に必要な会話や社会生活で出会う文章が理解できる。

■やや長めの文章の主旨を理解し，内容についての質問に答えることができる。
具体的・抽象的なテーマについてのインタビューや短い記事の内容を聞き取ることができる。
短いドイツ語の文を正しく書くことができる。

■対象は，ドイツ語の授業を約180時間（90分授業で120回）以上受講しているか，これと同じ程度の学習経験のある人。

# 2020年度 冬期 ドイツ語技能検定試験
# 2級
## 筆記試験　問題
（試験時間　80分）

> 出題は新しい正書法（単語のつづり方などに関する規則）に従います。解答は新旧いずれの方式でも認めます。

—— 注　意 ——

■受験票と机の上の受験番号が同じであることを確認してください。
■携帯電話，スマートフォン，スマートウォッチ等の電子機器類は電源を切り，カバン等にしまってください。机の上に置いてはいけません。
■中途退場は認めません。退場は試験放棄となります。

①問題冊子は試験開始の合図があるまで，開いてはいけません。
②問題冊子は表紙・裏表紙を含めて10ページあります。
　余白は下書き・メモ用に使ってかまいません。
③試験監督者の指示に従って，解答用紙の所定の欄に，受験番号・氏名を記入してください。
④解答は黒のHBの鉛筆で強めに記入してください。
　書き直す場合には，消しゴムできれいに消してから記入してください。
⑤**解答はすべて解答用紙の指定された箇所に記入してください。**
⑥記入する数字は，下記の見本に従って書いてください。

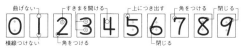

⑦アルファベットは大文字と小文字の判別ができるようにはっきりと書いてください。

　■試験が終わっても，指示があるまで席を立たないでください。
　■解答用紙は持ち帰ってはいけません。
　■この問題冊子の無断転載，無断複製を禁じます。

# 1

次の **(1)** 〜 **(3)** の問いに対する答えを下の **1** 〜 **4** から一つ選び，その番号を解答欄に記入しなさい。

**(1)** 次の 2 つの文がほぼ同じ意味になるように，( ) に入る語を選びなさい。

Das kann ich nicht sicher sagen.
Das kann ich nicht mit ( ) sagen.

**1** Sicherheit     **2** Sicherstellung     **3** Sicherung     **4** Versicherung

**(2)** 次の **(A)** 〜 **(D)** の ( ) に入る語の組み合わせとして最も適切なものを選びなさい。

**(A)** Der Preis dieses neuen Autos ist ( ).
**(B)** Dieser Anzug ist zu ( ). Ich kann ihn mir nicht leisten.
**(C)** Das Studium kostet in Japan ( ).
**(D)** Ich habe im Lotto gewonnen. Der Gewinn war ( ).

| | **(A)** | **(B)** | **(C)** | **(D)** |
|---|---|---|---|---|
| **1** | groß | hoch | teuer | viel |
| **2** | hoch | teuer | viel | groß |
| **3** | teuer | viel | groß | hoch |
| **4** | viel | groß | hoch | teuer |

**(3)** 次の **(A)** 〜 **(D)** の ( ) に入る語の組み合わせとして最も適切なものを選びなさい。

**(A)** Kann ich ( ) dein Telefon benutzen?
**(B)** Ich habe meine Seminararbeit vor einer Woche fertig gemacht. – So schnell! Du bist ( ) fleißig!
**(C)** Stephan will von dir hören. Schreib ihm ( ) zumindest eine E-Mail!
**(D)** Du warst gestern nicht auf der Party. Was war ( ) los?

| | **(A)** | **(B)** | **(C)** | **(D)** |
|---|---|---|---|---|
| **1** | aber | doch | denn | mal |
| **2** | denn | mal | aber | doch |
| **3** | doch | denn | mal | aber |
| **4** | mal | aber | doch | denn |

**2** 次の (1), (2) については文 **a** と **b** がほぼ同じ意味になるように, (3), (4) について
は設問の指示に従い **1** 〜 **4** の中から一つ選び, その番号を解答欄に記入しなさい。

(1) **a** Jemand hat mir zum Geburtstag einen Blumenstrauß geschenkt.
**b** Ich ( ) zum Geburtstag einen Blumenstrauß geschenkt bekommen.

**1** bin **2** habe **3** werde **4** wurde

(2) **a** Das Buch kann sehr leicht gelesen werden.
**b** Das Buch ist sehr leicht ( ).

**1** gelesen wird **2** gelesen zu werden
**3** lesen können **4** zu lesen

(3) ( ) の中に入る語を選びなさい。

Wascht ( ) zuerst die Hände!

**1** dich **2** dir **3** euch **4** sich

(4) 次の文の言い換えとして最も適切なものを選びなさい。

Der Arzt sagte mir: „Es wäre besser, wenn Sie aufhören zu rauchen und zu trin-
ken.“

**1** Der Arzt sagte mir, ich dürfe aufhören zu rauchen und zu trinken.
**2** Der Arzt sagte mir, ich könne aufhören zu rauchen und zu trinken.
**3** Der Arzt sagte mir, ich solle aufhören zu rauchen und zu trinken.
**4** Der Arzt sagte mir, ich wolle aufhören zu rauchen und zu trinken.

# 3

次の (1) ～ (5) の **a** と **b** の文がほぼ同じ意味になるように ( ) の中に最も適切な一語を入れて，**b** の文を完成させなさい。その一語を大文字，小文字の使い方に注意して解答欄に記入しなさい。

(1) **a** Peter und Eva verbieten ihren Kindern zu kochen.
**b** Peter und Eva ( ) ihre Kinder nicht kochen.

(2) **a** Über die auffallende Sauberkeit des Zimmers war ich überrascht.
**b** Es hat mich überrascht, dass das Zimmer so ( ) war.

(3) **a** Es ist hier verboten, Fotos von der Buddha-Statue zu machen.
**b** Man ( ) hier die Buddha-Statue nicht fotografieren.

(4) **a** Thomas hat die Prüfung nicht bestanden, obwohl er sehr fleißig dafür gelernt hatte.
**b** Thomas hat ( ) seiner Bemühungen die Prüfung nicht bestanden.

(5) **a** Wäre heute Sonntag, könnten wir Mutter besuchen.
**b** ( ) heute Sonntag wäre, könnten wir Mutter besuchen.

# 4

次の (1) ～ (3) の文で ( ) の中に入れるのに最も適切なものを下の **1** ～ **4** から一つ選び，その番号を解答欄に記入しなさい。

(1) In der Diskussion achte ich immer ( **a** ), dass alle zu Wort ( **b** ).

(**a**) 1 damit    2 darauf    3 darüber    4 dazu
(**b**) 1 gehen    2 hören    3 kommen    4 stehen

(2) ( **a** ) Kind ( **b** ) ich Fußballspielerin werden.

(**a**) 1 Als    2 Bei    3 Mit    4 Wenn
(**b**) 1 hätte    2 mochte    3 wäre    4 wollte

(3) Was ich dir eben gesagt habe, soll ( ) uns bleiben.

1 auf    2 über    3 unter    4 vor

**5** 次の (1) と (2) の文章を読んで，それぞれの内容に合うものを **1 ~ 3** から一つ選び，その番号を解答欄に記入しなさい。

(1) Manchmal hört man den Begriff „Supermond". Man sieht Fotos vom „Supermond" im Fernsehen, in den Zeitungen und in den Zeitschriften. In diesem Bereich der Medien wird der „Supermond" als ein besonderes Ereignis betrachtet. Beim „Supermond" sieht der Vollmond besonders groß aus und man hat den Eindruck, diesen Mond berühren zu können. Aber in der Astronomie, also in der Wissenschaft von den Sternen im Himmel, gibt es den Begriff „Supermond" nicht, denn es handelt sich hier um eine falsche Wahrnehmung, die durch die Perspektive des Sehens entsteht. Das heißt, nur in unserem Gehirn gibt es den „Supermond", aber in Wirklichkeit existiert der „Supermond" nicht.

1 Der „Supermond" wird in den Medien kaum als Thema behandelt.
2 Der „Supermond" sieht so riesig aus, dass man ihn nicht richtig beobachten kann.
3 Der „Supermond" ist kein wissenschaftlicher Begriff.

(2) In Nordrhein-Westfalen spricht mehr als die Hälfte der Menschen, die aus dem Ausland stammen, aber schon lange in Deutschland wohnen, mit der Familie zu Hause Deutsch. Nach der Untersuchung in Nordrhein-Westfalen 2017 reden 56 Prozent von den Befragten zu Hause hauptsächlich Deutsch, während etwa 25 Prozent von ihnen Türkisch sprechen. Laut der Untersuchung war Türkisch die Fremdsprache, die am häufigsten genannt wurde. Die anderen Fremdsprachen, die zu Hause gesprochen wurden, sind Russisch, Arabisch und Polnisch.

1 Es ist nicht wahr, dass alle Ausländer in Deutschland zu Hause nur die Sprache ihrer Heimat benutzen.
2 In diesem Text werden außer Türkisch fünf Fremdsprachen genannt.
3 Diese Untersuchung fand nicht nur in Nordrhein-Westfalen, sondern auch in den anderen Bundesländern statt.

# 6 次の文章を読んで (1) ～ (5) の問いに答えなさい。

Wer Wittenberg sagt, meint Luther. In dieser Stadt hatte der Reformator schließlich sein Wohnzimmer, das man auch heute noch im Original besichtigen kann. Ab 1511 lebte Luther als Mönch und Professor im Augustinerkloster der Stadt, das später – als Geschenk vom Kurfürsten – zum Wohnhaus ( **A** ) ihn und seine Frau wurde. Wittenberg wurde zum „Rom der Protestanten", Luthers Wirken zog Studenten und Gelehrte von weit her an, der berühmte Philipp Melanchthon lehrte an der Wittenberger Akademie, hochrangige Fürsten stellten sich dem Disput. Ganz historisch wird es an der Luthereiche, denn hier wurde die Trennung von der römisch-katholischen Kirche symbolisch vollzogen. Der Reformator verbrannte die Bannbulle\* des Papstes – deutlicher und drastischer konnte keine Handlung sein. Die Stadt hält große Stücke auf (a)ihren berühmtesten früheren Bewohner. Jedes Jahr im Juni feiern die Wittenberger „Luthers Hochzeit" in der ganzen Stadt an den Originalschauplätzen. Am Samstagnachmittag steht der historische Festumzug auf dem Programm – ein Highlight für alle Besucher und Bewohner zugleich. (b)Selbst beim Fußball ist Luther mit im Spiel: Ein Kleinfeld-Fußballturnier mit rund hundert Männer- und Frauenmannschaften nennt sich – na, wie wohl? – Luther-Cup. Was fehlt noch? Luther zum Verspeisen. Der Reformator ist Namensgeber für das Lutherbrot, eine Spezialität in Wittenberg.

Bei aller Lutherverehrung sollte man aber nicht vergessen, dass es noch viele andere Sehenswürdigkeiten gibt. (c)Das Wittenberger Schloss und die Stadtkirche verdienen ebenfalls die Aufmerksamkeit der Besucher. Modern statt historisch ist trotz seines Namens das Martin-Luther-Gymnasium: Es wurde nach Entwürfen von Friedensreich Hundertwasser umgestaltet, mit Zwiebelturm, Dachterrassen, Bäumen, die aus Fenstern ragen, bunten Säulen und organischen Formen.

\*Bannbulle: 破門状

(1) 空欄 ( **A** ) に当てはまる語として最も適切なものを次の **1** ～ **4** から一つ選び，その番号を解答欄に記入しなさい。

  **1** an    **2** für    **3** gegen    **4** unter

(2) 下線部 (**a**) が意味する人物を本文中の別の単語で言い換えた場合，適切なものを次の **1** ～ **4** から一つ選び，その番号を解答欄に記入しなさい。

  **1** Hundertwasser   **2** Luther    **3** Melanchthon   **4** Papst

(3) 下線部(**b**)の内容説明として最も適切なものを次の**1**〜**4**から一つ選び，その番号を解答欄に記入しなさい。

1 ヴィッテンベルクのサッカー大会では，ルターに扮装した選手が出場する。
2 ヴィッテンベルクのサッカー大会では，競技場にルターを模した像が飾られる。
3 ヴィッテンベルクでは，ルターの名が冠されたサッカー大会が開催されている。
4 ヴィッテンベルクのサッカー大会では，「ルター」という名の選手が試合に出場しなければならない，という決まりがある。


(4) 下線部(**c**)の内容説明として最も適切なものを次の**1**〜**4**から一つ選び，その番号を解答欄に記入しなさい。

1 ヴィッテンベルクの城や教会には多くの観光客が訪れ，それによって町は毎年かなりの額の観光収入を得ている。
2 ヴィッテンベルクの城や教会もまた，観光客の注目を集めている。
3 ヴィッテンベルクの城や教会を訪れる観光客の数はごくわずかである。
4 ヴィッテンベルクの城や教会には貴重な歴史的遺産が数多く残されており，これらを見学する際には十分な注意が必要である。


(5) 本文の内容に合うものを次の**1**〜**6**から三つ選び，その番号を解答欄に記入しなさい。ただし，番号の順序は問いません。

1 現在でもなお，ヴィッテンベルクにはルターが使用していた居室が当時の姿で保存されており，見学することができる。
2 ルターの活動は多くの学生や知識人，学者たちをヴィッテンベルクへと引き寄せる結果になった。
3 教皇の破門状の焼却というルターの行為はカトリックとプロテスタントの分離を象徴するものではあるが，キリスト教の歴史においてはさほど重要でない。
4 ヴィッテンベルクには「ルター」の名を冠した食べ物も売られており，この町の名物となっている。
5 ルターに関係する名所や旧跡を除けば，旅行者がヴィッテンベルクで訪れるべき場所はないに等しい。
6 ヴィッテンベルクではルターの時代の伝統や慣習が重んじられており，たとえば「マルティン・ルター・ギムナジウム」の校舎には中世以来の建築様式が採用されている。

**7** 次の会話を読んで，空欄（ **a** ）～（ **e** ）に入れるのに最も適切なものを下の**1**
～**5**から選び，その番号を解答欄に記入しなさい。

Autorin Sylvia Englert spricht über ihren Weg von der Hobbyautorin zur erfolgreichen
Schriftstellerin.

| | |
|---|---|
| *Interviewer*: | Frau Englert, Sie kennen sich bestens aus mit magischen Wesen und geheimnisvollen Welten. Woher kommt Ihre Vorliebe für Fantasy-Geschichten? |
| *Englert*: | （ **a** ) Es macht großen Spaß, in einem selbst geschaffenen Universum Zeit zu verbringen und dort Geschichten zu entwickeln. |
| *Interviewer*: | Wie wird Ihre Idee dann zu einem Roman? ( **b** ) |
| *Englert*: | Das habe ich als Jugendliche gemacht. Heute gehe ich aber anders vor: Bevor ich anfange zu schreiben, schicke ich eine Inhaltsangabe des Romans an den Verlag. Erst wenn der Verlag sein Okay gibt, das Projekt also kauft, fange ich mit der Detailplanung an und schreibe das Buch. ( **c** ) |
| *Interviewer*: | Mittlerweile haben Sie über 50 Bücher veröffentlicht und arbeiten mit mehreren Verlagen zusammen. ( **d** ) |
| *Englert*: | Das erste Buch bei einem Verlag unterzubringen ist schwer. Die jungen Autoren sollten handwerkliche Kenntnisse haben, um typische Anfängerfehler zu vermeiden. Sie sollten unbedingt auch bücherliebende Testleser haben. ( **e** ) Hier muss man sehr hartnäckig und geduldig sein, und Glück gehört natürlich auch dazu! |

**1** Fangen Sie einfach an zu schreiben?

**2** Was raten Sie jungen Autoren, die für ihr erstes Buch einen Verlag suchen?

**3** Dann braucht man eine Agentur, die für das Manuskript einen Verlag findet.

**4** Dort kann man die ungewöhnlichsten, interessantesten, seltsamsten Dinge erfinden.

**5** Weil ich vorher die Handlung schon gründlich durchdacht habe, kann ich meist sehr gut schreiben.

**2級**

# 2020年度 冬期 ドイツ語技能検定試験

## 筆記試験 解答用紙

| 受　験　番　号 | 氏　　　名 |
|---|---|
| 2 0 W □ ■ ■ □ □ | |

手書き数字見本
0 1 2 3 4 5 6 7 8 9

**1** (1) □　(2) □　(3) □

**2** (1) □　(2) □　(3) □　(4) □

**3** (1) 

採点欄 □□

(2) 

採点欄 □□

(3) 

採点欄 □□

(4) 

採点欄 □□

(5) 

採点欄 □□

**4** (1) (a) □ (b) □　(2) (a) □ (b) □　(3) □

**5** (1) □　(2) □

**6** (1) □　(2) □　(3) □　(4) □　(5) □ □ □

**7** a □　b □　c □　d □　e □

# 2020年度 冬期 ドイツ語技能検定試験
# 2級
# 聞き取り試験　解答の手引き

（試験時間　約30分）

出題は新しい正書法（単語のつづり方などに関する規則）に従います。

────── 注　意 ──────

■受験票と机の上の受験番号が同じであることを確認してください。

■携帯電話，スマートフォン，スマートウォッチ等の電子機器類は電源を切り，カバン等にしまってください。机の上に置いてはいけません。

■中途退場は認めません。

①指示があるまでページを開いてはいけません。

②聞き取り試験は2部から成り立っています。

③試験監督者の指示に従って，解答用紙の所定の欄に，受験番号・氏名を記入してください。

④放送の指示でページを開き，解答のしかたをよく読んでください。解答のしかたと選択肢などが，2～3ページに示されています。

⑤解答は黒のHBの鉛筆で強めに記入してください。

書き直す場合には，消しゴムできれいに消してから記入してください。

⑥**解答はすべて試験時間内に解答用紙の指定された箇所に記入してください。**

⑦記入する数字は，下記の見本に従って書いてください。

■試験が終わっても，指示があるまで席を立たないでください。

■解答用紙は持ち帰ってはいけません。

■この問題冊子の無断転載，無断複製を禁じます。

## 第 1 部　Erster Teil

1. 第 1 部は問題（**A**）から問題（**D**）まであります。
2. 問題ごとに短い会話を 2 回聞いてください。会話の内容に合うものを選択肢 **1** 〜 **3** の中から一つ選び，その番号を解答用紙の所定の欄に記入してください。
3. 15 秒の間をおいてから，次の問題に移ります。
4. メモは自由にとってかまいません。
5. 第 1 部終了後，第 2 部が始まるまで，30 秒の空き時間があります。

（ **A** ）　**1**　Die Frau hat einen Salat mit Ei bestellt.
　　　　**2**　Die Frau hat einen Salat mit Schinken bestellt.
　　　　**3**　Die Frau hat einen Käsekuchen bestellt.

（ **B** ）　**1**　Martins Mutter hat bald Geburtstag.
　　　　**2**　Die beiden wollen Martins Mutter Karten für ein Musical schenken.
　　　　**3**　Martin hat seiner Frau einen Yoga-Kurs geschenkt.

（ **C** ）　**1**　Der Mann fährt nächste Woche nach Berlin.
　　　　**2**　Eine Fahrt in der 1. Klasse ist 70 Euro teurer.
　　　　**3**　Der Mann fährt in der 1. Klasse.

（ **D** ）　**1**　Die Frau muss heute länger arbeiten.
　　　　**2**　Die Frau fährt heute ihre Mutter zum Arzt.
　　　　**3**　Der Kindergarten ist heute geschlossen.

CD 15

# 第 2 部　Zweiter Teil

1. 第 2 部は質問（**A**）から（**E**）まであります。
2. ホテル側から宿泊客への挨拶およびインフォメーションを聞いてください。
3. その後，質問（**A**）を 1 回，それに対する解答の選択肢 **1**〜**3** をそれぞれ 2 回読み上げます。最もふさわしいものを一つ選び，その番号を<u>解答用紙の所定の欄</u>に記入してください。
4. 以下同じように，質問（**B**）から（**E**）まで進みます。
5. その後，全文とそれに対する質問および解答の選択肢を 1 回ずつ読み上げます。
6. メモは自由にとってかまいません。
7. 試験終了の合図と同時に解答をやめてください。
8. 試験監督者が解答用紙を集め終わるまで席を離れないでください。

（**A**）　Wie lange bleiben die Gäste in dem Hotel?

     1
     2
     3

（**B**）　Wo können die Gäste ihre Mahlzeiten einnehmen?

     1
     2
     3

（**C**）　Wann beginnen die Kurse?

     1
     2
     3

（**D**）　Warum kann man das Schwimmbad nicht benutzen?

     1
     2
     3

（**E**）　Wo darf man sein Handy benutzen?

     1
     2
     3

**2級**

## 2020年度 冬期 ドイツ語技能検定試験

### 聞き取り試験 解答用紙

| 受　験　番　号 | 氏　　　名 |
|---|---|
| 2 0 W | |

**手書き数字見本**

0 1 2 3 4 5 6 7 8 9

【第1部】

| (A) | | (B) | | (C) | | (D) | |
|---|---|---|---|---|---|---|---|

【第2部】

| (A) | | (B) | | (C) | | (D) | | (E) | |
|---|---|---|---|---|---|---|---|---|---|

# 冬期 《2級》 ヒントと正解

## 【筆 記 試 験】

## 1 語形変化・類義語の使い分け

正解 （1）　1　　　（2）　2　　　（3）　4

語の派生，副詞と動詞の類義語の区別に関する知識を問う問題です。

（1）第1文の日本語訳は，「確実にそうとは言えません」です。正解は選択肢 **1** の Sicherheit です。第1文の sicher に接尾辞 -heit をつけて名詞化し，Sicherheit を導き出すという設問です。接尾辞 -heit は形容詞などにつけて女性名詞，意味的には抽象名詞や集合名詞を作ります。mit Sicherheit で「確実に」という成句となります。選択肢 **3** の Sicherung を選んだ解答が 33.91% ありましたが，Sicherung は動詞 sichern「保護する，固定する，確保する」の派生語です。正解は選択肢 **1** です。［正解率 39.87%］

（2）日本語訳は次の通りです。（**A**）「この新車の価格は高い」（**B**）「このスーツは高すぎる。私はそれを買えない」（**C**）「日本では大学での勉強にたくさんのお金がかかる」（**D**）「くじに当たった。儲けは大きかった」

（**A**）〜（**D**）で，それぞれ似た意味の形容詞（または副詞）を選択する問題です。ここではどれも高額を意味しています。（**A**）名詞 Preis が主語で形容詞を述語的に用いるケースです。高額の場合は hoch，低額の場合は niedrig を使います。（**B**）事物が主語で sein 動詞を用いるとき，高額は teuer，低額は billig を用います。値段も安いが品質もよくてお買い得と，肯定的に表現したいときは preiswert を使います。（**C**）動詞 kosten と一緒に使う副詞的用法です。高額は viel，低額は wenig で表現します。（**D**）名詞 Gewinn が主語で形容詞を述語的に用いる場合です。高額は groß（使用頻度は低いが hoch も可能です），低額は klein を使います。したがって正解は選択肢 **2** です。［正解率 60.66%］

（3）ドイツ語の会話の中で頻繁に用いられる心態詞の問題です。品詞としては副詞ですが，別の品詞や意味で使われる場合も多いため区別する難しさがあります。文法的にはなくても構わない要素ですが，あることでナチュラルなドイツ語

となります。外国語としてドイツ語を学習している私たちにとっては積極的に使うのは非常に難しいのですが，この問題で挙げた四つの語は，初級者でも問題なく使えます。

　日本語訳は次の通りです。(**A**)「きみの電話を使わせてもらっていい？」(**B**)「ゼミのレポート，1週間前に仕上げたよ！」──「そんなに早く！　すごい頑張り屋さん！」(**C**)「シュテファンはきみからの連絡を待っているよ。せめてメールの1通だけでも書いてあげなよ！」(**D**)「昨日パーティーに来てなかったね。いったい何があったの？」

　(**A**) mal はお願いや依頼をする場合に使います。mal が使える文タイプは，命令文および依頼を表現する話法の助動詞 (können/könnten または würden など) を使った質問文の形をとる文です。(**B**) aber は話し手の「驚き」の気持ちを表します。文タイプは平叙文です。(**C**) doch は依頼，指示や命令をする場合に使います。言い方によりますが，mal よりはニュアンスが強くなります。doch を使うことができる文タイプは mal と同様です。doch と mal の二つを一緒に使うこともよくあります。(**D**) denn を問題なく使えるのは，補足疑問文 (疑問詞を使う質問) です。denn を使うことで質問が詰問調にならずマイルドになります。

　言い方や誰に向かって言っているかという要素が重要なため，一概に訳語をつけるのはあまりふさわしくありません。なお，上で挙げた4語は話す場合，アクセントは置きません。選択肢 **4** が正解です。［正解率 77.35%］

◇この問題は9点満点 (配点3点×3) で，平均点は5.34点でした。

---

**1** 解説のまとめ

＊形容詞，名詞および動詞の語幹に接尾辞をつけて新しい語を作ること (「派生」) はドイツ語では頻繁におこなわれます。よく見かける接尾辞に -keit, -heit, -schaft, -ung, -ion などが挙げられます。これらの接尾辞がついた名詞はすべて女性名詞です。名詞の性を覚える際にも役立つので，接尾辞に関心を持ち派生語も覚える習慣をつけると語彙力が倍増するでしょう。

＊心態詞はこれといった訳語を決められないため混乱しがちですが，微妙なニュアンスを表現します。会話では頻繁に登場します。急いで習得する必要はありませんが，会話の流れや文脈を意識することでゆっくりと身につけていきましょう。

# 2 語彙・語順

[正解] (1) 2　　(2) 4　　(3) 3　　(4) 3

（1）と（2）は言い換え問題で，基本語彙の知識を問います。（3）は適切な再帰代名詞を選ぶ問題，（4）は直接話法の正しい間接話法への言い換えを選択する問題です。

（1）文の日本語訳は，「私は誕生日に花束をプレゼントされた」です。bekommen は過去分詞と組み合わせて，一種の受動的な意味の文を作ることがあります。しかし文としては能動文なので，正解は選択肢 2 です。選択肢 4 を選んだ解答が 28.48% ありました。受動的な意味に引きずられて，つい受動の助動詞を選んでしまいがちなので，注意が必要です。[正解率 49.40%]

（2）文の日本語訳は，「その本は非常に簡単に読める」です。sein＋zu 不定詞構文で受動の可能「〜されることができる」や受動の義務「〜されなければならない」を表します。正解は選択肢 4 です。この構文は受動の助動詞 werden や過去分詞を用いることなく簡単に受動の意味を伝えることができます。よく使われるので，しっかり覚えておきたいものです。[正解率 82.25%]

（3）文の日本語訳は，「（きみたち，）まずは手を洗いなさい！」です。正解は選択肢 3 の euch です。命令文のため主語は現れていませんが，wascht の形から文の主語が ihr であることがわかります。ドイツ語では身体名称には定冠詞をつけ「誰の」かは 3 格で表します。この euch は 3 格の再帰代名詞なので「自分の手を洗え」という意味になります。「私は（自分の）顔を洗う」は Ich wasche mir das Gesicht.「彼は（自分の）髪を洗う」は Er wäscht sich die Haare. となります。[正解率 42.78%]

（4）文の日本語訳は，「医師は私に『タバコとお酒はやめたほうがいいですね』と言った」です。引用される内容が第三者からの「命令」「指示」「提案」である場合，話法の助動詞 sollen を用います。したがって正解は選択肢 3 です。[正解率 80.26%]

◇この問題は 12 点満点（配点 3 点×4）で，平均点は 7.64 点でした。

* bekommen を使った受動表現が可能なのは erzählen, schenken, schicken のように，人の 3 格と事物の 4 格をとる動詞に限り，その動詞を過去分詞にします。bekommen 受動文では人の 3 格が 1 格主語となります。事物の 4 格はそのままで格を変えることはしません。

* どの話法の助動詞も複数の意味と用法があります。その中でも，sollen と müssen の使い分けには注意しましょう。問題 (**4**) の sollen は，第三者の意志・要求・命令・依頼・指示を表します。Er soll heute kommen. は「（誰かからの依頼あるいは指示などにより）彼は今日，来ることになっている」です。一方，Er muss heute kommen. は「彼は今日，来なければならない」で，必然・義務を表現します。なお，主語が 1 人称で疑問文である場合，Soll ich das Fenster aufmachen?「窓を開けましょうか?」は相手の意向・意志を尋ねています。ドイツ語を読んでいて，話法の助動詞があったらいったん立ち止まってよく考えましょう。その繰り返しによって，語を理解し使う感覚が研ぎ澄まされていきます。

# **3** 同じ意味のドイツ語文に書き換え

正解 (**1**) **lassen** (**2**) **sauber** (**3**) **darf**
(**4**) **trotz** (**5**) **Wenn**

助動詞，前置詞，従属接続詞などが用いられた文の書き換え問題です。つづりが正確に記入されている場合のみ正解としました。大文字と小文字の区別に関してのみ誤りがあり，それ以外の点では正しい解答については，部分点 (2 点) を加点しています。

(**1**) **a** は「ペーターとエファは彼らの子どもたちが料理することを禁じている」という意味です。**b** では nicht と並んで kochen の不定詞が文末に置かれており，空欄と合わせて「子どもたちに料理をさせない」ことを表すために使役の助動詞 lassen を適切な形で書き入れる必要があります。したがって正解は **lassen** です。dürfen という解答が多く見られましたが，許可を与える側が主語となっている文なので，dürfen は不適切です。[正解率 31.92%]

(**2**) **a** は「その部屋の際立った清潔さに私は驚いた」という意味です。現在分詞の auffallend は「目立つ，際立つ」といった意味を持ちます。**b** では主文の主

語 Es の内容が従属接続詞 dass に導かれた従属文で表されています。「その部屋が清潔である」ことを示すためには名詞 Sauberkeit と関連する形容詞 **sauber** を述語的に用います。[正解率 64.24％]

（3）**a** は「ここでは仏像の写真を撮ることは禁止されている」という意味です。**b** では不定代名詞 man が主語となっており「写真撮影が許可されていない」ことを表す必要があります。許可の有無を表す話法の助動詞 dürfen がここでは適切です。否定表現 nicht があるので，この文は禁止の意味です。主語の man は 3 人称単数なので，正解は **darf** です。kann という解答が多く見られましたが，**a** で用いられている verboten に対応させるためには dürfen が最も適切です。[正解率 51.59％]

（4）**a** は「トーマスは試験のためにとても熱心に勉強したにもかかわらず試験に受からなかった」という意味です。**a** の従属文で表されている意味内容を，**b** では名詞句で表す必要があります。obwohl（～にもかかわらず）と関連する意味の前置詞 **trotz** が正解です。接続詞などを書き入れた解答やつづりの間違いが多く見られました。コンマがないこと，定動詞 hat が第 2 位に位置し完了形の過去分詞が文末に置かれていること，空欄に続く名詞の格から前置詞 trotz を用いた名詞句とするのが適切です。[正解率 34.97％]

（5）**a** は「今日が日曜なら私たちは母を訪ねることができるのに」という意味で，接続法第Ⅱ式を用いた文です。非現実の願望文を導く場合には従属接続詞 wenn を用いますが，接続詞 wenn を用いずに **a** のように文頭に動詞の定形を置くと，その文は wenn 文と同じ意味になります。したがって **b** の空欄に **Wenn** を書き入れるのが正解です。文頭なので大文字から書き始めます。[正解率 69.14％]

◇この問題は 20 点満点（配点 4 点×5）で，平均点は 10.07 点でした。

**3 解説のまとめ**

＊出題された文をよく読み文の構造を把握した上で，空欄に入れる品詞は何かを考えましょう。
＊動詞と助動詞の類義関係，接続詞と前置詞の類義関係，動詞ごとに異なる主客関係の表し方を正しく理解することが重要です。
＊筆記の問題では，判読不可能な文字は採点されません。読みやすい文字での記入を心がけましょう。

# ４ 文の意味と構造から空欄に入る語を選択

慣用表現を含む前置詞の用法，語結合，機能動詞表現などの観点から，ある程度のレベルの語彙が習得できているかを問う問題です。

（**1a**）主文の主語は ich，定動詞は achte です。この achten は自動詞で前置詞 auf (et⁴/jn) と共に使われ，意味は「〜に留意する，〜を顧慮する」です。auf は従属接続詞 dass に導かれた従属文に向けられているので da(r)- を用い，空欄には darauf が入ります。したがって選択肢 **2** が正解です。［正解率 60.13%］

（**1b**）Wort は単数で「発言，発言権」を意味し，zu Wort kommen は「発言の機会を得る，発言を許される」を意味する慣用表現です。従属文の主語 alle は語尾 -e から人を表すことがわかります。意味は「全員，すべての人」です。語尾が -es で alles であれば事物を指します。(1) の文意は「議論をする際には全員が発言できるよう私は常に留意している」です。Diskussion や Wort があるため，選択肢 **2** の hören を選んだ解答が 60.93% ありました。自動詞の hören は前置詞 zu と一緒に使うことはできません。したがって選択肢 **3** が正解です。［正解率 14.97%］

（**2a**）空欄 b には動詞の定形が入ることから，定動詞第 2 位のルールに鑑み，空欄 a と Kind がひとかたまりの表現であると判断できます。als Kind は「子どもの頃」という意味です。その場合 Kind は常に単数，無冠詞です。選択肢 **1** が正解です。［正解率 76.95%］

（**2b**）文頭の als Kind「子どもの頃」を受け，昔のことを述べているであろうことが予測できます。文末の werden は本動詞「〜になる」の意味で不定形です。そこから空欄 b には話法の助動詞が入ると判断できます。そのため選択肢 **1** と選択肢 **3** は排除されます。選択肢 **2** の mochte を選んだ解答が 24.90% ありました。möchte から話法の助動詞 mögen の過去形 mochte を導きだしたと考えられます。möchte で現在の願望を示す一方で，過去のある時点での願望は wollte で表現します。つまり別の話法の助動詞を用います。文意は「子どもの頃，私はサッカー選手になりたかった」です。正解は選択肢 **4** です。［正解率 47.81%］

（**3**）空欄には前置詞が入ります。unter uns は「ここだけの話」を意味する慣用表現です。空欄に入るのは unter で 3 格と共に使われます。この unter は「〜の

間で，〜の中（だけ）で」という意味で用いられています。文意は「私が今あなたに言ったことはここだけの話で，他の人には秘密ということで」です。この意味のunter unsを使った表現は他にもあります。例えば，unter uns gesagt / unter uns gesprochen / Das bleibt unter uns. などです。正解は選択肢 **3** です。［正解率 40.26%］

◇この問題は 15 点満点（配点 3 点×5）で，平均点は 7.20 点でした。

## 4 解説のまとめ

* 該当する表現を知らない場合でも，文構造をとらえることで解答のヒントを得ることができます。例えば，文末に置かれている動詞は過去分詞なのか不定形なのか定形なのか，動詞は他動詞として使われているのか，それとも自動詞かなどを確認しましょう。

* 慣用表現はセットで覚えるしかありません。その場合，前置詞だけでなく名詞の場合は形（単数で無冠詞であるなど）も固定されています。今回の問題のように，基本語彙のみから成り立っている慣用表現は少なくありません。読解の際に，文字通りあるいは基本的な意味で理解しようとすると意味が通じないと思ったら，慣用表現である可能性が高いのですぐに辞書で調べましょう。その繰り返しによって語彙が増えていきます。

# 5 やや長いテキストの要点の理解

正解 (1) **3** (2) **1**

本格的な長文読解への橋渡しを意図して作成された問題です。設問の形式は，本文の内容に合う選択肢を選ぶものです。

(1) 出典は，ウェブサイト《Der-Mond.org. Die Seite rund um das Thema Mond》の „Der Supermond — Zwischen Realität und optischer Täuschung" と題する記事（2019 年 12 月 28 日閲覧）で，出題にあたり一部を削除・修正しました。

内容：

「スーパームーン」という概念を耳にすることがある。「スーパームーン」の写真はテレビや新聞・雑誌で目にする。メディアの分野では「スーパームーン」は特別な出来事としてとらえられている。「スーパームーン」満月が特に大きく

見えるので月に手が届きそうな感じがする。しかし空の天体を研究する学問である天文学では「スーパームーン」という概念は存在しない。というのも，このスーパームーンというのは，視点によって生じる知覚の錯覚だからだ。ということは，「スーパームーン」は私たちの脳内だけにはあるが，現実には「スーパームーン」は存在しないのである。

選択肢 1 は「『スーパームーン』がメディアでテーマとして取り上げられることはほとんどない」という意味です。本文では「スーパームーン」の写真はテレビや新聞・雑誌で目にするとあるので，選択肢 1 は不正解です。

選択肢 2 は「『スーパームーン』はあまりに大きく見えるので，きちんと観察できない」という意味です。「スーパームーン」は「特に大きく見えるので月に手が届きそうな感じがする」と本文にありますが，「きちんと観察できないほど大きく見える」という記述はありません。したがって選択肢 2 は不正解です。

選択肢 3 は「『スーパームーン』は学問的な概念ではない」という意味です。正解は選択肢 3 です。見かけの大きさは eine falsche Wahrnehmung（知覚の錯覚）に由来するのであり，実際に巨大な天体として存在していないので，天文学で扱われる対象ではないということです。［正解率 73.77%］

（2）このテキストは，ノルトライン＝ヴェストファーレン州の移民家族を対象に，家庭内で使用している言語について行った調査報告です。テキストの出典はオンライン版《Kölner Stadt-Anzeiger》紙の記事 „Menschen mit Migrations-hintergrund reden daheim viel Deutsch“（2019 年 3 月 14 日閲覧）で，出題にあたり記事の一部を削除し，表現を変更しました。

内容：

　　ノルトライン＝ヴェストファーレン州では，出自はドイツ以外の外国であるがすでに長期にわたってドイツで生活している人々の過半数が，家庭で家族とドイツ語を話している。2017 年にノルトライン＝ヴェストファーレン州で行われた調査によれば，質問を受けた人の 56% が家庭で話すメインの言語はドイツ語であると答えている。一方，トルコ語を話しているのは約 25% である。調査ではトルコ語が最も多く挙げられた外国語であった。それ以外に家庭で話されている外国語は，ロシア語とアラビア語とポーランド語である。

選択肢 1 は「ドイツにいるすべての外国人が家庭で出身国の言語のみを使用しているというのは，事実ではない」という意味です。本文には「出自はドイツ以外の外国であるがすでに長期にわたってドイツで生活している人々の過半数が，

家庭で家族とドイツ語を話している」と述べられています。したがって選択肢 **1** が正解です。［正解率 76.95％］

選択肢 **2** は「このテキストでは，トルコ語の他に 5 つの外国語が挙げられている」です。本文では，トルコ語以外ではロシア語，アラビア語，ポーランド語の 3 言語が挙げられています。したがって選択肢 **2** は不正解です。

選択肢 **3** は「この調査はノルトライン＝ヴェストファーレン州だけでなく，他の連邦諸州でも行われた」という意味です。本文ではノルトライン＝ヴェストファーレン州で行われた調査が言及されており，他の州で調査が行われたことも，他の州におけるデータの記載もありません。したがって選択肢 **3** は不正解です。

◇この問題は 8 点満点（配点 4 点×2）で，全体の平均点は 6.03 点，個別の平均点は（**1**）2.95 点，（**2**）3.08 点でした。

**5 解説のまとめ**

＊選択肢に関連する内容が，本文のどこに書かれているのかをしっかり確認してください。その後，選択肢の内容と本文を正確に読み取るよう心がけ，両者の差異に気をつけてください。

＊（**1**）では，メディアでよく取り上げられている現象がテーマとなっています。スーパームーンに限りませんが，疑似科学的な情報や思い込みにとらわれず，正しく文章を読み理解することが大事です。

＊（**2**）の選択肢 **3** のように，書かれていないことに翻弄されないよう，あくまで書かれている情報に依拠して内容を把握するようにしましょう。

# 6 長文読解

**正解**（**1**）2　（**2**）2　（**3**）3　（**4**）2　（**5**）1, 2, 4（順不同）

この問題では，基本的かつ重要な語句や文に関する設問を通じて，テキスト全体の内容理解度を問うています。出典はドイツの旅行書《1000 Gründe in Deutschland zu reisen》所収の „LUTHER HIER — LUTHER DA" です。出題にあたり，文意を損なわないように注意を払いつつ，いくつかの箇所で表現の修正を施してあります。このテキストでは，ヴィッテンベルクの街と聖職者ルターとの歴史的な関係が述べられています。

内容：

　① ヴィッテンベルクと言えば，ルターを意味する。この改革者がこの街に最

後に構えた居室は，当時のままの姿で残されており今日でも見学できる。1511
年からルターは修道士かつ教授としてこの街のアウグスティーナ修道院で暮ら
しており，この修道院はのちに選帝侯からの贈り物として彼と妻（　**A**　）住居
となった。② ヴィッテンベルクは「プロテスタントのローマ」となり，ルター
の影響力は学生や学者を遠方より引き寄せ，かの有名なフィリップ・メランヒ
トンがヴィッテンベルクのアカデミーで教鞭をとり，高位の貴族たちが討論を
行った。歴史上重要なのはルターのブナの木ゆえだろう。ここでローマ・カト
リック教会からの分離がシンボリックに実行されたからである。③ つまり，こ
こでルターは教皇の破門状を焼き捨てたのである。これ以上に明確で激烈な行
為はありえなかった。この街は（**a**）最も有名なかつての住人を高く評価してい
る。毎年 6 月には街をあげて，ヴィッテンベルクの住民は実際の舞台となった
場所で「ルターの結婚式」を祝う。土曜の午後は祝祭パレードが行われる。こ
れがすべての観光客と住民にとってのハイライトだ。（**b**）サッカーにおいてす
ら，ルターは一役買っている。男女合わせておよそ 100 のチームが参加する屋
外フットサルのトーナメントは，言うまでもなく，ルター杯と呼ばれている。
④ 他にもまだ何かあるか？ そう，ルターは食べ物にも登場している。改革者
の名からとられたルターパンはヴィッテンベルクの名物である。
　　⑤ ルターがどんなに尊敬されているとは言っても他にもまだ多くの見所があ
ることは忘れないでほしい。（**c**）ヴィッテンベルク城や街の教会もこの街を訪
れる人々の注目に値する。⑥ マルティン・ルター・ギムナジウムはその校名に
もかかわらず歴史的ではなくモダンな建物だ。フリーデンスライヒ・フンデル
トヴァッサーの設計によって改築されたものだ。タマネギ型の尖塔，屋上のテラ
ス，窓から突き出ている木々，カラフルな柱，そして有機的なフォルムを備
えている。

（1）は空欄（　**A**　）の内容に合う選択肢を選ぶ問題です。ポイントとなるの
は，名詞の格とそれぞれの前置詞の格支配および意味です。空欄直後には「彼と
妻」（ihn und seine Frau）という名詞が配置されています。ihn は 4 格の人称代
名詞です。これを踏まえてそれぞれの前置詞の格支配と基本的な意味を検討する
と，選択肢 **1** の an は「3・4 格支配」の前置詞で意味は「〜に接して」，選択肢
**2** の für は「4 格支配」の前置詞で意味は「〜のため」，選択肢 **3** の gegen は「4
格支配」の前置詞で意味は「〜に向かって，〜に対して」，選択肢 **4** の unter は
「3・4 格支配」の前置詞で意味は「〜の下へ」です。前置詞の格支配という点で
は選択肢 **1〜4** はすべて 4 格をとることができます。しかし，選択肢 **1**，**3**，**4** を

選んだ場合は明確な意味を持った文になりません。選択肢 **2** を選んだ場合は「彼と彼の妻のための住居となった」となり前後の文脈に即した文となります。したがって，正解は選択肢 **2** です。［正解率 83.44%］

**(2)** は下線部 (**a**) ihren berühmtesten früheren Bewohner が指す人物を本文中の名詞で言い換える問題です。解答のためのポイントは男性名詞 Bewohner を修飾し，この名詞の意味を規定している二つの形容詞です。この人物がヴィッテンベルクに住んでいたのは昔であること，そしてこの街で最も有名な人物であることがわかります。このテキスト全体がヴィッテンベルクとルターの深い関係をテーマとしていることから，この街で「最も有名なかつての住人」はルターです。したがって正解は選択肢 **2** です。［正解率 67.15%］

**(3)** は下線部 (**b**) の内容に合致する選択肢がどれかを問う問題です。この問題を解くためには，まず mit im Spiel sein という表現を正しく把握する必要があります。これは「関わり合いがある，一役買っている」という意味を持つ成句表現です。同じ文の中で Fußball という語が用いられていますが，この Spiel はスポーツのことは意味していません。また，本文下線部 (**b**) に続く文ではルターの名を冠したフットサル（サッカー）大会が開催されていることが述べられています。したがって正解は選択肢 **3** です。なお，副詞の selbst の用法にも注意してください。この副詞が修飾要素となる名詞や形容詞，あるいは前置詞句の前に置かれた場合には「〜でさえ，〜ですら」という意味になります。［正解率 86.09%］

**(4)** は下線部 (**c**) の内容に合致する選択肢がどれかを問う問題です。ポイントは動詞 verdienen（〜に値する）と名詞 Aufmerksamkeit（注意，注目）の二つです。動詞 verdienen には「稼ぐ」という意味もありますが，ここでは Aufmerksamkeit が目的語なので「注目に値する」という意味となります。副詞 ebenfalls のニュアンスについては，本文では明確に述べられてはいませんが，前文との関連から「（ルターに関するものだけでなく）ヴィッテンベルク城や街の教会も同様に」といった意味が読み取れるでしょう。したがって正解は選択肢 **2** です。［正解率 74.70%］

**(5)** は，選択肢から適切な解答を三つ選ぶ問題で，正解は選択肢 **1**，**2**，**4** です。本文ではそれぞれ ①，②，④ の箇所に該当します。選択肢 **3** は本文の ③ に関連する内容ですがテキストでは deutlicher und drastischer konnte keine Handlung sein と述べられています。ここで注意しなければならないのは，最初の deutlicher と drastischer がそれぞれ比較級であること，主語の keine Handlung が否定表現であることがポイントです。つまり，「(ルターによる破門状の焼却という行為)ほど明確でそして激烈な行為はなかった」という意味になります。これは選択肢 **3**「キリスト教の歴史においてはさほど重要ではない」と合致しないので選択肢 **3** は不正解です。選択肢 **5** は本文 ⑤ の箇所に関連しています。筆者はヴィッテンベルクにはルターに関するものの他にも見所がたくさんあることを指摘し具体例も挙げています。したがって選択肢 **5** は不正解です。選択肢 **6** は本文 ⑥ の箇所に関連しています。解答の決め手となるのは modern statt historisch です。その意味は「歴史的である代わりに現代風だ」，あるいは「歴史的ではなくモダンだ」です。ここからギムナジウムの建物が古典的なものではないことは明らかでしょう。したがって選択肢 **6** は不正解です。なお，選択肢 **6** を選んだ解答は 45.56% でした。［選択肢 **1** の正解率は 91.26%，選択肢 **2** の正解率は 77.09%，選択肢 **4** の正解率は 69.67%］

◇この問題は 24 点満点(配点 **(1)**〜**(4)** 3 点×4，**(5)** 4 点×3)で，平均点は 18.86 点でした。

┏━ **6** 解説のまとめ ━━━━━━━━━━━━━━━━━━━━

＊長文読解の場合は，「読み方」が重要です。筆者が「何を言おうとしているのか」を正確に知るためには，筆者の基本的な主張が述べられている箇所とその主張に基づいて具体的な事例を挙げている箇所を明確に区別しなければなりません。ひとつひとつの文を丁寧に読むことも大事ですが，同様に前後の「文脈」を考慮にいれて文章を読み解くことが肝要です。

＊ごく基本的な語でも，実際に文中で用いられると基本意味とは異なる意味や用法になる場合があります。その学習のためには，辞書をこまめに利用し，基本語彙や表現を押さえ，そこから派生する比喩的表現やまったく別物に見える用法を着実に一つずつ確認する作業が必要でしょう。

# **7** 長い会話文の文脈理解と会話文の完成

正解 **(a)** 4 **(b)** 1 **(c)** 5 **(d)** 2 **(e)** 3

会話の流れを理解した上で適切な選択肢を選び，会話文を完成させる問題です。テキストはドイツ公共職業安定所 Bundesagentur für Arbeit のウェブサイト《abi.de》に掲載されたファンタジー小説作家ジルヴィア・エングラート氏へのインタビュー記事 (2018 年 7 月 9 日公開) に基づいています。出題にあたり，記事

の一部を削除し表現を変更しました。

　最初にインタビュアーはエングラート氏に，なぜファンタジー物語が好きなのかを聞いています。それに対してエングラート氏は，まず空欄 (**a**) を述べ，それに続けて自身が創造した世界で時を過ごし，そこで物語を展開させるのはとても楽しいと述べています。したがって (**a**) にはファンタジーの世界に関する発言が入ります。正解は選択肢 **4**「そこではとても普通では考えられない，一番面白くて奇妙奇天烈なことを作ることができます」です。選択肢 **5** は理由を表す従属接続詞が文頭にあり，一見，インタビュアーの「なぜ」という質問に答えているように見えますが，執筆作業に関する発言で質問の内容と一致しないので不正解です。［正解率 48.08%］

　空欄 (**b**) はインタビュアーの質問の後半部分です。インタビュアーはまず，アイディアをどのように小説にするのかと聞き，その後に空欄 (**b**) があります。この質問に対するエングラート氏の回答「ティーンエイジャーの頃はそれをやっていた」と照らし合わせると，空欄 (**b**) の正解は，何か具体的な行動をしているかいないかを問いかけている疑問文である選択肢 **1**「すぐに書き始めるのですか？」になります。［正解率 77.48%］

　空欄 (**c**) はエングラート氏が本格的に本を執筆するまでの過程を簡単に答えている部分の最後の文です。エングラート氏は小説の梗概を出版社に送り出版社がその小説を買うことが決まってから，小説の詳細部分を考え書き始めると述べています。この文脈の流れに合っている選択肢 **5**「書き始める前に徹底的にストーリーを練っているので，たいていの場合とてもスムーズに書けます」が正解です。選択肢 **3** は「それから出版社を探してくれるエージェントが要ります」ですが，すでにエングラート氏と出版社との契約は成立している文脈なのでこの箇所にはふさわしくありません。［正解率 40.66%］

　空欄 (**d**) は，エングラート氏がすでに 50 冊も出版し複数の出版社と仕事をしていることをインタビュアーが述べた後の部分です。これに対しエングラート氏は，出版社に最初の作品を採用してもらうのは難しいこと，若い作家は典型的な初心者ミスを犯さないよう専門職としての知識を身につけておく必要があると述べています。したがって，「最初の本」や「若い作家」というキーワードがある選択肢 **2**「初めての本を出してくれる出版社を探している若い作家たちに何かアドバイスはありますか？」が正解です。［正解率 81.85%］

エングラート氏はアドバイスとして，本好きの試し読みをしてくれる人が絶対に必要であると述べ，空欄 (**e**) が続きます。ここは選択肢 **3**「それから原稿を刊行してくれる出版社を探すエージェントが要ります」が正解です。選択肢 **4**「そこではとても普通では考えられない，一番面白くて奇妙奇天烈なことを作れます」は，次に続く「ここで粘りと忍耐と運が必要」という内容と合致しません。[正解率 44.50%]

◇この問題は 20 点満点（配点 4 点×5）で，平均点は 11.70% でした。

---

**7 解説のまとめ**

＊全体をよく読み対話の流れを考えましょう。わからない語があっても全体の流れと大意が理解できていれば正解を導き出せます。

＊選んだ選択肢が文章全体の中に違和感なく収まっているか，その前後の文との関連に整合性があるか注意しましょう。

# 【聞き取り試験】

## 第1部 やや長い会話文の内容理解

正解 （**A**） 2 （**B**） 1 （**C**） 3 （**D**） 2

　2人の人物のやや長い会話を聞き内容を理解できているかを問う問題です。「解答の手引き」に記載されている選択肢からポイントとなる語や表現を押さえて会話文を聞き取ることが求められます。

　読み上げられた設問と選択肢は以下の通りです。

（**A**）　**A**: Entschuldigung, ich habe einen Salat mit Schinken bestellt. Dieser Salat ist aber mit Ei.

　　　**B**: Oh, das tut mir leid. Ich bringe Ihnen sofort einen Salat mit Schinken.

　　　**A**: Vielen Dank! Und könnte ich noch einen Apfelkuchen und einen Kaffee bekommen?

　　　**B**: Apfelkuchen haben wir leider nicht mehr. Möchten Sie vielleicht einen Käsekuchen?

　　　**A**: Nein danke, dann nehme ich nur einen Kaffee.

　　　**B**: Gerne.

　　**1**　Die Frau hat einen Salat mit Ei bestellt.

　　**2**　Die Frau hat einen Salat mit Schinken bestellt.

　　**3**　Die Frau hat einen Käsekuchen bestellt.

（**B**）　**A**: Martin, nächste Woche hat deine Mutter Geburtstag.

　　　**B**: Ja, richtig. Hast du eine Idee, was wir ihr schenken könnten?

　　　**A**: Letztes Jahr haben wir ihr Karten für ein Musical geschenkt.

　　　**B**: Wie wäre es, wenn wir ihr diesmal einen Yoga-Kurs schenken?

　　　**A**: Gute Idee! Warum schenkst du mir so etwas nie?!

　　**1**　Martins Mutter hat bald Geburtstag.

　　**2**　Die beiden wollen Martins Mutter Karten für ein Musical schenken.

**3** Martin hat seiner Frau einen Yoga-Kurs geschenkt.

(**C**) **A**: Eine Fahrkarte für den nächsten Zug nach Berlin, bitte.

   **B**: Möchten Sie 1. oder 2. Klasse fahren?

   **A**: Was kostet das denn?

   **B**: Die Fahrt in der 2. Klasse kostet einfach 187 Euro. Die 1. Klasse ist 60 Euro teurer.

   **A**: Wirklich? Ich dachte, die 1. Klasse wäre viel teurer. Dann bitte einmal 1. Klasse.

   **1** Der Mann fährt nächste Woche nach Berlin.

   **2** Eine Fahrt in der 1. Klasse ist 70 Euro teurer.

   **3** Der Mann fährt in der 1. Klasse.

(**D**) **A**: Schatzi, kannst du heute Sophia vom Kindergarten abholen?

   **B**: Wie?! Musst du heute schon wieder länger arbeiten?

   **A**: Nein, ich habe aber meiner Mutter versprochen, dass ich sie zum Arzt fahre.

   **B**: Ich kann Sophia aber erst um 18 Uhr abholen.

   **A**: Kein Problem, ich sage im Kindergarten Bescheid.

   **1** Die Frau muss heute länger arbeiten.

   **2** Die Frau fährt heute ihre Mutter zum Arzt.

   **3** Der Kindergarten ist heute geschlossen.

（**A**）は，レストランでの女性客 **A** とウエイター（男性）**B** のやりとりです。客は注文したものと異なるものが運ばれてきた（注文したのはハム入りサラダなのにエッグサラダが来た）とウエイターにクレームをつけています。この段階で選択肢 **2**「女性はハム入りサラダを注文した」が正解であることはすでに予測できるかと思います。客はアップルケーキとコーヒーを追加注文しますが，アップルケーキは売り切れのため，チーズケーキをウエイターから勧められます。そうであればコーヒーだけでいいと客は言います。つまり客はチーズケーキを注文していないので，選択肢 **3**「女性はチーズケーキを注文した」は正しくありません。したがって正解は選択肢 **2** です。［正解率 81.46%］

（**B**）は，マルティン **B** とその妻 **A** との会話です。妻から，マルティンの母の誕生日が翌週であると指摘され，プレゼントは何がいいかをマルティンは妻に相

談します。妻は昨年の誕生日にはミュージカル公演のチケットをプレゼントした
と述べています。つまりこれは前年のプレゼントであるため，選択肢 **2**「2 人は
マルティンの母にミュージカル公演のチケットをプレゼントしようと思っている」
は会話の内容に合っていません。今回はヨガ教室クーポンを贈るのはどうかとマ
ルティンが提案します。それはいいと妻は述べ，そういった素敵なプレゼントを
なぜ私にくれないのかと冗談を言います。つまり，この会話の時点で，妻はヨガ
教室参加券をマルティンからプレゼントされていないので，選択肢 **3** は会話内容
に合っていません。したがって選択肢 **1**「マルティンの母はまもなく誕生日を迎
える」が正解です。[正解率 72.58%]

（C）は，駅の切符売り場での会話です。男性客 **A** がベルリン行きの次の列車
の乗車券の注文をします。男性がベルリンに行くのは来週でなくその日の「次の」
列車であるので，選択肢 **1**「男性は来週ベルリンに行く」は会話の内容に合って
いません。女性駅員 **B** から 1 等車両と 2 等車両のどちらがいいかと質問されたの
で，客は価格を尋ねます。片道乗車券は，2 等車両で 187 ユーロ，それより 60
ユーロ高くなるのが 1 等車両であることを伝えられます。そのため選択肢 **2**「1
等車両乗車券は（2 等車両より）70 ユーロ高い」は正しくありません。1 等車両乗
車券はもっと高額であると思っていたと述べた客は，1 等車両の乗車券を買うこ
とにしました。したがって選択肢 **3**「男性は 1 等車両に乗る」が正解です。[正解
率 78.54%]

（D）は，妻 **A** と夫 **B** の会話です。妻は娘のゾフィーアを幼稚園に迎えに行っ
てほしいと夫に頼みます。夫は今日もまた残業なのかと尋ね，そうでなくて自分
の母親を医者に連れて行く約束があるからだと妻は答えます。つまり，選択肢 **1**
「女性は今日残業しなければならない」は会話内容に合っていません。夫は 18 時
にならないと迎えに行けないと言いますが，妻は幼稚園に連絡しておくから大丈
夫であると答えます。そこから幼稚園は閉園していないことがわかるので，選択
肢 **3**「今日，幼稚園は閉まっている」は正しくありません。したがって選択肢 **2**
「女性は今日，自分の母親を車で医者に連れて行く」が正解です。[正解率 94.83%]

◇この問題は 16 点満点（配点 4 点×4）で，平均点は 13.10 点でした。

**第1部** 解説のまとめ

＊会話の中で，時や順番を表す表現（「来週」「昨年」「今日」や「次の（列
　車）」など）や数字（金額や時刻）が登場したら，メモを取るなどして正し

く把握しましょう。

＊会話 (**B**) の妻が最後に述べていることは冗談であれ不満であれ，修辞的な表現です。そのような表現は言葉通りにとらないように，そして会話で実際に語られていないことまで自分で予想してしまわないように注意しましょう。

# 第2部 長いテキストの重要情報の聞き取り

正解 (**A**) 3  (**B**) 1  (**C**) 3  (**D**) 3  (**E**) 1

　あらかじめ「解答の手引き」に記載されている質問文を読み，その後にテキスト，質問文，選択肢の順に放送を聞いて解答する形式の聞き取り問題です。テキスト全体の内容を把握し，解答に関わる箇所を的確に聞き取ってすばやく正誤を判断する力が問われています。

　読み上げられたテキストと質問文および選択肢は，以下の通りです。(**A**)～(**E**)の質問文は「解答の手引き」に印刷されています。また，テキストは付録の CD に収録されています。

Liebe Gäste, ich begrüße Sie ganz herzlich in unserem Hotel.

In unserer heutigen Zeit sehnen sich immer mehr Menschen nach Ruhe und innerer Mitte, nach einem Leben ohne Internet und Smartphone, nicht nur am Wochenende. Das ist sicherlich auch einer der Gründe, warum Sie heute hier sind. Wir möchten Ihnen dabei helfen, sich wieder auf das Wesentliche zu konzentrieren und so zu innerer Ruhe zu gelangen. Zumindest für die 14 Tage Ihres Aufenthalts hier. Deshalb werden Sie bei uns auch kein Internet und kein Fernsehen finden.

Der Aufenthalt in unserem Hotel umfasst Zimmerservice und Vollpension. Ein paar Worte zum Tagesablauf: Alle Mahlzeiten werden in unserem Restaurant serviert. Frühstücken können Sie zwischen 7.30 Uhr und 8.30 Uhr. Das Mittagessen ist um 13 Uhr, zu Abend können Sie ab 18 Uhr essen. Wenn Sie die Mahlzeiten lieber auf Ihrem Zimmer einnehmen möchten, geben Sie einfach unserem Servicepersonal Bescheid.

Um Ihnen Ihren Aufenthalt so angenehm wie möglich zu machen, bieten wir Ihnen ein vielfältiges Programm. Täglich finden ab 9 Uhr Yoga-

und Meditationskurse statt, um nur zwei Beispiele zu nennen. Einige davon beginnen um 6 Uhr morgens, also schon vor dem Frühstück. Oder Sie wählen aus unserem großen Kulturangebot. Dieses umfasst regelmäßige Konzerte, wechselnde Fotoausstellungen, Lesungen und Malkurse.

Wie wäre es mit einem Spaziergang in unserem wunderschönen Park? Die vielen Bänke und Liegestühle laden zum Faulenzen oder zum Lesen ein. Interessante Bücher können Sie hierfür übrigens kostenlos in unserer Bibliothek ausleihen. Kostenlos sind auch die Sauna und der Fitnessraum. Das Schwimmbad können Sie momentan leider nicht benutzen, da es gerade renoviert wird. Fahrräder können Sie sich gegen eine Gebühr von 10 Euro pro Tag an der Rezeption leihen.

Noch ein abschließendes Wort zur Benutzung von Handys: Da dies ein Ort der Ruhe ist, möchten wir Sie bitten, Handys nur auf Ihren Zimmern zu benutzen, damit andere Gäste nicht gestört werden. Vielen Dank für Ihr Verständnis.

質問 (**A**)　Wie lange bleiben die Gäste in dem Hotel?

    **1**　Ein Wochenende.

    **2**　Eine Woche.

    **3**　Zwei Wochen.

質問 (**B**)　Wo können die Gäste ihre Mahlzeiten einnehmen?

    **1**　Es ist möglich, im eigenen Zimmer zu essen.

    **2**　Das Essen wird auf den Bänken im Park serviert.

    **3**　Man kann nur im Restaurant essen.

質問 (**C**)　Wann beginnen die Kurse?

    **1**　Alle Kurse beginnen um 9 Uhr.

    **2**　Die Kurse beginnen erst am Nachmittag.

    **3**　Einige Kurse beginnen um 6 Uhr morgens.

質問 (**D**)　Warum kann man das Schwimmbad nicht benutzen?

    **1**　Es wird gerade erst gebaut.

    **2**　Es wird gerade gereinigt.

    **3**　Es wird gerade renoviert.

質問（**E**） Wo darf man sein Handy benutzen?
　　　　　**1** Nur im eigenen Zimmer.
　　　　　**2** Nur im Park.
　　　　　**3** Überall im Hotel.

　このテキストは，携帯電話やテレビなしで過ごすプログラムを提供しているホテルから宿泊客への歓迎と情報伝達および依頼です。

内容：

　ご宿泊のお客様，私どものホテルにようこそおいでいただきました。

　今日ほど，安らぎと内なる心のバランス，そして週末に限らずインターネットやスマートフォンなしでの生活を求める気持ちをますます多くの人が持っている時代はないのではないでしょうか。まさにこのことが，皆様がここにおいでになった理由の一つかと存じます。お客様が滞在なさるせめて 14 日間だけでも，皆様にとって大切なことに専念し落ち着いた時間を過ごしていただけるよう，スタッフ一同，お手伝いをさせていただきます。この 14 日間はそのためインターネットもテレビもございません。

　ホテルの滞在中はルームサービスおよび 3 食がついております。以下，簡単に日課のご案内をいたします。3 食すべてをホテルのレストランで召し上がっていただけます。朝食は 7 時 30 分から 8 時 30 分の間におとりください。昼食は 13 時，夕食は 18 時からです。ご自分のお部屋でのお食事をご希望でしたら，スタッフにお申し出ください。

　皆様の滞在が快適なものとなるよう，多彩なプログラムをご用意しています。例えば二つ挙げさせていただくと，毎日 9 時からヨガおよび瞑想の講習会を開いています。朝の 6 時，つまり朝食前に開かれる講習会もあります。さらに文化的な催しもたくさん用意してございます。定期演奏会，展示内容の入れ替えを常にしている写真展，朗読会や絵画教室などです。

　私どものホテル敷地内の美しい庭園を散歩なさるのもお勧めです。ベンチやデッキチェアを十分に用意してありますので，のんびりと時間を過ごすためにあるいは読書のためにお使いください。なお，そのための皆様を惹きつける本はホテル内の図書室で無料貸し出ししております。サウナとフィットネス・スタジオも無料でご利用になれます。プールは改装中のため，申し訳ありませんが現在はご利用できません。自転車は 1 日当たり 10 ユーロのレンタル料をフロントでお支払いください。

　最後に携帯電話の使用についてお願いがございます。静かな時間を過ごして

いただく場所であり，また他のお客様のご迷惑となりますので，携帯電話のご利用はご自分のお部屋でのみとなります。以上でございます。どうもありがとうございました。

以上の内容を踏まえ，質問に沿って正解を確認していきましょう。

（**A**）「客はどれだけの期間このホテルに滞在するのか？」という質問です。「お客様が滞在なさるせめて 14 日間」とホテルスタッフが述べているので，正解は選択肢 **3** の「2 週間」です。選択肢 **1** の「週末」（Ein Wochenende）を選んだ解答が 45.83% ありました。Wochenende という語は最初の方の「週末に限らずインターネットやスマートフォンなしでの生活を求める気持ち」の部分でしか使われていません。それに引きずられたのか，あるいはホテルに 2 週間滞在することが想像しにくかったことによるのかもしれません。選択肢 **3** が正解です。［正解率 31.26%］

（**B**）「客はどこで食事ができるのか？」が質問です。食事場所や時間の案内の最後に，「ご自分のお部屋でのお食事をご希望でしたら，スタッフにお申し出ください」と言われているので，正解は選択肢 **1**「自分の部屋で食べることができる」です。選択肢 **3** の「レストランでしか食事できない」を選んだ解答が 35.76% ありましたが本文の内容に合っていません。選択肢 **1** が正解です。［正解率 55.89%］

（**C**）「講習会は何時に開始するのか？」という質問です。9 時開始のヨガなどの講習会が紹介された後で，「朝の 6 時，つまり朝食前に開かれる講習会もあります」と言われています。したがって正解は選択肢 **3**「講習会のいくつかは朝の 6 時に始まる」です。［正解率 75.36%］

（**D**）「なぜプールは利用できないのか？」が質問です。後半で「プールは改装中のため，申し訳ありませんが現在はご利用できません」とアナウンスされています。したがって正解は選択肢 **3**「改装中である」です。［正解率 73.77%］

（**E**）「携帯電話の利用はどこであれば許可されているのか？」という質問です。アナウンスの最後で「携帯電話のご利用はご自分のお部屋でのみ」と述べられています。したがって正解は選択肢 **1**「自分の部屋の中でのみ」です。［正解率 92.19%］

◇この問題は 20 点満点（配点 4 点×5）で，平均点は 13.14 点でした。

## 第2部 解説のまとめ

* 「解答の手引き」に、「ホテル側から宿泊客への挨拶およびインフォメーション」が放送で流れることが明記されています。そのことを念頭に置いて、ホテルが客に提供するサービスやお願いなどが具体的に挙げられるであろうことを予想して聞く準備をしましょう。

* 放送を聞く前に、まずは、手引きに書かれている五つの質問内容を正確に把握しておきましょう。そして放送が始まったら質問に対する答えになりうる情報だけでも聞き取るようにしましょう。その次は、各質問文の選択肢を正確に聞き取ることを心がけてください。

# 準1級 (Oberstufe)
# 検定基準

■ドイツ語圏の国々における生活に対応できる標準的なドイツ語を十分に身につけている。

■新聞などの比較的複雑な記事や論述文などを読むことができる。
自分の体験などについて詳しく話し，社会的・実用的なテーマについて口頭で自分の考えを述べることができる。
比較的長い文章の要点を聞き取り，短いドイツ語の文章を正しく書くことができる。

■対象は，ドイツ語の授業を数年以上にわたって継続的に受講し，各自の活動領域においてドイツ語に習熟しているか，これと同じ程度の能力のある人。

# 2020年度 冬期 ドイツ語技能検定試験
# 準1級
## 筆記試験　問題
### （試験時間　90分）

> 出題は新しい正書法（単語のつづり方などに関する規則）に従います。解答は新旧いずれの方式でも認めます。

―――― 注　意 ――――

■受験票と机の上の受験番号が同じであることを確認してください。

■携帯電話，スマートフォン，スマートウォッチ等の電子機器類は電源を切り，カバン等にしまってください。机の上に置いてはいけません。

■中途退場は認めません。退場は試験放棄となります。

①問題冊子は試験開始の合図があるまで，開いてはいけません。

②問題冊子は表紙・裏表紙を含めて16ページあります。

　余白は下書き・メモ用に使ってかまいません。

③試験監督者の指示に従って，解答用紙の所定の欄に，受験番号・氏名を記入してください。

④解答は黒のHBの鉛筆で強めに記入してください。

　書き直す場合には，消しゴムできれいに消してから記入してください。

⑤**解答はすべて解答用紙の指定された箇所に記入してください。**

⑥記入する数字は，下記の見本に従って書いてください。

曲げない　すきまを開ける　上につき出す　角をつける　閉じる
横線つけない　角をつける　閉じる

■試験が終わっても，指示があるまで席を立たないでください。

■解答用紙は持ち帰ってはいけません。

■この問題冊子の無断転載，無断複製を禁じます。

# 1

次の (1) ～ (5) の **a** と **b** の文はそれぞれほぼ同じ意味になります。空欄の中に入れるのに最も適切なものを，下の **1** ～ **4** から一つ選び，その番号を解答欄に記入しなさい。

(1)  **a** Können Sie mir (　　) tun?
     **b** Ich möchte Sie um etwas bitten.

**1** eine Bitte　　　　　　　　　**2** eine Freude
**3** eine Freundschaft　　　　　　**4** einen Gefallen

(2)  **a** Die Arbeiter setzten durch den Streik die Geschäftsführung unter (　　).
     **b** Die Arbeiter bedrängten durch den Streik die Geschäftsführung.

**1** Drang　　　　　　　　　　　**2** Druck
**3** Not　　　　　　　　　　　　**4** Zwang

(3)  **a** Bei der Erstellung eines neuen Plans müssen wir immer den Veränderungen der Umstände (　　) tragen.
     **b** Bei der Erstellung eines neuen Plans müssen wir immer die Veränderung der Umstände berücksichtigen.

**1** Betracht　　　　　　　　　　**2** Kenntnis
**3** Rechnung　　　　　　　　　　**4** Rücksicht

(4)  **a** Wir sitzen in unserer globalisierten Welt alle in einem (　　).
     **b** Wir teilen innerhalb unserer globalisierten Welt alle miteinander das gleiche Schicksal.

**1** Boot　　　　　　　　　　　　**2** Bord
**3** Kahn　　　　　　　　　　　　**4** Schiff

(5)  **a** Die Schlaftabletten scheinen mir gut zu (　　).
     **b** Die Schlaftabletten scheine ich gut zu vertragen.

**1** bekommen　　　　　　　　　**2** entkommen
**3** kommen　　　　　　　　　　**4** verkommen

**2** 次の (1) 〜 (5) の **a** と **b** の文がほぼ同じ意味になるように，下線部の名詞と関係のある語を適切な形で（　　）内に入れて，**b** の文を完成させなさい。解答は解答欄に記入しなさい。

(1)　**a** Auf Empfehlung des Arztes habe ich mich der Operation unterzogen.
　　　**b** Ich habe mich der Operation unterzogen, weil der Arzt es mir（　　）hat.

(2)　**a** Nur bei einem mutmaßlichen Verstoß gegen Ihre Rechte können Sie eine Beschwerde vorbringen.
　　　**b** Nur bei einem mutmaßlichen Verstoß gegen Ihre Rechte können Sie sich（　　）.

(3)　**a** Er hat den Schwur geleistet, nie mehr zu trinken.
　　　**b** Er hat（　　）, nie mehr zu trinken.

(4)　**a** Wir haben einen Beschluss gefasst: Wir werden die Arbeit noch heute erledigen.
　　　**b** Wir haben（　　）, die Arbeit noch heute zu erledigen.

(5)　**a** Er äußerte die Bitte, jetzt gehen zu dürfen.
　　　**b** Er hat（　　）, jetzt gehen zu dürfen.

**3** 次の (1) 〜 (4) の文で（　　）の中に入れるのに最も適切なものを下の **1** 〜 **4** から一つ選び，その番号を解答欄に記入しなさい。

(1)　Bis（　　）einen Studenten, der hier ganz neu ist, kenne ich alle.

　　　**1** auf　　　　　**2** für　　　　　**3** über　　　　　**4** um

(2)　Die künstliche Intelligenz kann, je（　　）wie sie angewendet wird, das Leben der Menschen bereichern oder zerstören.

　　　**1** insofern　　　**2** nachdem　　　**3** umso　　　　**4** während

(3)　Er hat sich（　　）eingestellt, noch ein paar Jahre arbeiten zu müssen.

　　　**1** daran　　　　**2** darauf　　　　**3** darüber　　　　**4** darum

(4)　Der Plan als（　　）ist gut, aber es fehlt an den Mitteln, mit denen er verwirklicht werden soll.

　　　**1** selbst　　　　**2** sich　　　　　**3** solcher　　　　**4** welcher

# 4 次の文章を読んで，(1) と (2) の問いに答えなさい。

Bienen als Drogenfahnder und Sprengstoffschnüffler? Erst einmal klingt das absurd. Bei näherer Betrachtung drängt sich jedoch die Frage auf, warum das nicht längst gängige Praxis bei Zoll und Polizei ist. Schließlich kommunizieren die Tierchen über Duftstoffe, sogenannte Pheromone, miteinander und können selbst wenige Moleküle über eine Entfernung von mehreren Kilometern ( **a** ). Gegenüber dem klassischen Spürhund, dessen Ausbildung Jahre dauert und der nach 20 Minuten Arbeit eine Pause braucht, punkten sie mit längerer Einsatzdauer, höherer Empfindlichkeit, schnellerer Konditionierung und geringeren Kosten, wie Merle Bartling berichtet, die seit zwei Jahren an der Universität Gießen ihre Doktorarbeit über das Lernverhalten von Bienen schreibt.

„Die Einsatzmöglichkeiten sind nahezu unbegrenzt", ergänzt ihr Doktorvater Andreas Vilcinskas, Leiter des Instituts für Phytopathologie und Angewandte Zoologie. Bienen könnten beispielsweise an Flughäfen oder an Staatsgrenzen bei der Suche nach Drogen wie Kokain und Heroin oder nach Sprengstoff zum Einsatz kommen. Mit einer Art Staubsauger würde dann Luft aus Gepäckstoffen gesaugt und in eine Kammer mit Bienen geleitet, die auf bestimmte Duftstoffe konditioniert sind. Reagieren die Insekten, befinden sich mit großer Wahrscheinlichkeit ( **b** ) Substanzen im Koffer. In den Vereinigten Staaten werde dieses Verfahren schon seit einiger Zeit praktiziert, sagt Vilcinskas.

Bartling setzt in ihrer Forschung auf die „aversive Konditionierung" über negative Reize. Bienen werden in eine sechs mal sechs mal 15 Zentimeter große Acrylkammer gesetzt. Um sicherzugehen, dass die Insekten von allen anderen Reizen abgeschirmt sind, ist die Kammer von einer Wand aus Kunststoff-Spielzeugbausteinen umgeben. Nun wird ein Duftstoff in eine Hälfte der Kammer geleitet, die andere Hälfte bleibt geruchsneutral. Begibt sich die Biene in die duftende Hälfte, erhält sie einen kurzen, sehr schwachen Stromstoß. In der anderen Hälfte bleibt sie unbehelligt. ( **c** ) einer knappen Viertelstunde hat sie ein ausgeprägtes Fluchtverhalten gegenüber dem Duftstoff entwickelt. In einem Belohnungssystem mit Zuckerwasser dauerte die Konditionierung einen Tag.

Die Gießener Wissenschaftler haben mit dem Landeskriminalamt in Wiesbaden zusammengearbeitet. Sie führten die Experimente mit tragbaren Geräten in den Laboren der Polizei unter deren ( **d** ) auch mit Heroin und Kokain in Reinform durch. Zudem wurde Straßenware getestet, um sicherzustellen, dass die Bienen auf die Drogen reagieren und nicht auf die Streckmittel. Ob eine Biene für mehrere Düfte sensibilisiert werden könne, sei noch nicht erforscht, sagt die Doktorandin. Aufgrund ihrer Erfahrungen nimmt sie an, dass die Konditionierung lebenslang anhält. Die gewöhnliche Arbeitsbiene wird allerdings nur sechs Wochen alt.

(1) 文中の空欄（ **a** ）～（ **d** ）に入れるのに最も適切な語を下の**1**～**4**から一つ選び，その番号を解答欄に記入しなさい。

( **a** ) **1** anbringen **2** sammeln **3** wahrnehmen **4** wegnehmen
( **b** ) **1** illegale **2** kostspielige **3** unbekannte **4** winzige
( **c** ) **1** Bei **2** Nach **3** Vor **4** Zu
( **d** ) **1** Aufsicht **2** Druck **3** Unterstützung **4** Verdacht

(2) 本文の内容に合致するものを下の**1**～**6**から三つ選び，その番号を解答欄に記入しなさい。ただし，番号の順序は問いません。

**1** Der Einsatz von Bienen als Drogenfahnder oder Sprengstoffschnüffler verursacht weniger Kosten als der von herkömmlichen Spürhunden.

**2** Die Studie konzentriert sich darauf, Bienen nur an Flughäfen und Staatsgrenzen zu verwenden, um Drogen oder Sprengstoff zu entdecken.

**3** In den Vereinigten Staaten gibt es Berichte, dass Bienen einige Duftstoffe unterscheiden und mehrere Drogenarten entdecken können.

**4** Es hat sich ergeben, dass negative Reize in Form kurzer, sehr schwacher Stromstöße bei der Konditionierung von Bienen wirksam sind.

**5** Bienen können den ganzen Tag durcharbeiten, wenn sie Zuckerwasser als Belohnung bekommen.

**6** Die Doktorandin ist der Annahme, dass Bienen ihre Konditionierung für das ganze Leben behalten, wenn sie einmal für einen bestimmten Duftstoff sensibilisiert wurden.

# 5   次の文章を読んで，グラフを参照して，(1) ～ (3) の問いに答えなさい。

Wer in Deutschland als Lehrer arbeitet, muss viel aushalten. Eine bundesweite Studie zeigt nun, welche Folgen die steigende Arbeitsbelastung hat.

„Alle Klassen haben 33 Schüler, sie müssen immer bis zum Maximum vollgepackt werden", sagt Thomas Bauer, der seit 2011 als Lehrer an einem Berliner Gymnasium Sport, Geografie, Politik und Wirtschaft unterrichtet. Und es ist nicht allein die Masse an Schülern, die zusätzliche Arbeit macht: Die Klassen sind nicht nur voll, sie werden auch immer heterogener. Hinzu kommt ein stetig steigender Berg an Verwaltungsarbeit und Sonderprojekten, der von immer weniger Fachkräften erledigt wird.

Der Deutsche Philologenverband (DPhV) hat untersuchen lassen, wie Arbeitsbelastung und Zufriedenheit der 176 000 Lehrkräfte an deutschen Gymnasien zusammenhängen. Der repräsentativen Studie liegen mehr als 16 000 Datensätze der online befragten Lehrer zugrunde. Die gute Nachricht zuerst: Die ( **A** ) der Lehrer an den Gymnasien hierzulande (85 Prozent) ist mit ihrem Beruf zufrieden (Abb. 1). Der größte Zufriedenheitsfaktor ist die Arbeit mit den Schülern (45 Prozent), gefolgt von flexibler Zeiteinteilung und Autonomie im Unterricht. Die schlechte Nachricht: ( **i** ) der Befragten sind mit ihrer Arbeit unzufrieden. Sie begründen das vor allem mit den großen Leistungsunterschieden zwischen den Schülern (95 Prozent) und zu viel Arbeit (90 Prozent) (Abb. 2).

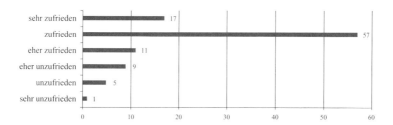

**Abb. 1   Zufriedenheit mit dem Beruf (Anteile in Prozent)**

Susanne Lin-Klitzing, Vorsitzende des Deutschen Philologenverbandes, beklagt auch, dass das Urteil der Lehrer beim Übergang von der Grundschule auf weiterführende Schulen vielerorts ignoriert werde. Es dominiere der Elternwille: Wenn die Eltern der Meinung sind, das Kind gehöre aufs Gymnasium, dann muss es dort in der Regel auch aufgenommen werden. So nehmen die Leistungsunterschiede in den Klassen zu und auch der Druck auf die Kinder. Für etwa ( **ii** ) der befragten Lehrer sind verhaltensauffällige Schüler, die den Unterricht stören, ein Grund dafür, dass sie ihren Beruf als belastend empfinden (Abb. 2).

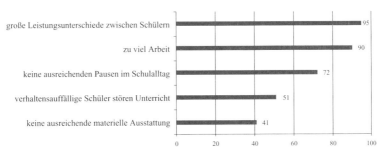

**Abb. 2   Größte Stressfaktoren für Lehrer (Anteile in Prozent)**

Diesen Effekt beobachtet auch der Berliner Lehrer Thomas Bauer. Zwar sei sein Gymnasium „relativ gut situiert, doch auch wir haben inzwischen mit Inklusion zu tun". Mit Lese- und Rechtschreibschwäche beispielsweise, aber auch zunehmend mit emotional-sozialen Problemen der Kinder, berichtet Bauer, der an seiner Schule Vertrauenslehrer* ist. „Die Schüler stehen teilweise unter Stress", sagt er. „Viele dieser Probleme müsste eigentlich ein Schulpsychologe klären." Doch das sei weder finanziell noch personell drin. Stattdessen müssen diese Aufgabe oft Lehrer übernehmen.

Neben zu großen und ( **B** ) Klassen kritisieren die Lehrer in der Umfrage, dass ihnen Pausen und Ruhezonen fehlen, sowie eine mangelnde materielle Ausstattung und schulische Infrastruktur (Abb. 2).

Thomas Bauer beobachtet, dass die zunehmende Arbeitsbelastung einige Lehrer ( **C** ) macht: „Es gibt vermutlich kaum eine Schule in Berlin ohne einen langzeitkranken Kollegen aufgrund psychischer Überlastung", vermutet er. Vielen würde es schwerfallen, neben Unterricht, Konferenzen und Korrekturen auch noch Zeit und Kraft für außerschulische Aktivitäten zu finden, etwa die Kinder bei einem Schulfest zu beaufsichtigen.

Wenn Bauer sich etwas wünschen dürfte, dann das: einen Schulpsychologen, kleinere Klassen, bessere Gebäude – und: „Ein absoluter Wunschtraum wäre eine Schulkrankenschwester, damit ich als Lehrer nicht auch noch dafür verantwortlich bin, ob ein Kind seine Medikamente regelmäßig nimmt."

Die Wünsche des Berliner Lehrers decken sich mit den Ergebnissen der Umfrage: 46 Prozent der Befragten wünschen sich, dass ihre Anzahl der Unterrichtsstunden gesenkt wird, 32 Prozent fordern kleinere Klassen. Und jeder ( **iii** ) hofft, dass die außerunterrichtlichen Aufgaben sinken (Abb. 3). Damit sie sich auf das konzentrieren können, was wirklich wichtig ist: Kinder auf dem Weg in ihre berufliche Zukunft zu begleiten.

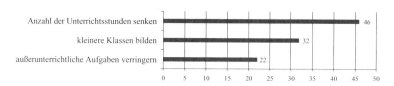

**Abb. 3 Wünsche der Lehrer (Anteile in Prozent)**

\*Vertrauenslehrer: 生活指導（相談）教員

※ Abb. 2 は複数回答可のため，各項目の総和は 100% にならない。

**(1)** 空欄（ **i** ）〜（ **iii** ）に入るものとして適切なものを **1**〜**4** から一つ選び，その番号を解答欄に記入しなさい。

（ **i** ） **1** 15%  **2** 25%  **3** 35%  **4** 45%
（ **ii** ） **1** ein Drittel  **2** zwei Fünftel  **3** die Hälfte  **4** drei Viertel
（ **iii** ） **1** zweite  **2** dritte  **3** fünfte  **4** sechste

**(2)** 空欄（ **A** ），（ **B** ），（ **C** ）に入るものとして適切な組み合わせを **1**〜**4** から一つ選び，その番号を解答欄に記入しなさい。

**1** （ **A** ） Minderheit （ **B** ） gleichartigen （ **C** ） lebhaft
**2** （ **A** ） Vielheit （ **B** ） einheitlichen （ **C** ） depressiv
**3** （ **A** ） Kleinheit （ **B** ） vielschichtigen （ **C** ） gesund
**4** （ **A** ） Mehrheit （ **B** ） verschiedenartigen （ **C** ） krank

(3)  本文およびグラフの内容に関して正しく説明しているものを次の **1** ～ **5** から二つ選
び，その番号を解答欄に記入しなさい。ただし，番号の順序は問いません。

**1**  In der Umfrage sind Lehrer zufrieden mit ihrer Arbeit, weil sie ihre Zeit fle-
xibel planen und selbstständig unterrichten können.

**2**  Der Elternwille spielt keine große Rolle, wenn Kinder auf höhere Schulen ge-
hen.

**3**  In der Schule von Thomas Bauer kümmert sich ein Schulpsychologe um ver-
haltensauffällige Schüler.

**4**  Die Untersuchung zeigt, dass Lehrer genug Pausen haben und Schulen mate-
riell gut ausgestattet sind.

**5**  Für Lehrer ist es wichtiger, Kindern bei der Berufsvorbereitung zu helfen,
anstatt die Anzahl der Unterrichtsstunden zu steigern.

**6** 次のインタビュー記事を読んで，空欄（ **a** ）〜（ **f** ）に入れるのに最も適切なものを，**1** 〜 **6** から選び，その番号を解答欄に記入しなさい。

*Ein Gespräch mit Lasse Rheingans, Geschäftsführer einer IT-Agentur.*

*Interviewer*: Herr Rheingans, seit 2017 arbeiten Angestellte bei Ihnen 5 Stunden am Tag bei vollem Gehalt. Wie sieht ein Arbeitstag in Ihrer Firma aus?

*Rheingans*: （ **a** ）

*Interviewer*: Auch Kaffeeklatsch und zu viele Raucherpausen sind bei Ihnen auf der Arbeit nicht so gern gesehen. Das klingt so, als gäbe es den Fünf-Stunden-Tag nur zum Preis von strikten Regeln.

*Rheingans*: （ **b** ）

*Interviewer*: Das Modell „weniger arbeiten bei gleichem Lohn" war 2017 zunächst als Experiment geplant. Warum haben Sie weitergemacht?

*Rheingans*: （ **c** ）

*Interviewer*: War die Umstellung wirklich ganz schmerzfrei?

*Rheingans*: （ **d** ）

*Interviewer*: Sind Ihre Mitarbeiter heute tatsächlich produktiver?

*Rheingans*: （ **e** ）

*Interviewer*: In Ihrem Buch „Die 5-Stunden-Revolution" schreiben Sie, dass Sie anderen Führungskräften Mut machen wollen, Ihrem Beispiel zu folgen. Für den Leiter eines Krankenhauses dürfte es schwierig werden, die Türen um 13 Uhr zu schließen.

*Rheingans*: （ **f** ）

**1** Ich habe den Fünf-Stunden-Tag vor allem deshalb als Experiment bezeichnet, weil ich Angst hatte, dass mir das Projekt um die Ohren fliegt. Ich wollte mir einen Ausweg offenhalten, falls es nicht klappt. Doch wir haben weiterhin Aufträge und sind profitabel. Noch dazu hat das Projekt medial derart Wellen geschlagen, dass ich das Gefühl hatte: Wir haben etwas geschaffen, das Arbeitnehmer und Arbeitgeber spannend finden  – und es tut uns nicht weh, es weiterzuverfolgen.

**2** Um 8 Uhr fangen wir an, um 13 Uhr ist normalerweise Feierabend. Damit es klappt, geht bei uns die Arbeit um Punkt acht richtig los. Richtig heißt: konzentriert und leise. Früher lief im Büro meistens noch irgendwelche Musik. Das gibt es heute nicht mehr. Auch Meetings haben wir von einer Stunde auf eine Viertelstunde gekürzt  – das reicht meistens aus, wenn man den Smalltalk weglässt und eine klare Agenda hat. Wir haben uns außerdem darauf geeinigt, E-Mails nur zweimal am Tag zu checken. Wir wollen jede unnötige Ablenkung in Form von Benachrichtigungen oder Pop-up-Nachrichten vermeiden.

**3** Ich höre oft, dass das Modell branchenübergreifend nicht funktioniert. Um auf das Beispiel mit dem Krankenhaus zurückzukommen: Ich habe mich letztens mit einem Bekannten unterhalten, der in einem Krankenhaus arbeitet. Er hat mir erzählt, dass dort Menschen eingeteilt werden, um Medikamente zu sortieren. Das ist nur eine von vielen Aufgaben, die Maschinen viel schneller und besser können als wir. Wir sollten uns fragen: Wo können wir überall Zeit sparen? Es geht im Großen und Ganzen um einen Wandel der Arbeitskultur. Auch in anderen Berufen, bei denen man erst denkt: Da kann es doch gar nicht klappen.

**4** Das lässt sich bei Kreativprozessen schlecht messen – und es liegt mir fern, jeden Mitarbeiter jeden Tag zu kontrollieren. Stephan Aarstol, der das Modell erstmalig bei seiner Paddleboard-Firma in den USA eingeführt hatte, berichtete über eine Produktivitätssteigerung von vierzig Prozent. Für uns ist relevant, dass die Mitarbeiter dasselbe schaffen, was sie vorher in acht Stunden geschafft haben. Trotz unserer kürzeren Arbeitszeit können wir mit Agenturen mithalten, in denen zwölf Stunden gearbeitet wird und schaffen das, was unsere Kunden erwarten. Und am Ende des Tages haben Angestellte trotzdem mehr Zeit für Ausgleich, Privates, Selbstfindung und Entspannung.

**5** Natürlich haben wir Regeln und schreiben die auch immer wieder gemeinsam um. Unser effizienter Arbeitsablauf funktioniert nur, wenn wirklich alle im Team dahinterstehen. Noch wichtiger als Regeln sind allerdings Eigenverantwortung und Selbstdisziplin.

**6** In der Experimentierphase hatte ich nicht auf dem Zettel, dass die Teamkultur darunter leiden könnte, wenn wir möglichst kurz und effizient arbeiten. Ein Team entwickelt sich nicht nur durch gemeinsame Arbeit, sondern auch durch persönlichen Austausch. Für uns hat sich schnell herausgestellt, dass wir Teamevents brauchen, wenn das Modell funktionieren soll. Jeden Freitag gibt es jetzt nach Feierabend einen Kochclub und gelegentlich gemeinsame Events, um sich auch über Themen austauschen zu können, die nicht arbeitsrelevant sind.

**7** 次の文章を読んで，内容に合うものを右ページの **1 ～ 8** から四つ選び，その番号を解答欄に記入しなさい。ただし，番号の順序は問いません。

Die Nachricht, die für Existenzangst sorgen wird, kommt von den eigenen Leuten. Die Fachgesellschaft der US-amerikanischen Radiologen prognostiziert der Radiologie, dass sie sich in den nächsten Jahren entscheidend verändern wird. Der Grund: Die Künstliche Intelligenz (KI) wird Einzug halten. Computer werden den Ärzten Arbeit abnehmen, wohl einfach deswegen, weil sie in Zukunft vieles besser können. Etwa auf Bildern von Computer- oder Magnetresonanz-Tomografen gefährliche Tumore und Lungenentzündungen entdecken – sicherer und schneller als der Radiologe. Ein Grund zur Angst?

Die Fachgesellschaft wiegelt ab. Sie sieht KI eher als Assistenz denn als Konkurrenz des Arztes. Endgültige Diagnosen soll noch immer der Arzt stellen. Aber natürlich wird die Nachricht von der Macht der KI für Unruhe unter den Radiologen sorgen, viele werden befürchten, bald überflüssig zu sein.

Angenommen, die KI würde so gut, so effizient werden, dass sie Ärzten effektiv helfen könnte. Dann hätten diese mehr Zeit für anderes: Sie könnten sich länger den Patienten widmen. In vielen Bereichen der Medizin könnte es dazu kommen – nicht nur bei den Radiologen (von denen ohnehin viele in Verdacht stehen, seit Jahren nur Röntgenbilder, aber keine Patienten mehr gesehen zu haben).

Der Vorwurf an die heutige Medizin lautet ja, dass sie nur noch eine Gerätemedizin sei. Ärzte würden sich nicht mit ihren Patienten beschäftigen, ihnen nicht zuhören, nicht mit ihnen sprechen. Dieser Vorwurf ist oft berechtigt. Viele Patienten erleben es bei ihren Praxisbesuchen, dass der Arzt kaum Zeit für sie hat. Er ordnet Untersuchungen mit modernsten Apparaten an, statt sich mit ihnen zu unterhalten und nach ihren Beschwerden zu fragen.

Wer im Krankenhaus liegt, sieht oft den Doktor höchstens morgens bei der Visite. Nach wenigen Minuten ist er schon wieder weg. Er muss zum nächsten Patienten, weil die Zeit rennt, weil im Arztzimmer viel Arbeit auf ihn wartet: EKG*-Ergebnisse auswerten, Blutuntersuchungen einschätzen, Röntgenaufnahmen beurteilen. Und nicht zuletzt: der Papierkram!

Könnte Computerpower vieles davon erledigen, würde das die Ärzte entlasten und ihnen wertvolle Zeit verschaffen. Zeit für die Patienten – und hoffentlich nicht für noch mehr Bürokratie. Denn auch das könnte passieren, wenn die KI Einzug in den medizinischen Alltag hält: dass Klinikmanager oder Funktionäre auf die Idee kommen, den Ärzten noch mehr Aufgaben zu geben, die nichts mit ihrem eigentlichen Beruf zu tun haben. Gegen eine solche Entwicklung müssen sich die Ärzte wehren. Den Einsatz der KI aber sollten sie als das sehen, was er ist: eine Chance, keine Bedrohung.

*EKG (Elektrokardiogramm): 心電図

1 Nach Ansicht der US-amerikanischen Fachgesellschaft wird die Verwendung von Künstlicher Intelligenz in naher Zukunft einen großen Wendepunkt in der radiologischen Welt markieren.

2 Jeder Arzt muss jetzt große Existenzangst haben, weil er sich ins sehr komplizierte und schwerlich verfügbare Computersystem einarbeiten muss.

3 Die Fachgesellschaft ist davon überzeugt, dass die meisten Radiologen in der Künstlichen Intelligenz eine vertraute und befreundete Arbeitspartnerin sehen.

4 Niemand zweifelt heute daran, dass die Künstliche Intelligenz so agieren kann, als wäre sie ein menschlicher Arzt.

5 Das Wort Gerätemedizin lässt sich so verstehen, dass ärztliche Untersuchungen heutzutage öfter mit Hilfe von technischen Geräten wie Computern durchgeführt werden.

6 Ärzte werden nicht ohne Grund kritisiert, denn oft behandeln sie ihre Patienten immer seltener im persönlichen Gespräch.

7 Wenn die Ärzte nicht jedem Patienten im Krankenhaus ihre Zeit widmen können, kommt dies wohl daher, dass sie außer der Visite noch viel anderes zu tun haben.

8 Der Autor des Textes empfiehlt, die Einführung der Künstlichen Intelligenz in die ärztliche Praxis als vorteilhaft anzusehen.

準1級　　2020年度 冬期 ドイツ語技能検定試験

筆記試験 解答用紙

| 受　験　番　号 | 氏　　　名 |
|---|---|
| 2 0 W | |

**手書き数字見本**

0 1 2 3 4 5 6 7 8 9

**1** (1) □ (2) □ (3) □ (4) □ (5) □

**2** (1)

採点欄 □□

(2)

採点欄 □□

(3)

採点欄 □□

(4)

採点欄 □□

(5)

採点欄 □□

**3** (1) □ (2) □ (3) □ (4) □

**4** (1) | a | b | c | d | (2) □ □ □

**5** (1) | i | ii | iii | (2) □ (3) □ □

**6** | a | b | c | d | e | f |

**7** □ □ □ □

— 156 —

B
CD 1

# 2020年度 冬期 ドイツ語技能検定試験
# 準1級
# 聞き取り試験　解答の手引き

（試験時間　約35分）

出題は新しい正書法（単語のつづり方などに関する規則）に従います。

───── 注　　意 ─────

■受験票と机の上の受験番号が同じであることを確認してください。

■携帯電話，スマートフォン，スマートウォッチ等の電子機器類は電源を切り，
カバン等にしまってください。机の上に置いてはいけません。

■中途退場は認めません。

①指示があるまでページを開いてはいけません。

②聞き取り試験は 2 部から成り立っています。

③試験監督者の指示に従って，解答用紙の所定の欄に，受験番号・氏名を記入し
てください。

④放送の指示でページを開き，解答のしかたをよく読んでください。解答のしか
たと選択肢などが，2〜3 ページに示されています。

⑤解答は黒の HB の鉛筆で強めに記入してください。
書き直す場合には，消しゴムできれいに消してから記入してください。

⑥解答はすべて試験時間内に解答用紙の指定された箇所に記入してください。

⑦記入する数字は，下記の見本に従って書いてください。

■試験が終わっても，指示があるまで席を立たないでください。

■解答用紙は持ち帰ってはいけません。

■この問題冊子の無断転載，無断複製を禁じます。

### 第1部　Erster Teil

1. 第1部の問題は質問（**A**）から（**D**）まであります。
2. 最初にテキストを聞いてください。
3. 次にテキストの内容に関する質問（**A**）を1回，それに対する解答の選択肢四つを2回読み上げます。最もふさわしいものを一つ選び，その番号を解答用紙の所定の欄に記入してください。以下，同じように質問（**B**）から（**D**）まで進みます。
4. 30秒後にテキストとそれに関する質問および解答の選択肢をもう1回読み上げます。
5. メモは自由にとってかまいません。
6. 第2部が始まるまで30秒の空き時間があります。

（**A**） Warum ist die heutige Nutzung der Landflächen der Erde durch Tierhaltung in Zukunft nicht mehr nachhaltig?

　　1
　　2
　　3
　　4

（**B**） Wie viel Prozent des Fleischkonsums könnten bis 2040 durch gezüchtetes Fleisch aus der Petrischale ersetzt werden?

　　1
　　2
　　3
　　4

（**C**） Was macht das Unternehmen Aleph Farms?

　　1
　　2
　　3
　　4

（**D**） Was erwartet man von neuartigen, veganen Fleischalternativen?

　　1
　　2
　　3
　　4

―――― 第 2 部　Zweiter Teil ――――

**1** Konferenzdolmetscher bemühen sich, sich mit den Gesprächspartnern oder Konferenzteilnehmern zu verständigen.

**2** Viele Konferenzdolmetscher sind selbstständig beschäftigt, weshalb sich ihre Arbeit abwechslungsreich gestaltet.

**3** Vor der ersten Besprechung mit Kunden müssen Konferenzdolmetscher die Aufträge sorgfältig in die Zielsprache übertragen.

**4** Für diejenigen, die als Konferenzdolmetscher arbeiten wollen, gibt es in Deutschland noch keine spezifischen Studiengänge.

**5** Wer als Konferenzdolmetscher arbeiten will, dem empfiehlt die Interviewte, die Fähigkeiten in der Fremdsprache durch Auslandserfahrungen zu verbessern.

**6** Nach Meinung der Interviewten setzt der Beruf „Konferenzdolmetscher" außer den Sprachkenntnissen viel Neugierde auf die Welt voraus.

**7** Die Interviewte interessieren vor allem Themen wie Entwicklungswesen, Fischereipolitik oder Finanzen.

**8** Wegen der Arbeit können Konferenzdolmetscher keinen festen Wohnsitz haben.

**9** Trotz des schwierigen Balanceakts zwischen Belastung und Entspannung ist die Interviewte mit ihrem Beruf sehr zufrieden.

**準1級**

# 2020年度 冬期 ドイツ語技能検定試験

## 聞き取り試験 解答用紙

| 受　験　番　号 | 氏　　　名 |
|---|---|
| 2 0 W |  |

手書き数字見本

曲げない　すきまを開ける　上につき出す　角をつける　閉じる
0 1 2 3 4 5 6 7 8 9
横線つけない　角をつける　閉じる

【第1部】

| (A) | | (B) | | (C) | | (D) | |
|---|---|---|---|---|---|---|---|

【第2部】

|  |  |  |  |
|---|---|---|---|

# 2020年度「独検」二次試験

（2021 年 1 月 24 日実施）

## 準 1 級の受験者へ
Oberstufe

1) 口述試験は，一人ずつ個別に行われます。

2) 控室に掲示してある「試験室別・面接順の受験者一覧」で，
   自分が「どの試験室の何番目」かを確認してください。
   ◆控室入室後の携帯電話の電源はお切りください。
   ◆控室入室後から試験終了まで，あらゆるモバイル（＝通信可能な機器）の使
   用は不正行為とみなします。

3) 係員が順番に試験室へ御案内しますので，それまで控室で待機してください。

4) 試験室の中からの「次の方どうぞ」という指示で入室してください。
   ◆前の受験者が出て来ても，指示があるまで入室してはいけません。

5) 試問はドイツ語の会話形式で行われます。
   途中，写真素材を用いた質疑応答を含みます。

6) 一人当たりの試験時間は，約 8 分です。

7) 試験終了後は，そのままお帰りいただいて結構です。
   控室に戻ることはできません。
   ◆手回り品はつねに持ち歩くようにしてください。

【注意】
合格証書や合格証明書に印字される氏名の漢字・ローマ字表記は，二次試験案内に記載
されたものと同じになります。
住所変更も含めて訂正のある方は，至急直接独検事務局に連絡してください。

結果は 2 月 3 日発送の予定です。
成績についての問い合わせにはお答えできません。

上の3枚の写真は本試験ではカラー写真で示されました。
写真は http://www.dokken.or.jp/answer/fotos_2020.pdf で確認できます。

# 冬期 《準1級》 ヒントと正解

## 【筆 記 試 験】

## **1** 語彙・慣用表現

正解 (1) **4**　(2) **2**　(3) **3**　(4) **1**　(5) **1**

　文中の空欄に適切な語彙を選択することで，並列して挙げられているもう一方の文とほぼ同様の文意にする問題です。具体的には動詞を1問，その他は名詞と動詞を組み合わせた成句的表現を取り上げています。

　**(1)** 日本語訳は「お願いがあるのですが」です。jm einen Gefallen tun は「〜に好意を示す，〜に親切にする」という意味で，Würden (Könn (t) en) Sie ...? のように，接続法第Ⅱ式や話法の助動詞を使った丁寧な依頼文でよく使われます。正解は選択肢 **4** です。選択肢 **1** eine Bitte を選んだ解答が 32.28% ありました。jm eine Bitte gewähren「〜の頼みを聞き入れる」といった表現はありますが，この場合はあたりません。名詞と動詞の連結関係に意識を向けましょう。[正解率 36.71%]

　**(2)** 日本語訳は「労働者らはストライキをして経営陣に圧力をかけた」となります。正解は選択肢 **2** です。jn unter Druck setzen は「〜に圧力をかける」という意味です。**b** で使われている動詞 bedrängen に引きずられたせいか，選択肢 **1** の Drang を選んだ解答が 27.22% ありました。[正解率 53.80%]

　**(3)** 日本語訳は「新しい計画を立てる際，われわれは常に状況の変化を考慮に入れなければなりません」です。正解は選択肢 **3** です。et³ Rechnung tragen は「〜を考慮に入れる」という意味です。Rechnung は「請求書」や「計算」という意味が真っ先に思い浮かびますが，「顧慮，考慮」という意味もあります。選択肢 **4** の Rücksicht を選んだ解答が 46.52% ありました。**b** で使われた動詞 berücksichtigen が誘因となった可能性があります。[正解率 17.72%]

　**(4)** 日本語訳は「私たちはグローバル化した世界の中で皆が一蓮托生である」です。正解は選択肢 **1** の Boot です。in einem Boot sitzen は「運命を共にしている，一蓮托生である」という意味です。Boot は英語の boat で「ボート，小

舟」。選択肢 **4** の Schiff を選んだ解答は 53.16% ありました。ドイツの新聞や雑誌などでもよく登場する言い回しです。Schiff でなく Boot としてしっかり覚えましょう。[正解率 34.81%]

**(5)** 日本語訳は「この睡眠薬は私の体に合っているようだ」です。これは慣用表現ではなく，bekommen という基本動詞のちょっと変わった使い方を問うています。jm＋(様態の語句)＋bekommen で，「～の体に合う，～の性に合う」という意味になります。[正解率 37.03%]

◇この問題は 15 点満点（配点 3 点×5）で，平均点は 5.40 点でした。

---

**1** **解説のまとめ**

＊2 語以上の語が結びついて特定の意味を表す慣用表現については，なかなか覚えにくいのも確かです。ドイツ語の場合，慣用表現は辞書で調べると不定句で出てきます。その際に直訳してイメージしてみるのも一つのやり方です。例えば **(4)** の in einem Boot sitzen は「一つの小舟に複数の人間が座っている」とイメージすることで，慣用句としての意味に到達できるのではないでしょうか。慣用表現で用いられる名詞なり動詞は交換不可能であること，互いに密接な連結関係があることは常に意識しましょう。

---

## **2** 関連語を用いた文の書き換え

[正 解] **(1)** empfohlen  **(2)** beschweren  **(3)** geschworen
**(4)** beschlossen  **(5)** gebeten

**a** の文における下線付きの名詞に関連する動詞を用いて，ほぼ同じ意味を表す **b** の文を完成させる問題です。選択形式ではなく，該当する語を手書きで記入する必要があります。つづりが正確な解答だけを正解としました。なお，大文字と小文字の区別に関して誤りがあり，それ以外の点では正しい解答については，部分点（2 点）を加点しています。

**(1) a** の文は「医師の勧めで，私は手術を受けました」という意味です。書き換えにあたっては，下線部の名詞 Empfehlung（勧め）に関連する動詞 empfehlen を用いる必要があります。また，**b** の空欄に入る動詞の文は weil で導かれる従属文で，現在完了形であることから，空欄には過去分詞が入ります。したがっ

て，正解は **empfohlen** です。なお，誤答例としては empgefohlen（非分離動詞なので，ge- は入りません），empfiehlt や empfehlt も多く見受けられました。[正解率 39.24%]

**(2)** **a** の文は「あなたの権利が抵触されていると思われる場合のみ，あなたは苦情を申し立てることができます」という意味です。**a** で使われているのは Beschwerde vorbringen（苦情を申し立てる）という動詞句です。**b** の文は前半が **a** と同一なので，この意味を作る再帰動詞 beschweren を入れることになります。話法の助動詞が使われているので，不定詞 **beschweren** が正解です。誤答例としては，beschwerden（このつづりの語は存在しません）が多かったです。派生語同士は互いに似た形をしているとはいえ，しっかり区別して覚えておく必要があります。[正解率 28.32%]

**(3)** **a** の文は「彼は，もう決して飲まないと誓いました」という意味です。**a** と **b** の文の後半は同一ですから，den (einen) Schwur leisten「誓う，宣誓する」の意味にあたる，名詞 Schwur に関連する動詞 schwören を用いる必要があります。**b** の文は現在完了形ですから，空欄に入る正解は，過去分詞の **geschworen** となります。誤答例としては，存在しない geschwert, geschwort が見られました。不規則変化動詞の 3 基本形は確実に暗記することが大切です。[正解率 15.20%]

**(4)** **a** の文は「私たちは，今日中にその仕事を片付ける決心をしました」という意味です。**b** では，**a** の einen Beschluss fassen（決心する，決議する）の Beschluss に関連した動詞 beschließen（決心する）を用いるのが適切です。**b** の主文では完了の助動詞 haben が用いられているので，空欄には過去分詞が入ります。したがって正解は **beschlossen** です。[正解率 53.32%]

**(5)** **a** の文は「彼は，もう行かせてくれと頼みました」という意味です。**a** の die Bitte äußern（願い出る）の Bitte に関連する動詞として bitten（願う）を用いる必要があります。**b** の主文で完了の助動詞 haben が使われているため，空欄に入る正解は bitten の過去分詞である **gebeten** です。なお誤答例としては，存在しない形 gebittet, gebitten の他，gebieten, geboten というのも多く見られました。[正解率 26.74%]

◇この問題は 20 点満点（配点 4 点×5）で，平均点は 6.51 点でした。

＊基本的なことですが，非分離動詞を含めた動詞の 3 基本形をしっかりと
身につけましょう。いつでも動詞を正しく変化させることは基本ですが，
時制や人称変化にも注意しなければならないため，簡単ではありません。
また，名詞とそれに関連する動詞をひとまとめにして覚えることで，語彙
の量を増やしましょう。

＊あまりに小さい字，まぎらわしい字は判読を困難にし，場合によっては意
に反する減点をされる恐れもあります。読みやすい丁寧な文字で書くよう
に心がけてください。

## **3** 文の意味と構造から空欄に入る語を選択

正解 （1） **1**　　（2） **2**　　（3） **2**　　（4） **3**

　前置詞，従属接続詞，前置詞と結びつく動詞，指示代名詞に関する問題です。
文全体の意味や構造に注意して適切な語を選択することが求められます。

　（1） 空欄には，前置詞 bis とさらに結びつき，決まった意味を作る前置詞を入
れることが求められています。定動詞 kenne の前までの部分は「ここに来たばか
りの 1 人の学生を除いて」という意味になります。正解は選択肢 **1** の auf です。
bis auf＋4 格は「除外」を示す「～を除いて，～を別として」と「包括」を示す
「～を含めて，～に至るまで（例外なく）」という二つの意味を持ちます。この文
では Studenten を先行詞とする関係文の内容と主文で alle が使われていること
から，「除外」の意味であると判断できます。文全体の和訳は「ここに来たばかり
の 1 人の学生を除いて，私は全員知っています」となります。ちなみに，前置詞
bis は「～まで」という本来の意味で用いられる場合も前置詞句と一緒によく使
われます（例： bis vor die Tür ドアの前まで）。［正解率 36.08%］

　（2） 空欄の前後がコンマで区切られており，その最後に受動の助動詞 wird が
定動詞として置かれているので従属文であることがわかります。つまり空欄には
従属接続詞が入ります。またこの従属文は挿入句で，分離している主文「人工知
能は人間の生活を豊かにできるか破壊できる」をつなぐ働きをしています。従属
文の初めにある je に着目すれば，選択肢 **2** の nachdem が正解であることがわか
ります。je nachdem で一つの従属接続詞で「～次第で，～に応じて，～に比例
して」という意味になります。文全体の和訳は，「人工知能は，それがどのように

使われるか次第で，人間の生活を豊かにもできるし破壊することもできる」となります。［正解率 24.68%］

**(3)** 主文と zu 不定詞句「まだ数年間働かなければならないこと」の関連性を見落とさないようにしましょう。主文で，sich⁴ einstellen という再帰動詞が用いられています。この場合一緒に使われる前置詞は auf で 4 格支配です。sich⁴ auf et⁴ einstellen で「〜に適応する，〜に対する心の準備をする」という意味になります。つまり，auf et⁴ の et にあたる部分が zu 不定詞句の内容なので，それを先取りする da(r)- と結びついた darauf が空欄に入ることになります。正解は選択肢 **2** です。文全体の意味は「彼は，まだ数年間働かなければならないと心の準備をした」です。［正解率 49.37%］

**(4)** 第 1 文と第 2 文は，並列接続詞 aber で結ばれています。第 2 文は「しかし，資金が欠けている」という否定的な内容である一方，aber の前の第 1 文では der Plan ist gut と述べられているので肯定的な内容です。このような場合，「〜自体はよいのだが，しかし…」という文脈で使える表現として als solcher があります。正解は選択肢 **3** の solcher です。文全体の意味は「その計画自体はよいのだが，しかしその計画を実現させるような資金がない」です。難度が高い問題だったかもしれませんが，ポイントは als solcher をひとかたまりで覚えること，使われる文脈では肯定的な内容と否定的な内容が並んでいて als solcher は肯定的な内容の文で使われること，多くの場合 aber といった逆接の意味を持つ接続詞が使われることです。［正解率 20.57%］

◇この問題は 12 点満点（3 点×4）で，平均点は 3.92 点でした。

**3 解説のまとめ**

＊この設問では 2 語以上でひとまとまりになる表現ばかりを問うています。該当する表現を覚えていることはもちろんですが，文構造をとらえることも解答のヒントを得るのに役立ちます。問題文をしっかり読み，どういう語順であるかをよく確認しましょう。

＊これらは少し難しい表現かもしれませんが，さまざまな文例に接しながら，少しずつ語彙力を高めていきましょう。該当する表現のリストが掲載された中・上級向けの文法書や問題集も参考になります。

$\boxed{\text{正 解}}$ （1）（a） 3　（b） 1　（c） 2　（d） 1

　　　（2） 1，4，6（順不問）

　この問題は，長めのテキストを読み，その内容に適合する語や文を選ぶことで，テキストの意味が把握できているかどうかを問うものです。出典は，オンライン版《Frankfurter Allgemeine》紙の記事 „Bienen als geflügelte Fahnder“（2020 年 3 月 20 日閲覧）からの引用です。出題にあたっては，一部を割愛し，表現に修正を施しました。テキスト全体の内容は以下の通りです。

内容：

　　麻薬捜査官あるいは爆発物捜査官としてのミツバチ？ 初めは，ばかげているように聞こえる。しかし，よりよく考察してみると，なぜこれが税関や警察でとうの昔に一般的な方法として取り入れられていないのかという疑問が浮かび上がる。この小さな生き物は，フェロモンと呼ばれるにおいを介して互いに通信し，数キロメートルの隔たりをも超えて，ごく微量の分子ですら（a）ことができるのだ。育成に数年を要し，20 分働くごとに休憩が必要な従来の探知犬に対して，ミツバチは，より長時間働けること，より優れた知覚を有していること，より短時間で条件づけができること，そして，より低コストであることの点で，高く評価されるのだ。このことは，2 年前からギーセン大学でミツバチの学習行動について博士論文を執筆しているメーレ・バートリングが報告している。

　　「その用途はほとんど無制限です」と，彼女（バートリング）の指導教授であり，植物病理学および応用動物学研究所の所長であるアンドレアス・ヴィルチンスカスは補足する。ヴィルチンスカスが言うには，ミツバチは，例えば空港や国境で，コカインやヘロインといった薬物，あるいは，爆発物の探索に用いることができる。掃除機のような装置で手荷物の空気を吸い込み，特定のにおいに反応するよう条件づけられたミツバチの入った小箱にその空気を流し込む。そのミツバチが反応すれば，トランクの中にはかなりの確率で（b）物質が存在するとのことである。アメリカ合衆国ではすでにしばらく前からこの方法が取り入れられているとのことだ。

　　バートリングは，負の刺激を用いた「嫌悪の条件づけ」に研究の主眼を置いている。ミツバチは，6 センチメートル×6 センチメートル×15 センチメートルのアクリル製板の小箱に入れられる。ミツバチが他のあらゆる刺激から確実

に遮断されるよう，小箱はおもちゃのプラスチック製ブロックで作られた壁に取り囲まれている。小箱の半分にはあるにおいが流し込まれ，もう半分はにおいのない状態が保たれる。ミツバチがにおいのついたコーナーに来ると，一瞬，ごく微弱な電気ショックを受ける。においのないコーナーにいるときには電流は流れない。わずか15分足らず (**c**)，ミツバチはこのにおいに対して顕著な逃避行動を起こすようになったのだ。砂糖水を用いて褒美を与える方法では，条件づけには1日を要した。

　このギーセンの科学者たちは，ヴィースバーデンの州刑事局と協力し作業を行った。彼らは，警察の実験施設において携帯可能な機器を用い，また，警察の (**d**) の下，純粋なヘロインとコカインを用いて実験を行った。ミツバチが製剤添加物にではなく薬物に反応することを確かめるため，街で売られている商品も実験対象に加えられた。1匹のミツバチが複数のにおいを感知できるようになるかどうかはまだ調査されていないとバートリングは述べている。彼女は自分の経験から，条件づけは一生涯にわたり持続すると考えている。とはいえ，普通のハタラキバチは6週間しか生きられないのだが。

　(**1**) の問題は，本文中の空欄に入りうる最も適切な語を選択肢から選ぶものです。空欄の前後の文章の正しい理解，選択肢に挙げられている語の意味および語法に関する知識が問われています。

　(**a**) は動詞を選ぶ問題です。選択肢 **1** の anbringen は「設置する，持ってくる」，選択肢 **2** の sammeln は「集める」，選択肢 **3** の wahrnehmen は「知覚する」，選択肢 **4** の wegnehmen は「取り去る」という意味です。選択肢 **1〜4** で解答が同程度の割合で分かれていましたが，「この小さな生き物は，フェロモンと呼ばれるにおいを介して互いに通信し，数キロメートルの隔たりをも超えて，ごく微量の分子ですら (**a**) ことができる」すなわち，「数キロメートル離れていても，互いに通信するのに必要なフェロモンがわかる」という文意に合致するのは選択肢 **3** の wahrnehmen です。よって，正解は選択肢 **3** です。［正解率 28.16%］

　(**b**) は形容詞を選ぶ問題です。ここでのポイントは，ミツバチが薬物や爆発物の捜査に用いられているという状況と，どのような場合にミツバチが反応するのかについての記述を正しく把握することです。選択肢 **1** の illegale (違法な) を「(**b**) Substanzen (物質)」にあてはめると，「特定のにおいに反応するよう条件づけられたミツバチ」が「特定のにおい」すなわち「コカインやヘロインといった薬物，あるいは，爆発物」などの「違法な物質」に反応したとなり，文脈に最

もふさわしくなります。よって正解は選択肢 **1** です。なお，選択肢 **2** の kostspie-lige は「高価な」，選択肢 **3** の unbekannte は「未知の」，選択肢 **4** の winzige は「微量の，取るに足らない」という意味です。［正解率 60.76%］

(**c**) は前置詞を選ぶ問題です。ここではミツバチの条件づけがテーマとなっており，空欄を含む文の一つ前の文で，具体的にどのような方法で条件づけがされるのかが述べられています。また，空欄を含む文の一つ後の文には，「砂糖水を用いて褒美を与える方法では，条件づけには 1 日を要した」とあり，条件づけにかかる時間が問題であることがわかります。よって，時間の経過を表す選択肢 **2** の Nach を空欄に入れ「わずか 15 分足らず経つと，ミツバチはこのにおいに対して顕著な逃避行動を起こすようになった」とするのが適切です。正解は，選択肢 **2** の Nach です。［正解率 66.14%］

(**d**) は名詞を選ぶ問題です。選択肢 **1** の Aufsicht は「監視」，選択肢 **2** の Druck は「圧力」，選択肢 **3** の Unterstützung は「支援」，選択肢 **4** の Verdacht は「嫌疑」という意味です。いずれも前置詞 unter と結びつくことができますが，空欄を含む文の一つ前の文に「ヴィースバーデンの州刑事局と協力し作業を行った」とあることから，選択肢 **2** の Druck，選択肢 **4** の Verdacht は文脈に合致しません。また，33.23% の解答が選択肢 **3** を選んでいましたが，そもそも違法薬物である「ヘロインとコカイン」を使用することは警察の「支援」ではなく，警察による厳しい「監視」のもとであったと判断するのが妥当です。よって，正解は選択肢 **1** の Aufsicht です。［正解率 25.32%］

(**2**) は，テキストおよび選択肢の内容を正しく理解しているかどうかを問う問題です。

選択肢 **1** は「ミツバチを麻薬捜査官や爆発物捜査官として投入した場合，従来の探知犬よりも費用がかからない」という意味です。これは，第 1 段落後半のミツバチと探知犬との比較において列挙されているミツバチを利用した場合の利点に，mit (...) geringeren Kosten（より低コストである）として言及されています。よって，選択肢 **1** は正解です。［正解率 55.38%］

選択肢 **2** は「この研究は，麻薬や爆発物発見のために空港と国境に限定してミツバチを利用することに専念している」という意味です。ミツバチの利用に関しては，第 2 段落で具体例が挙げられていますが，空港や国境は一例であり，「その用途はほとんど無制限」とあります。したがって，選択肢 **2** は不正解です。

　選択肢 **3** は「アメリカ合衆国では，ミツバチはいくつかのにおいを区別でき，複数の薬物を発見できるとの報告がある」という意味です。第 2 段落の最後の文でアメリカ合衆国での実例が言及されていますが，ここでは「しばらく前からこの方法が取り入れられている」，つまり，すでにミツバチを用いた薬物や爆発物の捜査方法が導入されていることが述べられているのみです。「いくつかのにおいを区別」し「複数の薬物を発見」できるといったことはテキストでは書かれていません。よって，選択肢 **3** は不正解です。

　選択肢 **4** は「短く，ごく微弱な電気ショックという負の刺激を用いたミツバチの条件づけは有効であることが明らかになった」という意味です。第 3 段落において，「砂糖水を用いて褒美を与える方法」との比較がされており，電気ショックを用いた場合のほうが条件づけに要する時間が短くて済むと述べられています。したがって，選択肢 **4** は正解です。［正解率 50.95%］

　選択肢 **5** は「ミツバチは，砂糖水を褒美として与えられれば，一日中休まずに働き続けられる」という意味です。第 3 段落の最後の文に「砂糖水」や「1 日」という語が出てきますが，ここでは「砂糖水を用いて褒美を与える方法では，条件づけには 1 日を要した」，つまり 1 日というのは条件づけのためにかかる時間のことであって，ミツバチが働く時間のことではありません。よって，選択肢 **5** は不正解です。

　選択肢 **6** は「この博士論文執筆中の女性は，一度ミツバチが特定のにおいに条件づけられれば，その条件づけは一生涯にわたり持続すると推測している」という意味です。これは，第 4 段落の「彼女は自分の経験から，条件づけは一生涯にわたり持続すると考えている」と合致しています。したがって，選択肢 **6** は正解です。［正解率 58.54%］

◇この問題は 24 点満点（配点 (**1**) 3 点×4，(**2**) 4 点×3）で，平均点は 12.01 点でした。

┏━━┓
┃**4**┃ **解説のまとめ**
┗━━┛
　＊ドイツ語は，同じ動詞や語の連続を避ける傾向があります。長文を読んでいて知らない語に出会ったら，前後の文を読み，言い換えられている語がないかを探してみましょう。また，文脈から語意を推測することも重要です。
　＊とりわけ新聞記事や学術的なテキストにおいては，しばしば長い名詞句が

登場します。長い名詞句の多くは，名詞化された動詞を含んでいます。名詞が続き読みにくいと感じたら，一旦，名詞化された形を動詞に戻してみると読みやすくなることがあります。その際には，その動詞が他動詞として機能しているのか，自動詞として機能しているのか，あるいは名詞句の中のどの語が名詞化された動詞の目的語にあたるのか，といったことに注意しながら読み進めましょう。

# 5 図表を含んだテキスト内容の理解

正解 **(1)** **(i)** 1　　**(ii)** 3　　**(iii)** 3　　**(2)** 4
**(3)** 1，5（順不問）

　グラフと解説文から必要な情報を読み取る問題です。出典はオンライン版《Welt》紙の記事 „Deutschlands Lehrer sprechen von einer Sieben-Tage-Arbeitswoche"（2020 年 3 月 16 日閲覧）です。ドイツ教員組合の委託で，ロストック大学病院がギムナジウムの教員を対象にオンラインで実施した調査結果です。出題にあたり，記事の一部を削除し，表現を変更しました。

　**(1)** は空欄に入りうる最も適切な選択肢を選ぶ問題です。空欄 **(i)** は，自身の仕事に満足していないギムナジウムの教員の割合を問うものです。Abb. 1 のグラフによると，仕事に不満を抱いている教員の割合は「どちらかというと不満である」（eher unzufrieden），「不満である」（unzufrieden），「非常に不満である」（sehr unzufrieden）の合計になります。したがって，正解は選択肢 **1** の「15%」です。[正解率 93.04%]

　空欄 **(ii)** では，ストレスの要因として「行動に問題のある生徒」（verhaltensauffällige Schüler）を挙げた教員の割合が問われています。Abb. 2 のグラフで，「行動に問題のある生徒が授業の妨げとなる」（verhaltensauffällige Schüler stören Unterricht）と答えている教員は 51% なので，選択肢 **3** の die Hälfte（半分）が正解です。[正解率 94.94%]

　空欄 **(iii)** では，授業外の業務が減ることを望んでいる教員の割合が問われています。Abb. 3 の außerunterrichtliche Aufgaben verringern（22%）が相当しますが，解答は「〜人に 1 人」（jeder＋序数）という表現でなくてはなりません。したがって，選択肢 **3** の fünfte（5 人（に 1 人））が正解です。[正解率 60.44%]

（**2**）は空欄に入る適切な語の組み合わせを選ぶ問題です。空欄（**A**）は，どれだけの教員が自身の仕事に満足しているかについてです。テキストと Abb. 1 のグラフを参照すると，合計 85% の教員が満足していると答えており，「多数」の教員が自身の仕事に満足していることになります。したがって，正解は選択肢 **2** の Vielheit あるいは選択肢 **4** の Mehrheit です。空欄（**B**）は，クラスの状況に対する教員の批判です。教員のストレスの要因として，Abb. 2 のグラフではじつに 95% の教員が「生徒間の能力差が大きい」（große Leistungsunterschiede zwischen Schülern）ことを挙げています。また，テキストの第 4 段落で，小学校以降の学校選択に際し教員の判断が無視されること，ギムナジウムに通わせたい親の意向が支配的でそのような生徒がギムナジウムに進学するので結果としてクラス内の能力差が大きくなることが述べられています。選択肢 **3** の vielschichtigen，あるいは選択肢 **4** の verschiedenartigen が正解です。空欄（**C**）は，仕事の負担が増えることによって一部の教員がどのような状態に陥るかについてです。空欄（**C**）の直後で，ベルリンのギムナジウムの教員トーマス・バウアー氏は「精神的にまいってしまい長期にわたって患っている教員が 1 人もいないような学校はベルリンにはおそらくほとんどない」と語っています。それにより，選択肢 **2** の depressiv あるいは選択肢 **4** の krank があてはまります。以上を総合すると，正解は選択肢 **4** となります。[正解率 66.46%]

（**3**）はグラフおよび本文の内容と合致している文を選ぶ問題です。

選択肢 **1** は「アンケートによれば，教員は時間を自由に配分できて自分の裁量で授業を行うことができるため，自身の仕事に満足している」という意味です。第 3 段落で，教員が自身の仕事に満足している要因として「自由な時間配分と授業における自律性」が挙げられています。したがって，選択肢 **1** は正解です。[正解率 55.70%]

選択肢 **2** は「子どもたちが上級の学校へ進学する際，親の意向は大きな役割を果たさない」という意味です。第 4 段落で，進級の際は教員の判断ではなく「親の意向が支配的である」と述べられています。したがって，選択肢 **2** は不正解です。

選択肢 **3** は「トーマス・バウアーの学校では，学校の心理カウンセラーが行動に問題のある生徒のケアをしている」という意味です。第 5 段落でバウアー氏は，本来は心理カウンセラーがこのような問題を解決するべきであるが財政的にも人材的にも不可能であるため，多くの場合，教員がその任務に携わっていると述べています。したがって選択肢 **3** は不正解です。ちなみに，選択肢 **3** を選んだ解答

が 50.63% ありました。しかし、第 5 段落の Viele dieser Probleme müsste eigentlich ein Schulpsychologe klären. は接続法第 II 式で書かれており、バウアー氏が勤務する学校には心理カウンセラーはいないことがわかります。

　選択肢 **4** は「この調査は、教員は十分な休憩時間を与えられ、学校の設備も整っていることを示している」という意味です。第 6 段落で教員たちの休憩時間や休憩場所が足りないことと学校の設備が不十分であることが述べられています。したがって、選択肢 **4** は不正解です。

　選択肢 **5** は「教員にとっては、授業時間数を増やすことより子どもたちが将来の職業に備えるのを手助けすることのほうが重要である」という意味です。Abb. 3 のグラフでは「授業時間数を減らすこと」（Anzahl der Unterrichtsstunden senken）を望んでいる教員が 46% にのぼっており、テキストの最終段落では、教員にとって本当に大切なのは「将来の職業に向かって歩む子どもたちに付き添うこと」と述べられています。選択肢 **5** は正解です。［正解率 67.09%］

◇この問題は 16 点満点（配点 (**1**) 2 点×3, (**2**) 2 点×1, (**3**) 4 点×2）で、平均点は 11.21 点でした。

---

### ▌5▐　解説のまとめ

＊パーセント (%) 以外の割合を示す表現も覚えておきましょう。jeder と序数を用いた表現 jeder fünfte（5 人に 1 人）、von を用いた zwei von fünf（5 人に 2 人）などがあります。

＊グラフのどの項目の数値が問われているのかを把握することが大切です。場合によっては、いくつかの項目を合計する必要があるので、本文と選択肢をよく照らし合わせて考えましょう。

＊テキストの内容把握にあたって、グラフの数値に直接関係ない情報も重要です。必要であればメモを取りながら、テキスト全体の論旨を読み取りましょう。

---

# ▐6▌　会話文の再構成

正解　(a) 2　(b) 5　(c) 1　(d) 6　(e) 4　(f) 3

　インタビュアーの質問に対する回答として適切なものを選択する形式の問題です。会話文を理解するためのキーワードを見落とさず、全体の流れを掴むことが重要です。

　テキストは，IT企業 Digital Enabler の経営者ラッセ・ラインガンス氏へのインタビューで，彼の会社で実践している8時から13時までの5時間労働について語られています。出典はオンライン版《Zeit》紙の記事 „Um 13 Uhr ist normalerweise Feierabend"（2020年3月19日閲覧）です。出題にあたり，記事の一部を削除し，表現を変更しました。

　まず，5時間労働の1日はどのようなものか，という質問に対する回答が (**a**) に入ります。「私たちは8時に仕事を開始し，通常は13時に終業となります。それがうまくいくために，仕事は8時きっかりにきちんと始めます。きちんとというのは，集中して静かに，という意味です。以前，オフィスではたいていなんらかの音楽が流れていました。今では音楽はなしです。ミーティングも1時間から15分に短縮しました ― 世間話をなくし議事項目が明確であれば，たいていはそれでやっていけます。さらにメールチェックは1日2回だけと決めました。通知やポップアップ・メッセージといった，注意散漫になるものは何であれ避けたいのです」と職場の様子や仕事中の取り決めについて具体的に述べている選択肢 **2** が正解です。［正解率 71.52%］

　次に，コーヒーや喫煙のための休憩もあまり歓迎されない5時間労働というのは，厳しい規則に縛られるという代償を伴うのではないかと問われます。(**b**) では厳しい規則が受け入れられている背景を説明する必要があります。選択肢 **5**「もちろん私たちには規則がありますが，それらを繰り返し話し合って改定もしています。仕事を効率よく進めるには，まさにチーム全員の支持が必要です。とはいっても，規則よりさらに重要なのは，自己責任と自分を律することです」が正解です。［正解率 66.14%］

　(**c**) に対する質問は，5時間労働が当初は「実験」（Experiment）として企画されたのに，なぜ続けることになったのかということです。したがって「実験」から継続に至った経緯や理由が回答として求められています。その観点から見ると選択肢 **1** が正解となります。選択肢 **1** の内容は次の通りです。「私は何よりもまずそのプロジェクトが失敗するのではという不安があったので，5時間労働を実験と呼びました。うまく行かなかったときの逃げ道がほしかったのです。ところが私たちはこれまでと同様に受注もあり利益も出しています。それに加えて，このプロジェクトはマスメディアを通じて大きな反響があったため，こう思うようになりました。私たちは被雇用者も雇用者もすごいと感じることを成し遂げたんだ ― だから続けることは私たちにとって苦ではなかったのです」。なお，選択肢 **6** を選んだ解答が 28.80% ありました。たしかに，選択肢 **6** では「実験段階」

（Experimentierphase）という語が出てきますが，ここではむしろ実験段階の後で，5時間労働を正式に導入した際に生じた問題点について述べられています。［正解率 40.51%］

　（**d**）は「（5時間労働への）切り替えは本当に痛みを伴わなかったのですか？」に対する答えです。正解は選択肢 **6** で，内容は次の通りです。「実験段階で私が予想していなかったことは，できる限り短時間で効率よく仕事をするとチームという文化が損なわれうるということでした。チームというものは，共同作業だけでなく，個人個人の交流もあってはぐくまれるものなんです。すぐにわかったことは（5時間労働）モデルを機能させるのであれば，私たちはチーム内イベントが必要なんだということでした。現在は毎週金曜日の終業後には料理教室，そして仕事とは関係ないテーマに関しても意見交換できる共同イベントもときおり開催しています」改革は痛みを伴わなかったのかという質問なので，die Teamkultur darunter leiden könnte が手がかりとなります。［正解率 37.97%］

　次の質問は，以前と比べて従業員の生産性は高まったのか，です。したがって，（**e**）では5時間労働の生産性について述べなければなりません。ラインガンス氏が経営する会社の「生産の過程」（Kreativprozesse）や，5時間労働モデルを最初に採用した米国企業の「生産性の向上」（Produktivitätssteigerung）について述べている選択肢 **4** が正解です。内容は次の通りです。「生産の過程を正確に計測することはできません。それに私は，従業員1人1人を毎日チェックする気など毛頭もありません。（5時間労働）モデルを最初に導入したステファン・アーストルは，米国のパドルボード会社の経営者ですが，40% の生産性向上があったと報告しています。私たちにとって重要なのは，今まで従業員が8時間でなし遂げたことと同じことを達成することです。労働時間が短くなっても私たちは12時間労働の企業に対抗できていますし，顧客の要望に答えています。そして従業員は1日の終わりには心身のバランスを保つこと，私的なこと，自己発見やリラックスのためにより多くの時間を持っているのです」［正解率 66.46%］

　最後に，業種によっては5時間労働の導入は難しくないか，例えば病院を13時に閉めることはできないのではないかと問われています。（**f**）では5時間労働を他の業種でも導入できるかどうかの説明が求められています。病院を例に挙げて説明している選択肢 **3** が正解です。内容は次の通りです。「このモデルがどの業種でも機能するものではないということはよく耳にします。病院の例に話を戻しますが，先日，病院勤務の知り合いと話をする機会がありました。彼が言うには，病院では薬の仕分けのための人員が割り当てられているということでした。そのような仕事は，機械のほうが私たちよりもずっと速く，上手にできる類いの

一つに過ぎません。そもそもどこで時間の節約が可能か？と思案することが今，求められているのです。総じて労働文化の変革の話なんです。そんなこと成功するわけがないとまずは思われてしまうような他の職業にも通じる話なんです」［正解率 57.59％］

◇この問題は 24 点満点（配点 4 点×6）で，平均点は 13.61 点でした。

### 6 解説のまとめ

＊対応する質問と回答には，共通のあるいは類似した語が含まれていることがありますが，それだけを手がかりにすると質問と回答がかみ合わない場合があります。文章全体をよく読んで整合性を確認しましょう。

＊この文章は米国の企業を参照していることもあり，本文中に英語が散見されます（Meeting, Team, Events など）。また，ドイツ語と英語がミックスされた語もあります（Kochclub）。日常生活で英語はドイツ語圏に広く浸透しており，特に IT 関連などの新しい分野では頻繁に用いられることを意識しておきましょう。

## 7 テキスト内容の理解

正解 1，6，7，8（順不問）

長文を読み，その内容に合致する選択肢を選び出す形式の問題です。出典はオンライン版《Zeit》紙 2019 年 6 月 27 日付の記事 „Die Angst des Arztes vor KI"（2020 年 3 月 20 日閲覧）です。なお，出題にあたっては修正を施しています。この記事では，人工知能の医療現場への導入がどのような影響を及ぼすか，という問題が複数の視点を織り交ぜつつ論じられています。

内容：

存在の不安を引き起こすような情報が，ある種の人々からもたらされている。米国の放射線医師会は，放射線医学は今後数年間のうちに決定的な変化を迎えると予見している。根拠は，人工知能の到来である。コンピュータは医師の仕事を取り上げるだろう，なぜならコンピュータは将来，多くのことをよりよくできるからだ。例えば CT あるいは MRI の画像から悪性の腫瘍や肺炎を放射線科医よりも確実かつ迅速に発見できる。これが不安の理由だろうか？

医師会はそうは考えておらず，人工知能を医師のライバルでなくむしろ助手とみなしており，最終的な診断をくだすのはこれまで通り医師の役割であると

いう見解である。とはいえ人工知能の威力についての情報は放射線科医たちを動揺させるだろうし，医師の多くは近いうちにお荷物になるのではないかと危惧するだろう。

　人工知能が医師にとって非常に有能な助手になり得るのであれば，医師は別の事柄に時間を割くことができるだろう。例えばより多くの時間を患者に費やすことが可能となる。放射線科医だけでなく，医療関連の少なからぬ領域でそうなるかもしれない（以前から，見るのはレントゲン画像だけで，患者のことは見ていないではないかと疑われている放射線科医は多い）。

　今日の医療に対する非難は，器具医療でしかない現状に向けられている。つまり，医師は患者に時間を割かない，患者の言うことに耳を傾けない，患者と話をしない。たいていの場合，根拠なくこのように非難されているわけではない。医師が患者のために費やす時間がほぼ皆無であることは，多くの患者が診療を受ける際に経験していることである。医師は患者と話をしてどんな風に具合が悪いのかを尋ねる代わりに，最新器具による検査をオーダーする。

　入院患者は，ほとんどの場合せいぜい朝の回診で医師を目にするだけで，数分後には医師はもういない。医師は次の患者のところへ行かねばならない。なぜならあっという間に時間はたつから，なぜなら診察室ではたくさんの仕事が医師を待ち受けているから：心電図検査の結果分析，血液検査の判定，レントゲン画像の見立てなどなど。そして極めつけは書類の山！

　もしコンピュータの力がこうした仕事の多くを処理できるなら，医師の負担を減らして貴重な時間を与えてくれるだろう。その時間というのは患者のためであって，望むらくはお役所仕事のためではない。こう言うのにはわけがある。もし人工知能が医療現場に導入されたら，病院の経営者や幹部が，本来の医療業務とまったく関係ない仕事をさらに医師に課すという事態が生じるかもしれないからだ。そうなることに医師は抵抗しなければならない。とはいえ，医師には人工知能の導入をあるがままの姿で受け入れてほしい。それはつまり，絶好の機会であって脅威ではないのだと。

以上の内容を踏まえて，選択肢を点検していきましょう。

　選択肢1は「米国の医師会の見解によると，人工知能の使用は近い将来，放射線医療における大きな転換点となるだろう」という意味です。本文の第1段落で同様の内容が述べられています。したがって選択肢1は正解です。［正解率76.58％］

　選択肢2は「今日，どの医師も存在の大きな不安を感じざるを得ないのは，そ

れは彼らが非常に複雑で扱いが困難なコンピュータのシステムに習熟しなければ
ならないからだ」という意味です。本文の第1段落ではコンピュータがなし得る
ことについては述べられていますが，それが複雑で扱いづらいかについては触れ
られていません。また，コンピュータを利用にするにあたっての技術的な問題が
医師の不安の原因であることも述べられていません。したがって選択肢2は不正
解です。

　選択肢3は「ほとんどの放射線科医は人工知能を信頼できて親しみを覚える仕
事仲間とみなしている，と医師会は確信している」という意味です。本文第2段
落では，放射線医師会の意見として人工知能が医師の助手として機能すると述べ
られていますが，これはあくまで医師会の考えです。現場の医師は人工知能の導
入によって仕事が奪われるのではないかと不安を感じていることがすでに第1段
落で述べられています。そのため本文の内容に合致しません。したがって選択肢
3は不正解です。なお，選択肢3を正解とする解答が54.75％ありましたが，本
文で紹介されているのは，現場の医師の多くが人工知能に対して抱いているのは
存在の不安であって，親愛の念ではない点に注意が必要です。

　選択肢4は「人工知能がまるで人間の医師のように働くことを今日では誰も
疑っていない」という意味です。本文の第2段落で，最終的な判断は人間の役割
である，という医師会の見解が示されています。つまり，いかに人工知能が優秀
であっても，人間の医師と同等の位置づけはできないことが読み取れます。した
がって選択肢4は不正解です。

　選択肢5は「器具医療という語は，今日のように頻繁にコンピュータのような
科学技術機器を使って行われる診療のことであると理解できる」という意味です。
Gerätemedizin（器具医療）という語が用いられているのは本文の第4段落です
が，この語がどのような文脈で用いられているかを把握するためには，第3段落
および第4段落の Gerätemedizin 以降の文章を正確に理解する必要があります。
第3段落では医師が患者のために時間を割いていないことが，第4段落では，患
者と話さず患者の話も聞かない，最先端の機器に検査させるのみという現状が非
難されていると書かれています。したがって選択肢5は不正解です。なお，選択
肢5を正解とする解答は58.23％ありました。当該の文脈での「器具医療」とは，
患者とコンタクトをとらない診療という意味です。器具医療という概念は Ap-
paratemedizin とも言われます。先端技術の機器による診療という意味を持つ一
方，患者に向き合わない診療として批判的な文脈で使われることの多い表現です。
この反対概念は sprechende Medizin です。

　選択肢6は「医師たちが批判されるのは理由がないわけではない，というのも，

彼らが患者と言葉を交わして診察することはますますまれになっているからだ」
という意味です。本文第4段落および第5段落で，医師に対する批判が具体的に
述べられています。本文の内容に合致しているので，選択肢 **6** は正解です。［正
解率 39.56％］

　選択肢 **7** は「医師が入院患者1人1人に時間を割くことができないのは，医師
が回診以外にたくさんの他の仕事があろうことによる」という意味です。本文の
第5段落で，医師が患者の回診の他に多くの業務をこなさなければならないこと
が具体例を挙げて説明されています。したがって選択肢 **7** は正解です。［正解率
66.77％］

　選択肢 **8** は「このテキストの筆者は，人工知能の医療現場への導入を有益なも
のとみなすように勧めている」という意味です。本文の最終段落で，人工知能の
導入に関する筆者の意見が述べられています。それを端的に示すのが eine Chan-
ce, keine Bedrohung（好機であって，脅威ではない）です。ここから，人工知能
は医師を脅かすものではなく，むしろ益するものであると考えるべきだという筆
者の立場が読み取れます。したがって選択肢 **8** は正解です。［正解率 72.78％］

◇この問題は 16 点満点（配点 4 点×4）で，平均点は 10.23 点でした。

---

## ■7 解説のまとめ

＊長文問題では文章の要旨を理解するだけでなく，それぞれの文や語が持つ
　細かなニュアンスを検討しつつ読み解いていくことが重要です。とりわけ
　本テキストでも見られる，アイロニカルな言い回しや比喩的な表現は，文
　字通りに理解すると正確な意味を取りちがえることにもつながります。こ
　うした場合，前後の文脈との関連から読み進めていくことが必要になりま
　す。また，本テキストのように専門用語が多く使われている文章でも，前
　後の文脈を参考にすることで語の意味のおおよその見当をつけることがで
　きます。
＊選択肢が挙げられている読解問題では，本文および選択肢で使われている
　表現を比較検討することが重要です。本文と選択肢とで別の表現が用いら
　れている場合，本文では言われていない意味が加わり，微妙なズレが生じ
　ている場合もあるので注意が必要です。

# 【聞き取り試験】

## 第1部 テキスト内容の理解

正解 (**A**) 1　(**B**) 2　(**C**) 1　(**D**) 3

　テキストの内容を理解し，指示された情報を聞き取る形式の問題です。読み上げられたテキストと選択肢は，以下の通りです。なお，(**A**)～(**D**) の質問文は「解答の手引き」に印刷されています。

　出典は，n-tv のウェブサイトに掲載された記事 „Schluss mit Schnitzel und Steak? Bald gibt es viel mehr Kunstfleisch" (2020 年 3 月 20 日閲覧) です。出題にあたり，テキストを抜粋し一部の表現に修正を施しています。

Ein Drittel aller Landflächen der Erde wird für Tierhaltung genutzt. Entweder weiden Rinder und andere Nutztiere darauf oder es sind Felder, auf denen Futter für die Tiere angebaut wird. Eine stetig wachsende Weltbevölkerung kann sich diese Platzverschwendung nicht mehr lange leisten. Hinzu kommt, dass landwirtschaftliche Tierhaltung enorm schädlich für die Umwelt ist: Dünger für die Futterpflanzen sickert in die Böden, Antibiotika gelangen ins Grundwasser, methanhaltige Rülpser von Kühen, Schafen und Ziegen belasten das Klima.

Landwirtschaftsexperte Carsten Gerhardt von der Unternehmensberatung A.T. Kearney sagt es deutlich: „Wir stehen vor nichts weniger als dem Ende der Fleischproduktion, wie wir sie kennen." Schon 2040, so prophezeit eine von ihm mit durchgeführte Studie, werden nur noch 40 Prozent des verzehrten Fleisches solches sein, wie man es bisher kennt. Der größere Teil wird demzufolge mit rund 35 Prozent gezüchtetes Fleisch aus der Petrischale sein. Vegane Fleischersatzprodukte würden dann rund ein Viertel des neuen Fleischkonsums darstellen.

Einige Fleischersatzprodukte liegen bei Vegetariern schon lange auf dem Teller: Die Grundstoffe sind beispielsweise Soja oder Weizen. Wahre Fleischliebhaber konnten sich dafür bislang allerdings nicht erwärmen.

Das könnte sich bald ändern: wenn nämlich Laborfleisch marktreif wird! Einer der Pioniere auf diesem Gebiet: das Unternehmen Aleph Farms aus Israel. Die Forscher der Firma haben einen Weg gefunden, um aus einzelnen Kuhzellen Muskelgewebe wachsen zu lassen. Mit einer 3D-Textur, die sich vom echten Steak kaum unterscheiden soll.

Laborfleisch ist aber nur ein Weg, die jetzige Tierhaltung überflüssig zu machen. Neuartige vegane Alternativen sind ein anderer Weg.

Wer es gesund will, darf sich aber auf einige der anderen Kreationen freuen, an denen Forscher derzeit tüfteln: Produkte aus Algen zum Beispiel. Diese Meeresbewohner stecken voller Proteine und lassen sich klimaschonend und kostengünstig züchten. Als Nahrungsergänzungsmittel gibt es zum Beispiel schon Chlorella. Eine Ähnlichkeit zu Fleisch sollte man bei diesen Ausgangsstoffen allerdings nicht erwarten. Ernährungswissenschaftlich kommt es aber sowieso hauptsächlich auf den Proteingehalt an. Kohlenhydrate und Zucker stehen weltweit ausreichend zur Verfügung — hochwertige Proteine dagegen sind in vielen klimatisch extremen Regionen der Erde Mangelware.

Ideal wäre eine Proteinquelle, für die man keine Landwirtschaft bräuchte — die damit überall verfügbar wäre. Gibt es nicht? Doch, selbst das gibt es: Das finnische Start-up Solar Foods wirbt damit, Nahrung aus Luft herzustellen. Das sieht so aus, dass sie Bodenmikroben mit $CO_2$ und ein paar Vitaminen füttern — und schon stellen die Mikroben brav hochwertige Proteine her. Die kann man dann als Pulver richtigen Lebensmitteln beimischen — sei es Fleischersatz, Brotteig oder Joghurt. Der Fantasie sind dabei keine Grenzen gesetzt.

質問 (**A**) Warum ist die heutige Nutzung der Landflächen der Erde durch Tierhaltung in Zukunft nicht mehr nachhaltig?

**1** Weil die Weltbevölkerung stetig wächst.

**2** Weil ein Drittel aller Landflächen der Erde bereits durch Dünger verschmutzt ist.

**3** Weil es an Futter für Kühe, Schafe und Ziegen mangelt.

**4** Weil Kühe, Schafe und Ziegen vom Aussterben bedroht sind.

質問（**B**）　Wie viel Prozent des Fleischkonsums könnten bis 2040 durch gezüchtetes Fleisch aus der Petrischale ersetzt werden?

**1**　30%

**2**　35%

**3**　40%

**4**　45%

質問（**C**）　Was macht das Unternehmen Aleph Farms?

**1**　Aleph Farms entwickelt eine Technologie, um aus einzelnen Kuhzellen Muskelgewebe zu züchten.

**2**　Aleph Farms erforscht ein Medikament, um Kühe schneller wachsen zu lassen.

**3**　Aleph Farms produziert alternatives Fleisch aus Soja oder Weizen.

**4**　Aleph Farms stellt spezielle 3D-Drucker für Lebensmittel her.

質問（**D**）　Was erwartet man von neuartigen, veganen Fleischalternativen?

**1**　Einen Geschmack, der Fleischliebhaber zufriedenstellen kann.

**2**　Niedrigerer Vertriebspreis als reguläres Fleisch.

**3**　Verfügbarkeit hochwertiger Proteine in Gebieten mit extremem Klima.

**4**　Vermeidung von Schäden an der Meeresumwelt durch Algen und Chlorella.

　（**A**）の質問文は「畜産による今日の地球の土地利用が将来的に持続不可能になるのはなぜか」という意味です。その理由は，テキスト第1段落の第3文以降で述べられています。具体的には，世界人口が恒常的に増加を続けているために現在のような土地利用は続けられないこと，それに加えて畜産により環境が汚染されていること，の二つが挙げられています。前者が選択肢**1**の内容と合致しています。よって，正解は選択肢**1**です。選択肢**2**の ein Drittel aller Landflächen der Erde（地球の総面積の3分の1）という語句はテキスト冒頭に出てきますが，これは「現在畜産に利用されている面積」であって，「すでに肥料で汚染されている面積」ではないため，選択肢**2**はテキストの内容と合致しません。また，選択

肢 **3** はテキストでは言及されていないため，不正解です。［正解率 23.73%］

（**B**）の質問文は「2040 年までに肉の消費量の何パーセントがペトリ皿によって生産された肉に取って代わられる可能性があるか」という意味です。「人工的に生産された肉が 2040 年の肉消費において占める割合の予測値」が問われています。これについては，第 2 段落で述べられています。第 2 段落では，まさに今，従来的な肉製品の終わりを目前にしていること，2040 年には従来的な肉の消費はわずか 40% になっているだろうこと，そして，およそ 35% が人工的に生産された肉になっているだろうことが述べられています。したがって正解は選択肢 **2** の 35% です。［正解率 69.30%］

（**C**）の質問文は「アレフ・ファームズ社は何を行っているか」という意味です。アレフ・ファームズ社の事業内容については具体的に第 4 段落で言及されており，研究員たちが牛の細胞から筋肉組織を成長させる方法を見出したとあります。これは，選択肢 **1** の内容と合致しています。よって正解は選択肢 **1** です。33.54% の解答が選択肢 **3**「アレフ・ファームズ社は大豆や小麦から代替肉を生産している」を選んでいました。「大豆や小麦」はすでに存在する代替肉製品の材料の例として第 3 段落で挙げられていますが，アレフ・ファームズ社の事業内容とは関係がありません。また，これらの代替肉製品では満足のいかなかった wahre Fleischliebhaber（本当に肉好きの人）にとっても納得のいく代替品の将来的な可能性としてアレフ・ファームズ社の取り組みが紹介されています。［正解率 32.59%］

（**D**）の質問文は「新たな種類の植物由来の代替肉製品に期待されることは何か」という意味です。まず，第 6 段落の後半部において，炭水化物や糖質は世界のどこでも充分な量が確保できている一方で，栄養価の高いタンパク質は気候の厳しい地域では不足しており，栄養学的には代替肉製品で重要なのはタンパク質含有量であることが述べられています。これを受けた第 7 段落では，フィンランドのベンチャー企業であるソーラー・フーズ社の取り組みが具体例として取り上げられています。ここでは，二酸化炭素とビタミンを与えることで微生物にタンパク質を生産させられること，生産されたタンパク質は粉末としてあらゆる食品に利用できることが述べられています。以上のことから，選択肢 **3** が正解です。57.59% の解答が選択肢 **4** の「海藻やクロレラによる海洋汚染を防止すること」となっていましたが，Algen（海藻）や Chlorella（クロレラ）は，健康志向の人向けの代替肉製品の原材料の例として挙げられており，海洋汚染とは関係がありません。よって，選択肢 **4** は不正解です。［正解率 29.75%］

◇この問題は16点満点（配点4点×4）で，平均点は6.22点でした。

## 第1部 解説のまとめ

＊ニュースなどで取り上げられるテーマにはさまざまなものがありますが，ドイツ語圏やヨーロッパと日本では，話題になる内容が異なったり，ときには時間的なずれが生じたりすることがあります。日本のニュースはもとより，雑誌やインターネットなどを幅広く活用し，広くドイツ語圏やヨーロッパの話題に触れておくとよいでしょう。長文を読み解く際の一助ともなります。

＊聞き取りには慣れが重要です。日頃からたくさんのドイツ語を聞くように心がけましょう。インターネットで視聴可能な字幕つきのニュース番組などを活用するとよいでしょう。また聞き取りの際には，関係文など，日本語とは文構造の異なる箇所を特に意識して聞くようにしましょう。

## 第2部 会話文の内容理解

正解 **2, 5, 6, 9**（順不問）

インタビューを聞き，選択肢の正誤を判断する問題です。出典はインターネット誌《sofatutor-Magazin Schüler》に掲載された „Berufe: Wie wird man ... Konferenzdolmetscher?“（2020年3月20日閲覧）という記事です。内容は，「会議通訳」という職業に関する，現役の会議通訳カーリン・ヴァルカー氏へのインタビューです。インタビューを2度聞き，「解答の手引き」に挙がっている選択肢のうちで内容に合致するものを選択することが求められています。

インタビューは，おおよそ以下のように展開していきます。インタビュアーはヴァルカー氏に，まず会議通訳という職業一般に関する説明を求め，次に会議通訳になるために何が必要かについて質問します。これに対し，ヴァルカー氏は大学などでの学習の他に，コミュニケーション能力や好奇心などが求められると回答しています。またインタビュアーから会議通訳という職業の魅力を尋ねられた際には，ヴァルカー氏は会議通訳ほど素晴らしい仕事はない，と自らの職業について語っています。以下では，テキスト全文を掲載し，続いて選択肢ごとに解説していきます。

▮（Interviewer）: Was sind Ihre Aufgaben als Konferenzdolmetscherin? Und wie sieht Ihr Berufsalltag aus?

**K** (Konferenzdolmetscherin): Konferenzdolmetscher stellen sicher, dass Sprachbarrieren zwischen Gesprächspartnern oder Konferenzteilnehmern verschwinden. Wir übertragen das Gesprochene schnell und präzise in die andere Sprache. Die meisten Konferenzdolmetscher sind freiberuflich tätig, also ohne festen Arbeitgeber, daher sieht jeder Tag und jede Woche anders aus. Wir dolmetschen natürlich vor Ort beim Kunden, müssen die Aufträge vorher aber erst gründlich am eigenen Schreibtisch vorbereiten. Dazu kommen Angebotserstellung, Absprachen mit Kunden und Teamkollegen, Glossarerstellung und Recherche sowie hinterher die Nachbereitung und Abrechnung der Einsätze.

**I**: Wie verläuft die Ausbildung zur Konferenzdolmetscherin oder zum Konferenzdolmetscher?

**K**: In Deutschland gibt es Masterstudiengänge für angehende Konferenzdolmetscher. In der Regel ist für den Zugang ein Bachelor-Abschluss notwendig, idealerweise im sprachlichen Bereich. Die Regelstudienzeit beträgt vier Semester. Ein Aufenthalt im Ausland vor oder auch während des Studiums ist generell ratsam, um die fremdsprachliche Kompetenz zu stärken.

**I**: Bei Ihrem Beruf muss man eine oder mehr Sprachen sehr gut beherrschen. Was sind noch wichtige Eigenschaften, die ein Dolmetscher oder eine Dolmetscherin unbedingt mitbringen muss?

**K**: Kommunikationsfreude, Nervenstärke und betriebswirtschaftliches Denken — sowie eine große Portion Neugierde auf die Welt.

**I**: Was lieben Sie am meisten an Ihrem Beruf? Und was stört Sie manchmal?

**K**: An meinem Beruf gefällt mir am meisten, dass er sehr abwechslungsreich ist. Mal beschäftige ich mich mit Landwirtschaftstechnik, beim nächsten Auftrag geht es möglicherweise um Entwicklungswesen, Fischereipolitik oder Finanzen. Da wir unsere Arbeit nicht vom Schreibtisch aus machen können, reisen wir viel, wenn der Einsatzort nicht am Wohnort liegt. Man muss seine Kräfte gut einteilen, damit man ausgeruht und belastbar bleibt. Am Beruf selbst stört mich gar nichts — ich kann mir nichts Schöneres vorstellen, als so zu arbeiten.

　選択肢 **1** は「会議通訳は会話相手や会議参加者との意思疎通に努める」という意味です。会議通訳という仕事について尋ねられたヴァルカー氏は「会議通訳は，会話者間あるいは会議の参加者間の言葉の壁を取り除くことを請け合う」と回答しています。つまり会話している人たちや会議の参加者の間で意思疎通ができるように，その障害となっている言葉の障壁を取り除くことが会議通訳の役目だと言っているのです。したがって選択肢 **1** は不正解です。

　選択肢 **2** は「多くの会議通訳はフリーランスであり，それゆえにその仕事の形態は変化に富んでいる」という意味です。ヴァルカー氏は最初の回答の中程で「大部分の会議通訳は自由業，すなわち決まった雇用主はいないので，毎日，毎週が異なっている」と述べています。したがって選択肢 **2** は正解です。［正解率41.77%］

　選択肢 **3** は「顧客との初めての打ち合わせの前には会議通訳は依頼内容を念入りに目標言語に翻訳しなければならない」という意味です。ヴァルカー氏の最初の回答の後半部分で「私たちが通訳するのは顧客のいる現場であるが，依頼内容についてはまずは事前に徹底的に自分の机で準備しなければならない」と述べています。ここで言う「自分の机」とは「顧客のいる現場」に対して，1人で行う準備作業を示唆しています。本文では事前の念入りな準備には言及していますが，翻訳については触れられていません。したがって選択肢 **3** は不正解です。なお，この選択肢を選んだ解答は 51.90% ありました。

　選択肢 **4** は「会議通訳として働きたい人のために，ドイツではまだ特別な大学課程はない」という意味です。インタビュアーからの二つ目の質問「会議通訳の養成はどのようなものか？」に対し，ヴァルカー氏は「ドイツには将来の会議通訳のための修士課程がある」と述べています。したがって，選択肢 **4** は不正解です。

　選択肢 **5** は「会議通訳になりたい人に，インタビューを受けた人は，海外経験によって外国語の能力を向上させることを薦めている」という意味です。二つ目の回答の後半でヴァルカー氏は，外国語の能力を高めるために，大学入学前，大学在学中にかかわらず，外国に滞在することを助言しています。したがって，選択肢 **5** は正解です。［正解率 57.59%］

　選択肢 **6** は「インタビューを受けた人の考えによれば，『会議通訳』という職業には語学の知識の他に世界への大いなる好奇心が必要である」という意味です。三つ目の問いでインタビュアーは言語能力に加えて，通訳に必要な特性を尋ねています。これに対しヴァルカー氏は「コミュニケーションが好きなこと，神経の図太さ，ビジネス的思考，そして世界への好奇心の旺盛さ」と答えています。したがって選択肢 **6** は正解です。［正解率 69.30%］

選択肢 **7** は「インタビューを受けた人に関心があるのはとりわけ開発制度，漁業政策，財政などのテーマである」という意味です。ヴァルカー氏の最後の回答の中には，たしかに「開発制度，漁業政策，財政」という語は出てきますが，これらの語は会議通訳の扱うテーマが多様であることの例として挙げられたものであり，ヴァルカー氏自身の関心の有無についてはインタビューでは言及されていません。したがって，選択肢 **7** は不正解です。なお，この選択肢を選んだ解答は 50.00% ありました。この選択肢を誤答として排除するためには，本文中の „Mal ..., beim nächsten Auftrag ...“（あるときは〜と思えば，次の依頼では〜）という表現の意味をきちんと理解する必要があります。

選択肢 **8** は「仕事のために会議通訳は定住所を持てない」という意味です。ヴァルカー氏による「われわれの仕事は机上では行うことはできないので，依頼先が居住地になければ，頻繁に出張に出かけることになる」という発言は，会議通訳の仕事に出張が多いことを指摘しているにすぎず，決まった居住地を持たないという意味ではありません。したがって選択肢 **8** は不正解です。

選択肢 **9** は「精神的負担と息抜きのバランスを取るのは難しいが，インタビューを受けた人はみずからの仕事にとても満足している」という意味です。これは，ヴァルカー氏による最後の回答「休息し，また仕事の負担に耐えることができるためには，みずからの力を上手に配分する必要がある。（会議通訳という）職業それ自体に私が不快を覚えるところは一つもない―こんなふうに仕事をするよりすてきなことなど，私には想像もできない」の内容と合致しています。したがって，選択肢 **9** は正解です。［正解率 53.48%］

◇この問題は 20 点満点（配点 5 点×4）で，平均点は 11.11 点でした。

**第2部** 解説のまとめ

＊放送に先立ち選択肢に目を通すことで，どのような内容がインタビューで述べられるのかについて予測を立てておきましょう。また，繰り返し用いられる語や表現はキーワードになりやすいですので，チェックしておきましょう。それぞれの選択肢には，会話で述べられた内容が忠実に反映されていることもあれば，別の表現で言い換えられていることもあります。あるいは使用されている語は同じでも，前後で用いられている表現によって，会話の内容に合致しないこともあります。そのため，選択肢は念入りに読み，会話との相違を慎重に検討することが重要です。

＊今回のテーマは外国語に関するものなので，語彙という観点からはそれほ

ど突飛なものはなかったかもしれません。しかしながらだからこそ，自ら
の固定観念に縛られず，ニュアンスを伝える細かな表現を聞き分け（見分
け），テキストに即して理解することが重要になってきます。日頃からド
イツ語のテキストを読む際には，単に字面を追うのではなく，文脈から内
容を理解するように心がけましょう。

# 【二次口述試験】

　実施方法は例年と同様で，ドイツ語を母語とする面接者と日本人面接者の2名でチームを作り，受験者を1名ずつ試験室に招き入れての質疑応答形式です。

　準1級の審査対象となるドイツ語能力は，1. 発音の正確さ，イントネーションの適切さ，2. 適切な語彙と文法の知識，3. 具体的な叙述をする能力，4. 一般的なコミュニケーション能力の4項目です。試験の質問を担当するドイツ語母語話者の面接者と，その質疑応答に立ち会う日本人面接者が，それぞれの立場で採点します。この口述試験の評点と一次試験の得点を総合して，独検審査者会議*が準1級の最終合否を判定します。

　2020年度の準1級口述試験では，冒頭で受験者の名前などを質問し，その後，裏面を上にして置かれた3枚のカラー写真から受験者に1枚を選んでもらい，何が写っているかをドイツ語でまず描写していただきました。情景描写に続き，写真に写っている事物をテーマにした質問を続けました。試験時間は合計で8分程度です。今回の写真および話題となり得たテーマは以下の通りです。1. Blumenladen（Einkauf/Blumen/saisonales Essen），2. Bahnhof（Reisen/Zug/Urlaub/Bahnhof），3. Friseursalon（Handy/Maske/Friseur/Barbier）

　写真を出発点としてそれに関係することが数多く質問されるので，相手の質問をきちんと理解して的確に答えられるようにしましょう。写真から導き出される質問は，ある程度までは連想しやすいものです。とっさに適切なドイツ語の表現が思い浮かばない場合は，意図している内容を別のドイツ語で説明しながら表現するのも一つの方法です。質問された内容が理解できなかったり，自分の理解が正確かどうか確認したいと思ったりした場合は，慌てずに聞き返しましょう。その際も，別の表現や，より簡単な表現で質問すると，自然なコミュニケーションが成り立ちます。対策としては，身近なことがらやテーマをきっかけとして会話を展開させることができるようにしておくとよいでしょう。

　* 独検審査者会議：ドイツ語学文学振興会理事，ゲーテ・インスティトゥート代表，ドイ
　　ツ大使館文化部代表，オーストリア大使館文化部代表，スイス大使館文化部代表，独検
　　出題者会議議長，独検出題者会議副議長（以上18名）で構成する。

# 1級 (Höchststufe)
## 検定基準

■標準的なドイツ語を不自由なく使え，専門的なテーマに関して書かれた文章を理解し，それについて口頭で意見を述べることができる。

■複雑なテーマに関する話やインタビューの対話などの内容を正確に理解できる。
複雑な日本語の文章をドイツ語に，ドイツ語の文章を日本語に訳すことができる。

■対象は，数年以上にわたって恒常的にドイツ語に接し，十分な運用能力を有する人。

# 2020 年度 冬期 ドイツ語技能検定試験

# 1 級

## 筆記試験　問題

（試験時間　120 分）

───── 注　意 ─────

■受験票と机の上の受験番号が同じであることを確認してください。

■携帯電話，スマートフォン，スマートウォッチ等の電子機器類は電源を切り，カバン等にしまってください。机の上に置いてはいけません。

■中途退場は認めません。退場は試験放棄となります。

①問題冊子は試験開始の合図があるまで，開いてはいけません。

②問題冊子は表紙・裏表紙を含めて 16 ページあります。

　余白は下書き・メモ用に使ってかまいません。

③解答は解答用紙の両面に記入するようになっています。

④試験監督者の指示に従って，解答用紙の所定の欄に，受験番号・氏名を記入してください。

⑤解答は黒の HB の鉛筆で強めに記入してください。

　書き直す場合には，消しゴムできれいに消してから記入してください。

⑥**解答はすべて解答用紙の指定された箇所に記入してください。**

⑦記入する数字は，下記の見本に従って書いてください。

■試験が終わっても，指示があるまで席を立たないでください。

■解答用紙は持ち帰ってはいけません。

■この問題冊子の無断転載，無断複製を禁じます。

# 1

*Welcher von den Sätzen bzw. Satzteilen **1** bis **4** hat eine ähnliche Bedeutung wie der jeweils unterstrichene Satzteil in den Sätzen (**1**) bis (**5**)? Tragen Sie die Nummer in den entsprechenden Antwortkasten ein.*

(1) Man darf die verschiedenen Strömungen innerhalb der Partei nicht alle über einen Kamm scheren, wenn man will, dass diese sich weiterentwickeln.

1 miteinander konkurrieren lassen
2 unterschiedslos behandeln
3 befreunden und vereinigen
4 ignorieren und sie unter Zwang setzen

(2) Als wir noch jung waren, haben wir bei jeder Gelegenheit die Puppen tanzen lassen.

1 alles getan, was wir wollten
2 ausgelassen gefeiert
3 die anderen nach unserem Willen kontrolliert
4 Theater gespielt

(3) Wer sein Geld in die Aktien dieser Firma investiert hat, hat seine Schäfchen jetzt im Trockenen.

1 gefährdet sein Vermögen
2 hat keinen Sinn für die Investierung
3 zielt auf großen Gewinn
4 erlangt großen Gewinn

(4) In diesem Land meint ein jeder, wenn es sich um die Politik handelt, seinen Senf dazugeben zu müssen.

1 einen Witz machen
2 schlecht von den Politikern sprechen
3 unbedingt seine Stimme abgeben
4 ungefragt seine Meinung sagen

(5) Dieses Beispiel zeigt, wie tausende Rentner von windigen Wertpapierhändlern über den Tisch gezogen werden können.

1 bei der Verhandlung bevorzugt werden und ihnen ein großer Gewinn versprochen wird
2 bei der Verhandlung der Initiative beraubt werden können
3 davon überzeugt werden, die Finger von Börsenspekulationen zu lassen
4 wegen ihrer Unwissenheit benachteiligt werden

**2** *Wählen Sie den geeignetsten Ausdruck für die Leerstellen in den Sätzen (1) bis (5) aus und tragen Sie die Nummer in den entsprechenden Antwortkasten ein.*

(1) Mein Bruder hat mich allen Ernstes gefragt, wie er eine nette Kollegin an seinem Arbeitsplatz ansprechen soll. Ich habe nur gelacht. Der ist doch noch ganz grün hinter den ( ).

1 Armen
2 Augen
3 Beinen
4 Ohren

(2) Mein Kollege wollte mit mir und seiner Freundin zusammen nach Frankreich in den Urlaub fahren, aber ich habe es dankend abgelehnt, sonst wäre ich das ( ) Rad am Wagen.

1 falsche
2 fünfte
3 kaputte
4 letzte

(3) Da damals das Internet noch in den ( ) steckte, gab es für Menschen mit IT-Kenntnissen bedeutende Geschäftsmöglichkeiten.

1 Kinderhemden
2 Kinderhosen
3 Kinderhüten
4 Kinderschuhen

(4) Der Wirtschaftsminister hat mit seiner Analyse der Rezession den ( ) auf den Kopf getroffen.

1 Feind
2 Nagel
3 Teufel
4 Wurm

(5) Die Stimme der Opernsängerin war sehr abwechslungsreich: mal traurig und melancholisch, mal munter und belebend. Ihr Gesang ging unter ( ).

1 den Busen
2 die Haut
3 das Herz
4 den Kopf

**3** *Lesen Sie den folgenden Text mit dem Titel „Religions for Peace" und lösen Sie die Aufgaben.*

An dem Morgen, als die Weltreligionsführer sich im beschaulichen Süddeutschland ein Friedensversprechen geben, sagt ein Bischof in der kriegsverheerten Zentralafrikanischen Republik diesen Verzweiflungssatz, der typisch ist für einige der blutigsten Konflikte unserer Zeit. Néstor-Désiré Nongo-Aziagba, oberster Katholik seines Landes, in dem sich muslimische Seleka-Rebellen und christliche Anti-Balaka-Milizen nun seit Jahren bekriegen, verkündet, man befinde sich „in einer politischen, nicht in einer religiösen Krise". Soll heißen, nicht unterschiedlicher Glaube sei schuld am Tod von Hunderttausenden und der Vertreibung von mehr als einer Million seiner Landsleute.

Das ist wahr, insofern die Religionen nicht der Ursprung des Mordens waren. Doch es ist unwahr, insofern der Religionshass mittlerweile zum Antrieb der Mörder geworden ist.

Und genau (a)diese ambivalente Situationslage macht „Religions for Peace", das Welttreffen von 1000 religiösen Autoritäten aus über 100 Ländern, das in Lindau am Bodensee stattfindet, so brisant. „Religions for Peace" ist nicht einfach ein Kirchentag für alle. (b)Keine interreligiöse Umarmungsveranstaltung, wie es mittlerweile viele gibt, deren Zweck oft nur darin besteht, sich selbst und andere zu beruhigen, dass alle Gläubigen dieser Welt im Grunde dasselbe glauben. Schön wär's.

Tatsächlich gehören heute über 80 Prozent der Weltbevölkerung einer Glaubensgemeinschaft an. Tatsächlich hat sich die Säkularisierungsthese, also die große Prognose des vorigen Jahrhunderts vom allmählichen Verschwinden des Glaubens, nicht bewahrheitet, nicht einmal in der westlichen Welt. Doch während es zu Beginn des neuen Jahrtausends unter deutschen Kirchenvertretern üblich war, eine „Rückkehr der Religion" im Ton der Erleichterung, ja des Triumphs zu verkünden, konstatieren sie in Lindau die fortwirkende Macht des Gottesglaubens sowohl hoffnungsvoll als auch warnend. (c)Das ist klug und für ein Religionstreffen ungewöhnlich ehrlich.

Denn noch ist unentschieden, ob die Religionen künftig eher Konfliktmacher oder eher Friedensstifter sein werden. Noch zeigt sich auf der weltpolitischen Bühne, dass sie beides sein können. In Lindau hat man sich deshalb entschieden, die Probleme einmal anzusprechen, statt sich mit Friedensgebeten zu begnügen. Zur Eröffnung sagte Bundespräsident Frank-Walter Steinmeier: „Leider hätten manche Menschen den Eindruck, eine religionslose Welt sei geradezu die Voraussetzung für eine friedliche Welt." Als Grund nannte Steinmeier nicht einfach die Religionsverächter, sondern auch die Religiösen selbst. „Das ist eine starke Provokation für alle, denen Religion am Herzen liegt, für alle, denen der Glaube Sinn gibt, die durch den Glauben Orientierung und Halt finden." (d)Sein Appell: Es dürfe keinem Glaubenden gleichgültig sein, wenn Religion als friedensverhinderndes, ja kriegsförderndes Phänomen gelte. Klingt wohlfeil, ist aber mutig angesichts der diplomatischen Gepflogenheit, am liebsten vom „Missbrauch" der Religion durch die Politik zu reden und Anwesende auszunehmen von den Konflikten, um die es gerade geht.

„Religions for Peace" entstand 1970 als interreligiöse Versammlung, die Frieden nicht nur predigt, sondern auch macht. Eine gewisse Ehrlichkeit gehörte daher seit Anfang an zum Konzept. Der amtierende Generalsekretär, der Amerikaner William F. Vendley, sagte in Lindau, man brauche schon Ironie, wenn man die friedensstiftende Macht von Religionsgemeinschaften nutzen wolle, die ihre eigenen Standards immer wieder verrieten. Bei „Religions for Peace" heute mitzutun bedeute, sich auf die friedlichen Fundamente des eigenen Glaubens zu besinnen und die Liebe zur eigenen Religion durch die Augen der anderen wiederzufinden.

(e)Das ist nun abstrakt und durch Theologie allein nicht zu schaffen. Dazu muss man sich auch streiten. Erstmals tagt „Religions for Peace" in Deutschland, erstmals will man sich auf ein Abkommen zum Schutz heiliger Stätten einigen, erstmals sprachen 1 000 Religionsführer statt eines Glaubensbekenntnisses das gemeinsame Gelöbnis: „Getragen von meiner eigenen Glaubenstradition und im Respekt vor religiösen Unterschieden verpflichte ich mich zur multireligiösen Zusammenarbeit für den Frieden. Ich werde mit Gläubigen anderer Religionen partnerschaftlich zusammenarbeiten."

I *Wählen Sie die geeignetste Interpretation für die unterstrichenen Teile des Textes (a) und (c) aus. Tragen Sie die passende Nummer in den jeweiligen Antwortkasten ein.*

(a) 1 Die zwiespältige Lage, in der die religiösen Autoritäten einerseits den Weltfrieden behaupten, andererseits heftigen Hass säen

2 Die verzweifelte Lage, in der Moslems und Christen in der Zentralafrikanischen Republik allmählich in Streit geraten sind

3 Die paradoxe Lage, dass viele anscheinend religiöse Gegensätze ursprünglich aus politischen Gründen entstanden sind

4 Die widersprüchliche Lage, in der nicht der Glaube, sondern die Feindlichkeit gegen eine Religion blutige Konflikte zur Folge hat

(c) 1 Obwohl im letzten Jahrhundert das Verschwinden der Religion prognostiziert wurde, gaben die Weltreligionsführer bei „Religions for Peace" intelligenterweise aus moralischen Gründen die Hoffnung auf die fortwirkende Macht des Glaubens nicht auf.

2 Normalerweise wird bei einem Religionstreffen nur die positive Seite des Glaubens betont, dennoch befasst man sich bei „Religions for Peace" geschickt und aufrichtig mit der Komplexität der Religionen und den dadurch entstehenden Problemen.

3 Trotz der Behauptung von einer „Rückkehr der Religion" sind viele Kirchenvertreter in Deutschland realistisch eingestellt und davon überzeugt, dass in den Religionen viele Diskrepanzen zu sehen sind.

4 Indem die Religionsführer aus aller Welt bei „Religions for Peace" angebracht zugeben, dass die Religionen negative Auswirkungen in der Weltpolitik haben werden, beten sie ernsthaft zum Zwecke einer Versöhnung.

II  *Wählen Sie die geeignetste Umschreibung für die unterstrichenen Teile des Textes*
*(b) und (e) aus. Tragen Sie die passende Nummer in den jeweiligen Antwortkasten*
*ein.*

(b)  1  Kein reguläres Beisammensein, das für Mitglieder der unterschiedlichen Re-
ligionsgemeinschaft in Lindau stattfindet
2  Keine offizielle Tagung, bei der sich Weltreligionsführer über das Thema
„Rückkehr der Religion" beraten
3  Kein übliches Zusammentreffen, bei dem sich Angehörige der verschiedenen
Religionen versammeln, um sich nur miteinander zu verständigen
4  Keine gewöhnliche Versammlung, bei der viele Gläubige kritisch über die
dauerhafte Kraft der Religionen diskutieren

(e)  1  Die theologische Fragestellung wirkt sowohl theoretisch als auch realitäts-
fern, daher ist es erforderlich, sie präzis zu erläutern.
2  Heftige Feindschaften unter den Religionsgemeinschaften können jedoch
bessere Resultate erzielen als eine auf dem Papier stehende These.
3  Um diese Idee in die Realität umzusetzen, sollte man sich nicht nur idealis-
tisch damit befassen, sondern muss sich auch konkret damit auseinanderset-
zen.
4  Weil Theologie für das Vorhaben nicht ausreichend ist, sollte man mit den
anderen Religionsgruppen gegen den gemeinsamen Feind kämpfen.

III  *Übersetzen Sie die unterstrichene Stelle (d) ins Japanische.*

# 4 *Lesen Sie das folgende Interview und lösen Sie die Aufgabe.*

Die Zahl der Flugreisen zu reduzieren, hält Grünen-Vordenker Ralf Fücks für unrealistisch. Deshalb muss Fliegen teurer werden, meint der Chef des Zentrums Liberale Moderne.

*Interviewer*: Herr Fücks, Sie haben sich „schuldig bekannt", manchmal ins Flugzeug zu steigen. Ist Fliegen ein Verbrechen?

*Fücks*: Fliegen ist ein uralter Traum der Menschheit. Wir fliegen, aber angesichts des Klimawandels haben wir kein gutes Gewissen dabei. (  **a**  ) Aber das sind Ausnahmen. Für die meisten Flüge gibt es schlicht keine realistischen Alternativen.

*Interviewer*: (  **b**  )

*Fücks*: Fliegen ist tief in der modernen, globalisierten Welt verankert. In der Wirtschaft sowieso, aber auch Wissenschaft, Kultur und Sport sind ohne Fliegen undenkbar. Das gilt auch für die Zivilgesellschaft, die sich auf internationalen Konferenzen trifft. Auch die Klimaschützer müssen zu ihren Gipfeln irgendwie hinkommen. Der Appell, gar nicht mehr zu fliegen, geht an der Realität vorbei. Da sollten wir uns ehrlich machen.

*Interviewer*: Auf das Fliegen zu verzichten ist also nicht nur eine Frage des guten Willens?

*Fücks*: Ganz recht. (  **c**  ) Wer etwa für eine liberale Einwanderungspolitik ist, kann schlecht gegen das Fliegen sein. Ein wachsender Teil aller Flüge ist migrationsbedingt: Die Leute besuchen ihre Familien. Und dass sich heute auch Arbeiter und Angestellte einen Urlaubsflug leisten können, ist erstmal ein Fortschritt.

*Interviewer*: Airlines sind die neuen Kohlekonzerne, heißt es jetzt oft. Ist die Häme nicht berechtigt angesichts des hohen $CO_2$-Ausstoßes für eine einzelne Reise?

*Fücks*: Das Flugzeug ist mitnichten der Klimakiller Nummer eins, sondern erzeugt zwei bis drei Prozent der globalen Emissionen. Das Ausmaß der Kritik korreliert nicht mit der realen Bedeutung. (  **d**  )

*Interviewer*: Mit schlechtem Gewissen weiter zu fliegen, bringt uns aber auch nicht weiter.

*Fücks*: Selbst wenn alle Deutschen mit Flugscham zuhause bleiben, steigt der globale Luftverkehr weiter rasant an – mit Wachstumsraten von etwa vier Prozent im Jahr. Diese Steigerungsraten sehen wir vor allem in den Schwellenländern, insbesondere in Asien. Deshalb muss es vor allem darum gehen, das Flugzeug in die klimaneutrale Zukunft mitzunehmen. Wir müssen über alternative Technologien reden, nicht über schlechtes Gewissen.

*Interviewer*: (  **e**  )

*Fücks*: Ob die je kommen, ist aus physikalischen Gründen zweifelhaft. Aber klimafreundliches Fliegen ist dennoch keine Fata Morgana. Biokerosin

|              | aus Algen, synthetische Kraftstoffe aus überschüssigem grünem Strom, all das ist technisch machbar. ( **f** ) |
|---|---|
| *Interviewer*: | Welche Rolle spielen Bewegungen wie „Fridays for Future"? |
| *Fücks*: | Die neue Klima-APO erhöht den Handlungsdruck auf die Politik. Auch Union und FDP verstehen jetzt, dass sie aus ihrer bloßen Abwehrhaltung herauskommen müssen. Das ist ein Fortschritt. |
| *Interviewer*: | Die Kritiker sehen den Flugverkehr auch als Symptom für unsere Wachstumsabhängigkeit. Mehr, mehr, mehr von allem – auf Kosten des Planeten. |
| *Fücks*: | Die Weltwirtschaft wird weiter wachsen, ob es uns gefällt oder nicht. Deshalb müssen wir Wohlstand abkoppeln vom Naturverbrauch. ( **g** ) Das ist ein hochkomplexes Unterfangen. Slogans wie Flugscham reduzieren aber diese Komplexität, weil sie das Problem privatisieren, obwohl es eigentlich um Strukturen geht. |
| *Interviewer*: | Ist nicht das Wachstumsdogma selbst der Kern des Problems? |
| *Fücks*: | Die globale Wirtschaftsleistung wird sich in den kommenden 20 Jahren in etwa verdoppeln. Nicht wegen eines fiktiven Dogmas, sondern aufgrund der wachsenden Weltbevölkerung und des Aufstiegs von Milliarden Menschen aus bitterer Armut in die Mittelschicht. Das ist die Realität, mit der wir uns konfrontieren müssen. |
| *Interviewer*: | Und nun? |
| *Fücks*: | ( **h** ) Hier liegt unsere Verantwortung: Wir müssen zeigen, dass man Wohlstand, Klimaschutz und soziale Sicherheit unter einen Hut bekommen kann. |

*Aufgabe: Was passt in die Leerstellen (* **a** *) bis (* **h** *)? Tragen Sie die Nummern der geeigneten Aussagen in die jeweiligen Antwortkästen ein.*

1 Die aufsteigenden Länder des Südens werden auf umweltverträgliches Wachstum umschalten, sobald sie dafür technologische Alternativen sehen.

2 Wir bewegen uns in einer Gemengelage von Zielkonflikten und Widersprüchen der modernen Gesellschaft.

3 Klimaneutralität erfordert nichts weniger als eine grüne industrielle Revolution, einschließlich Energieerzeugung, Verkehr, Städtebau und Landwirtschaft.

4 Elektroflugzeuge sind eine kühne Vision, mehr aber auch nicht im Moment.

5 Niemand fordert, das Smartphone abzuschaffen, obwohl der Energiebedarf für das Internet schon heute deutlich höher liegt.

6 Natürlich ist nicht jeder Flug notwendig, etwa der berühmte Wochenendausflug nach Mallorca.

7 Wir müssen damit jetzt im industriellen Maßstab anfangen, weil die Erneuerung der Luftflotte einen langen Vorlauf braucht.

8 Das sehen die Flugscham-Aktivisten aber anders.

**5** *Lesen Sie den folgenden Text und lösen Sie die Aufgabe.*

Es gibt Dinge, an denen wird nicht gerüttelt. Die 40-Stunden-Woche ist so ein Fall. Seit ihrer flächendeckenden Einführung in den 1960er-Jahren gilt sie als arbeitsrechtliches Dogma in Deutschland und auch auf Tarifebene bildet sie die Norm. Doch das muss nicht so sein. In anderen Ländern werden bereits neue Arbeitsmodelle ausprobiert.

Jüngst sorgten auch die Äußerungen der finnischen Ministerpräsidentin Sanna Marin in Deutschland für Aufsehen. Sie hatte sich bereits vor ihrer Wahl Anfang Dezember offen gegenüber einer Vier-Tage-Woche mit je 6 Stunden Arbeit gezeigt. Zwar stellte eine Sprecherin der finnischen Regierung nochmals klar, dass Marins Überlegungen aus dem August 2019 nicht Teil des Regierungsprogrammes seien – spannend sind sie trotzdem.

Eine Aussage, die nach der Meinung von Arbeitsmarktforscher Alexander Spermann eine positive Vision darstellt, die in den nächsten Jahrzehnten schrittweise entwickelt werden muss. Auch in Deutschland könnte so ein Modell umgesetzt werden. „Eine Vier-Tage-Woche können wir uns in Deutschland dann leisten, wenn wir in den Unternehmen effizienter werden", sagt der Experte. Bedeutet: Mitarbeiter müssen befähigt werden, schneller und produktiver in kürzerer Zeit arbeiten zu können, damit die Wettbewerbsfähigkeit der Unternehmen nicht gefährdet wird. Für den Experten sind dabei vor allem technische Entwicklungen, wie die Digitalisierung von Prozessen, von großer Bedeutung. So könne Zeit eingespart werden und Unternehmen effizienter werden.

Allein von technologischen Fortschritten hängt die Realisierbarkeit der komprimierten Arbeitswoche aber nicht ab, auch die Menschen selbst müssen sich auf Veränderungen in ihrem Alltag einstellen. Denn: Bei einem Vier-Tage-Wochen-Modell müsste in kürzeren Arbeitszeiten der gleiche Arbeitsumfang geleistet werden - anders als bei einer Teilzeitstelle. In vielen Fällen führe dies zu einer deutlich höheren Arbeitsbelastung, mahnt Spermann. In den verheißungsvollen Vorstellungen vieler Menschen von mehr Freizeit bei gleichem Verdienst käme dieser Aspekt regelmäßig zu kurz.

Dass Vier-Tage-Wochen schon heute funktionieren können, zeigen Einzelfälle – so wie das neuseeländische Finanz- und Immobilienunternehmen „Perpetual Guardian". Dort wurde die Vier-Tage-Woche über einen Zeitraum von zwei Monaten getestet. Die Produktivität und die Löhne der Mitarbeiter blieben auch bei der deutlich kürzeren Arbeitszeit gleich, ohne die Belegschaft zu überfordern. Das Pilotprojekt wurde so zur Dauerlösung. Für Spermann sind solche Leuchtturm-Beispiele „hocheffizienter" Firmen erste Vorläufer auf dem Weg zu einer modernen Arbeitszeitgestaltung. Seiner Meinung nach haben Unternehmen mit innovativen Arbeitszeitmodellen bereits jetzt einen Vorteil auf dem internationalen Arbeitsmarkt: Ihre Attraktivität im Kampf um Fachkräfte ist hoch – für viele Arbeitgeber ein wichtiger Faktor. Spermann plädiert jedoch für eine andere Maßnahme als die Vier-Tage-Woche in Deutschland: die Lockerung des Arbeitszeitgesetztes und mehr Flexibilität. Aktuell lassen die gesetzlichen Rahmenbedingungen in Deutschland einen flexiblen Umgang mit den Arbeitszeiten kaum zu.

Ob ein Mitarbeiter mehr oder weniger als 40 Stunden arbeiten möchte, könne aus

Sicht des Arbeitsmarktforschers nur schwer berücksichtigt werden. Etwas anders sieht die Situation bei Tarifverträgen aus. Hier hätten Gewerkschaften und Arbeitgeberverbände deutlich mehr Freiheiten bei der Ausgestaltung. Auch die Bundesvereinigung der Deutschen Arbeitgeberverbände erkennt in der straffen Rechtslage ein Problem. Der Verband sieht den Gesetzgeber gefordert: „Das starre Arbeitszeitgesetz muss überarbeitet werden", sagte ein Sprecher zu FOCUS Online. „Flexiblere Arbeitszeitregelungen schaffen auch für Beschäftigte Raum, um sich die eigene Arbeitszeit individueller einzuteilen und beispielsweise Familie und Beruf besser unter einen Hut zu bekommen." Somit könnte für Deutschland nach Meinung der Experten die Flexibilität neue Arbeitszeitmodelle schaffen. Diese sei schneller und einfacher umsetzbar als die Zukunftsvision einer Vier-Tage-Woche.

*Aufgabe: Welche der folgenden Aussagen* **1** *bis* **9** *entsprechen dem Inhalt des Textes? Wählen Sie die vier Aussagen aus und tragen Sie die Nummern in die Antwortkästen ein.*

**1** Das Arbeitsmodell, das sich in Deutschland schon seit Langem durchgesetzt hat und als Norm gilt, wurde vor Kurzem auch in anderen Ländern getestet.

**2** Der Plan zur Reform der Arbeitszeit, zu dem sich die finnische Ministerpräsidentin erst im Jahre 2019 öffentlich geäußert hat, findet allgemeine Zustimmung in der Regierung.

**3** Der Arbeitsmarktforscher Alexander Spermann prognostiziert, dass die technischen Entwicklungen heute parallel mit der Steigerung der Produktivität im Unternehmen einhergehen werden.

**4** Den Meinungen vieler Arbeitsmarktexperten liegt die Überzeugung zugrunde, dass die Vermehrung von Freizeit ohne Gehaltskürzung bald realisiert werden kann.

**5** Perpetual Guardian, eine auf die Ausbildung von unerfahrenen Piloten spezialisierte Firma, hat vor Kurzem ein neues Arbeitsmodell auf die Probe gestellt.

**6** Obwohl einige Firmen mit dem neuen Arbeitsmodell gute Erfolge erzielt haben, äußert sich der Experte Spermann jedoch nicht explizit positiv zur Einführung des Modells in das Arbeitswesen Deutschlands.

**7** Es lässt sich annehmen, dass die Lockerungen der Arbeitszeit und die Tarifverträge nicht immer miteinander übereinstimmen können.

**8** Es wird allgemein erwartet, dass ein flexibleres Arbeitszeitgesetz juristisch geregelt wird, damit der Arbeitgeber daraus möglichst hohen Profit ziehen kann.

**9** Neben den verschiedenen Entwürfen wie der Vier-Tage-Woche sehen Experten vor allem in der flexiblen Einteilung von Arbeitszeiten eine Möglichkeit zur Innovation des bisherigen Arbeitszeitmodells Deutschlands.

**6** *Lesen Sie den folgenden Text und lösen Sie die Aufgaben.*

Die Gegend um Garmisch-Partenkirchen ist Bayern wie aus dem Bilderbuch. Die Almen und Wiesen waren früher beliebte Postkartenmotive und gehören heute zu begehrten Fotoobjekten der Instagram-Gemeinde. Und nicht nur das: Ansichten der Landschaften hängen in den angesehensten Museen der Welt. Denn die Künstlervereinigung „Der Blaue Reiter" mit Wassily Kandinsky und Gabriele Münter hatte sich Anfang des 20. Jahrhunderts in Murnau zusammengefunden.

Warum also nicht diese alpinen und voralpinen Wiesen- und Moorlandschaften von der UNESCO zum Welterbe erklären lassen? Die Antwort, die man derzeit in Murnau auf diese Frage bekommt, lautet etwa so: Weil schon heute zu viele Touristen kommen und weil der Welterbetitel der Region eine noch größere ( **a** ) verschaffen und noch mehr Touristen bringen würde.

Zur Zeit umfasst die UNESCO-Liste 1 121 Weltkultur- und -naturerbestätten, in Deutschland sind es 46. Es ist noch gar nicht so lange her, da war die Auszeichnung eine Ehre. Der Aufschrei war groß, als in Dresden der Titel durch den Bau einer Brücke aufs Spiel gesetzt und er dem Dresdner Elbtal 2009 schließlich sogar aberkannt wurde.

Doch heute scheint der Titel mehr Fluch als Segen zu sein. Murnau, die 12 000-Einwohner-Gemeinde oberhalb des Murnauer Mooses, des mit 32 Quadratkilometer größten zusammenhängenden Moorgebiets in Mitteleuropa, ist Teil des bereits 2011 vom Landratsamt auf den Weg gebrachten Projekts „Alpine und voralpinen Wiesen- und Moorlandschaften im Landkreis Garmisch Partenkirchen", das zur Bewerbung des UNESCO-Titels führen soll. Aber die Meinungen gehen auseinander. ( **b** ).

Tatsächlich erlebt die Gegend seit einigen Jahren einen Besucheransturm. Zwischen dem Autobahnende bei Eschenlohe und Oberau stauen sich die Fahrzeuge jedes Wochenende. Die Züge sind überfüllt. Parkplätze quellen über. Zufahrtsstraßen zu den Seen sind zugeparkt, so dass auch für Rettungsfahrzeuge ( **c** ) noch ein Durchkommen möglich ist.

Bereits im vergangenen Jahr beklagte sich der Bürgermeister von Krün, Thomas Schwarzenberger, ( **d** ) Trampelpfade von Touristen, die auf der Suche nach dem besten fotografischen Blickwinkel durch die Wiesen trampeln. Der Zulauf an Menschen, die Fotos machen wollen, sei nicht mehr zu kontrollieren. Ähnlich geht es seinem Amtskollegen Stephan Märkl in Grainau. Der Eibsee ist ebenfalls ein begehrtes Motiv für die sozialen Medien und neben dem Ausflugsziel Zugspitze ein Grund für das Verkehrschaos im Ort, das zu Ferienzeiten sogar noch schlimmer wird.

Der Bürgermeister selbst hat manchmal Mühe, aufgrund des Verkehrsaufkommens vom Rathaus nach Hause zu kommen. Am nicht weit entfernten Walchensee haben die Einheimischen im Herbst sogar gegen den Freizeitkollaps demonstriert, den ihnen Besucher aus München und dem Umland aber auch von der anderen Seite der Grenze aus Innsbruck regelmäßig bescheren.

Christian Bär, Geschäftsführer des am Rand des Murnauer Mooses gelegenen Hotels Alpenhof und Kreisvorsitzender des Hotel- und Gaststättenverbands, kennt die Probleme in der Region. ( **e** ), meint er. Unter der Woche oder auch im Februar und

März sei es dagegen ruhig. Besorgniserregend findet er, was sich an schönen Tagen im Murnauer Moos abspiele, dass sich die Besucher nicht an Regeln halten und beispielsweise die Wege verlassen.

„Doch wir werden den Tourismus nicht verhindern können. (f)Wir müssen ihn kanalisieren", sagt Bär. Schließlich trügen auch die Einheimischen mit Landschaftsaufnahmen in den sozialen Medien zum Ansturm bei. Bär erkennt in einem Welterbetitel deshalb mehr Segen als Fluch: „Das Prädikat könnte die Chance sein, Maßnahmen für den Schutz zu ergreifen." Er kann sich vorstellen, das Naturschutzgebiet Murnauer Moos nachts für Besucher zu sperren. Und vielleicht wäre mit dem Titel ja auch finanzielle Unterstützung verbunden, um damit Infrastrukturmaßnahmen wie Toilettenanlagen auf den Weg zu bringen.

Im Bauausschuss von Murnau wurde heftig gerungen und die Bewerbung schließlich ( g ). Der Gemeinderat wiederum stimmte dem Vorhaben zu. Doch die Diskussionen gehen weiter.

*Aufgaben:*

I *Wählen Sie für die Leerstellen (* a *), (* c *), (* d *) und (* g *) von den Kombinationen* **1** *bis* **4** *die passende aus. Tragen Sie die entsprechende Nummer in den Antwortkasten ein.*

|  | ( a ) | | ( c ) | | ( d ) | | ( g ) |
|---|---|---|---|---|---|---|---|
| 1 | Aufmerksamkeit | – | kaum | – | über | – | abgelehnt |
| 2 | Ehre | – | nur | – | gegen | – | angezeigt |
| 3 | Sicherheit | – | immer | – | vor | – | abgegeben |
| 4 | Bewegung | – | selten | – | auf | – | angenommen |

II *Wählen Sie für die Leerstelle (* b *) von* **1** *bis* **4** *den geeignetsten Satz aus. Tragen Sie die entsprechende Nummer in den Antwortkasten ein.*

1 Die Leute in Murnau wollen sich um den UNESCO-Titel bewerben
2 Touristen und Einheimische arbeiten zusammen, um den Welterbetitel zu gewinnen
3 Viele Einheimische fürchten sich davor, dass Murnau den Welterbetitel erhält
4 Für Touristen ist es erfreulich, wenn Murnau als Welterbe anerkannt wird

III *Wählen Sie für die Leerstelle (* e *) von* **1** *bis* **4** *den geeignetsten Satz aus. Tragen Sie die entsprechende Nummer in den Antwortkasten ein.*

1 An den Werktagen bleibe er oft im Stau stecken
2 Noch mehr Hotels oder Gaststätten sollten gebaut werden
3 Der große Ansturm beschränke sich auf die Wochenenden und den Sommer
4 Sogar werktags drängen sich Touristen in die Stadt

IV *Welche der Aussagen* **1** *bis* **4** *passt zur unterstrichenen Stelle* ( **f** )*? Tragen Sie die entsprechende Nummer in den Antwortkasten ein.*

    **1**  Wir können ihn trotzdem nicht akzeptieren
    **2**  Wir können ihn auf keine Weise kontrollieren
    **3**  Eigentlich ist er harmlos für uns
    **4**  Wir brauchen angemessene Regeln

V  *Welcher Titel eignet sich am besten für diesen Text? Wählen Sie von* **1** *bis* **4** *den passenden aus. Tragen Sie die entsprechende Nummer in den Antwortkasten ein.*

    **1**  Wieso sich Künstler im 20. Jahrhundert in Murnau sammelten
    **2**  Wieso die Bewohner von Murnau keinen Welterbetitel wollen
    **3**  Wieso die Verkehrsprobleme in Murnau sich verschlimmert haben
    **4**  Wieso die Landschaften in Murnau in den sozialen Medien so beliebt sind

# 7 *Übersetzen Sie den folgenden Text ins Deutsche.*

わたしたちは、人生のおよそ三分の一を眠って過ごす。睡眠とはつまり、われわれの生涯のうちのかなりの部分を占めるものなのである。睡眠がいかに大切か、それは、ほとんど眠らなかったり、あるいはよく眠れずに過ごしたりした夜の後には、すぐにわかることだ。疲労や気の緩みを感じ、集中力を欠き、何をやってもうまく行きそうにない。睡眠がなくてはならないものだとすると、睡眠中には何が起こっているのだろうか？

# 2020年度 冬期 ドイツ語技能検定試験

## 筆記試験 解答用紙

| 受 験 番 号 | 氏 名 |
|---|---|
| 2 0 W | |

**手書き数字見本**

0 1 2 3 4 5 6 7 8 9

**1** (1) ☐ (2) ☐ (3) ☐ (4) ☐ (5) ☐

**2** (1) ☐ (2) ☐ (3) ☐ (4) ☐ (5) ☐

**3** I (a) ☐ (c) ☐  II (b) ☐ (e) ☐

採点欄
☐☐

**III**

**4** a ☐ b ☐ c ☐ d ☐ e ☐ f ☐ g ☐ h ☐

**5** ☐ ☐ ☐ ☐

**6** I ☐ II ☐ III ☐ IV ☐ V ☐

**7**

# 2020年度 冬期 ドイツ語技能検定試験
# 1級
# 聞き取り試験　解答の手引き

（試験時間　約 50 分）

> 出題は新しい正書法（単語のつづり方などに関する規則）に従います。

―――― 注　　意 ――――

■受験票と机の上の受験番号が同じであることを確認してください。

■携帯電話，スマートフォン，スマートウォッチ等の電子機器類は電源を切り，
カバン等にしまってください。机の上に置いてはいけません。

■中途退場は認めません。

① 指示があるまでページを開いてはいけません。

② 聞き取り試験は 2 部から成り立っています。

③ 試験監督者の指示に従って，解答用紙の所定の欄に，受験番号・氏名を記入し
てください。

④ 放送の指示でページを開き，解答のしかたをよく読んでください。解答のしか
たと選択肢などが，2〜3 ページに示されています。

⑤ 解答は黒の HB の鉛筆で強めに記入してください。
書き直す場合には，消しゴムできれいに消してから記入してください。

⑥ **解答はすべて試験時間内に解答用紙の指定された箇所に記入してください。**

⑦ 記入する数字は，下記の見本に従って書いてください。

■試験が終わっても，指示があるまで席を立たないでください。

■解答用紙は持ち帰ってはいけません。

■この問題冊子の無断転載，無断複製を禁じます。

## Erster Teil

1. Lesen Sie zuerst die fünf Fragen von ( **A** ) bis ( **E** ) zu einem Interview mit der Kulturwissenschaftlerin Simone Egger. Sie hat ihre Meinung zum heutigen Heimat-Begriff und weiteren damit zusammenhängenden Themen geäußert.
2. Nach zwei Minuten hören Sie das Interview. Sie können sich beim Hören Notizen machen.
3. Hören Sie danach vier Antworten zu jeder Frage. Wählen Sie von 1 bis 4 die geeignetste Antwort aus und tragen Sie die Nummer in den Antwortkasten ein.
4. Nach einer Minute hören Sie das Interview, die Fragen und die Antworten noch einmal.

( **A** ) Was kann nach Ansicht der Kulturwissenschaftlerin einen neuen Heimat-Begriff für die Gegenwart darstellen?

1                 2
3                 4

( **B** ) Wovon hängt es ab, ob man an einem fremden Ort ein Gefühl von Heimat spüren kann?

1                 2
3                 4

( **C** ) Auf welche Zeit gehen die heutigen stereotypisierten Heimat-Vorstellungen zurück?

1                 2
3                 4

( **D** ) Was meint die Kulturwissenschaftlerin dazu, weshalb es zur heutigen Veränderung des Heimatbegriffs kam?

1                 2
3                 4

( **E** ) Wie denkt die Wissenschaftlerin über das Großstadtleben in unserer modernen Gesellschaft?

1                 2
3                 4

## Zweiter Teil

1. Lesen Sie zuerst die Aussagen **1** bis **9**. Nach drei Minuten hören Sie dann einen Text. Sie können sich beim Hören Notizen machen.
2. Welche der Aussagen **1** bis **9** entsprechen dem Inhalt des Textes? Wählen Sie die vier passenden Aussagen aus und tragen Sie die Nummern in die Antwortkästen ein. Nach einer Minute hören Sie den Text noch einmal.
3. Zwei Minuten nach dem zweiten Hören wird das Ende der Prüfung angesagt. Bitte bleiben Sie so lange sitzen, bis die Antwortblätter eingesammelt worden sind.

**1** Das Jodeln erlebte im 17. und 18. Jahrhundert im östlichen Teil des Alpenraums zum ersten Mal einen großen Boom.

**2** Die historischen Entwicklungen des Jodelns in der Schweiz und in Tirol haben viele Ähnlichkeiten, hatten jedoch einen großen Zeitunterschied.

**3** Während des Napoleonischen Krieges trug das Jodeln zur Stärkung der Solidarität der Tiroler bei und funktionierte als akustisches Symbol für die Rebellion.

**4** Volksmusikfeste in der Schweiz im 19. Jahrhundert hatten als ein Ziel interkulturellen Austausch.

**5** Während der Nazizeit wurde das Jodeln in Österreich auf verschiedene Weise unterdrückt, weil es als feindliche Kultur galt.

**6** Die 1943 veröffentlichte Anleitung für das Schweizer Jodeln hatte den Zweck, eine eigene schweizerische Form des Jodelns zu schaffen, um sich von den nationalsozialistischen Nachbarn abzugrenzen.

**7** Das Jodeln ist heute auch bei der Mittelschicht im städtischen Raum beliebt und wird sogar ganz unbefangen als therapeutisches Mittel verwendet.

**8** Das Jodeln ist heute wieder beliebt, weil viele der Popmusik bzw. der klassischen Musik aus aller Welt überdrüssig sind.

**9** Ein Grund dafür, warum das Jodeln so viele Menschen anzieht, ist das Interesse an musikalischen Exotismen aus der eigenen Umgebung und Kultur.

## 2020年度 冬期 ドイツ語技能検定試験

### 聞き取り試験 解答用紙

| 受　験　番　号 | 氏　　　名 |
|---|---|
| 2 0 W □ □ □ □ | |

**手書き数字見本**
0 1 2 3 4 5 6 7 8 9

【Erster Teil】

| (A) □ | (B) □ | (C) □ | (D) □ | (E) □ |
|---|---|---|---|---|

【Zweiter Teil】

| □ | □ | □ | □ |
|---|---|---|---|

# 2020 年度「独検」二次試験

(2021 年 1 月 24 日実施)

## 1 級の受験者へ
### Höchststufe

1) 口述試験は, 一人ずつ個別に行われます。

2) 控室に掲示してある「試験室別・面接順の受験者一覧」で,
   自分が「どの試験室の何番目」かを確認してください。
   ◆控室入室後の携帯電話の電源はお切りください。
   ◆控室入室後から試験終了まで, あらゆるモバイル (＝通信可能な機器) の使
     用は不正行為とみなします。

3) 係員が順番に試験室へ御案内しますので, それまで控室で待機してください。

4) 試験室の中からの「次の方どうぞ」という指示で入室してください。
   ◆前の受験者が出て来ても, 指示があるまで入室してはいけません。

5) 氏名・受験番号の確認のあと » Themenliste « が提示されます。
   その中からテーマを一つ選び, 3 分間で, 選んだテーマについて述べるべき
   ことを考えてください。メモを取ることは認めません。
   3 分後 » Themenliste « は回収されます。そのあとは面接者の指示に従い, そ
   のテーマについてドイツ語で意見を述べてください。試問はそれをめぐる質
   疑応答の形で進められます。

6) 一人当たりの試験時間は, 最初の 3 分を含めて約 13 分です。

7) 試験終了後は, そのままお帰りいただいて結構です。
   控室に戻ることはできません。
   ◆手回り品はつねに持ち歩くようにしてください。

【注意】
   合格証書や合格証明書に印字される氏名の漢字・ローマ字表記は, 二次試験案内に記載
   されたものと同じになります。
   住所変更も含めて訂正のある方は, 至急直接独検事務局に連絡してください。

   **結果は 2 月 3 日発送の予定です。**
   **成績についての問い合わせにはお答えできません。**

**Nehmen Sie Stellung zu einem der folgenden Themen und begründen Sie Ihre Meinung:**

1. **Japanische Politiker — Sind sie zu alt?**

Der neue japanische Premierminister gehört mit seinen 72 Jahren zu den eher älteren Staatsoberhäuptern der Welt. Auch die meisten anderen japanischen Politiker sind nicht mehr die jüngsten. Ältere Politiker können natürlich mit viel Erfahrung in Leben und Beruf überzeugen, doch wird ihnen vorgeworfen, dass sie die Themen der jungen Generation nicht ausreichend beachten und sich nicht um die digitale Zukunft kümmern. Andererseits werden sie für ihre Durchsetzungskraft gelobt. Sollte es mehr junge Politiker geben, oder spielt das Alter keine Rolle?

2. **Homeoffice — Unsere neue Form der Arbeit?**

Durch den weltweiten Ausbruch von COVID-19 müssen bzw. können viele Menschen von zu Hause aus über das Internet arbeiten. Was bei vielen Unternehmen bisher undenkbar war, ließ sich plötzlich auch über Videokonferenzen usw. lösen. Abgesehen vom Umstand der Pandemie bietet das Homeoffice für eine Vielzahl von Menschen die Möglichkeit, viel Zeit zu sparen und außerdem ihren Arbeitstag flexibler zu gestalten. Ist das Homeoffice die Zukunft für flexible effektive Arbeit, oder lassen sich Unterredungen mit Kollegen, Kunden usw. auch durch einen Videocall ersetzen?

3. **Schuluniformen — Monotonie oder Gleichstellung?**

Japanische Schuluniformen sind auf der ganzen Welt bekannt und haben schon seit Langem ihren Einzug in die Popkultur gehalten. Doch in letzter Zeit stehen Schuluniformen, wie sie in Japan getragen werden, in der Kritik, alte Rollenklischees von Mann und Frau zu bestärken. Dies untergräbt auch das stärkste Argument für die Schuluniformen, nämlich dass diese für soziale Gleichstellung sorgen, indem sie finanzielle und soziale Unterschiede unter den Schülern unsichtbar machen. Ist die Tradition der Schuluniformen also mittlerweile überholt, oder sollte man weiterhin an dieser Tradition festhalten?

## 4. Wie möchten Sie zahlen? — Na, mit dem Handy!

Die Frage nach der Art und Weise der Zahlung ist schon seit geraumer Zeit ein großes Thema. Wohingegen der eine nur noch mit Karte oder Handy zahlt, fühlt der andere sich nur wohl, wenn er Bargeld dabeihat. Das bargeldlose Zahlen hat viele Vorteile, aber es gibt auch sicherheitstechnische Bedenken: Persönliche Informationen liegen meist bei den Anbietern der Zahlungsmittel, und wenn das System streikt, ist keine Zahlung mehr möglich. Sollte man sich also noch nicht vom Bargeld verabschieden, oder können wir bald schon alles bargeldlos bezahlen?

# 冬期 《1級》 ヒントと正解

## 【筆 記 試 験】

## ■ 1 慣用表現（言い換え）

正解 **(1) 2　(2) 2　(3) 4　(4) 4　(5) 4**

　慣用句についての問題です。新聞・雑誌の記事や日常会話の中でよく使われる表現について，内容を理解できているかが問われています。

　**(1)** 問題文は，「党のさらなる発展を望むなら，党内のさまざまな考え方を何もかも一律に扱ってはならない」という意味で，alle über einen Kamm scheren（だれもかれも一律に扱う）という表現が使われています。正解は選択肢 **2** です。この不定冠詞の einen は「（ただ）一つの」という意味で，「皆の髪をただ一つの櫛を使って切る」ことから，一緒くたに扱う，同じ尺度を皆に当てはめることを表現します。［正解率 45.21%］

　**(2)** 問題文は，「若かったときには，私たちはことあるごとにはめをはずしたものだ」という意味で，die Puppen tanzen lassen（大いにはしゃぐ，はめをはずす）という表現が使われています。この Puppen は「人形芝居」（Puppentheater）に由来します（Duden: Redewendungen.Wörterbuch der deutschen Idiomatik. 4., neu bearbeitete und aktualisierte Auflage. Duden Band 11. の見出し語 Puppe を参照してください）。正解は選択肢 **2** です。選択肢 **1** を選んだ解答が 52.74% ありましたが，「望みのことをすべてやった」は問題文の内容からずれてしまいます。［正解率 15.07%］

　**(3)** 問題文は，「この会社の株に投資した人は，今ごろ産をなしている」という意味で，seine Schäfchen im Trockenen haben（産をなしている，自分の利益を確保する）という表現が使われています。この慣用句の由来は定かではありませんが，水浸しの牧草地で悪い寄生虫に羊がやられることを防ぐために，高台に位置した乾燥地で羊を放牧することと関係があるだろうことが Duden（上記に挙げた辞書で版も同一：見出し語は Schäfchen）に記載されています。特に，損失を出す人もいる中で（他人の犠牲において）自分は利益を得る，という若干，否定

— 216 —

的なニュアンスで用いられることが多いです。正解は選択肢 **4** です。選択肢 **1** を
選んだ解答が 45.21% ありましたが，問題文とは逆の意味になってしまいます。
［正解率 18.49%］

（**4**）問題文は，「この国では政治となると誰もが口を出さなければならないと
思っている」という意味で，seinen Senf dazugeben（（求められたり聞かれたり
もしないのに）自説を述べる，（人の話や議論に）割り込む，横から口を出す）と
いう表現が使われています。正解は選択肢 **4** です。選択肢 **3** の解答率が正解と同
じ率でしたが，これは「必ず投票する」という意味であり，問題文の意味と合致
しません。［正解率 35.62%］

（**5**）問題文は，「この例は，何千人もの年金受給者が怪しげな証券マンにいか
にペテンにかけられ得るかを示している」という意味です。使われている表現は，
jn über den Tisch ziehen（（取引などで～を）だまして得をする，（～に）損をさ
せて甘い汁を吸う）です。問題文は受動構文で，「だまして得をする」のが Wert-
papierhändler であり，「だまされて損害を被る」のが tausende Rentner です。
正解は選択肢 **4** です。［正解率 40.41%］

◇この問題は 20 点満点（配点 4 点×5）で，平均点は 6.19 点でした。

**■1** **解説のまとめ**

＊慣用表現は言葉の長い歴史の中で培われ，人々の間に深く定着してきたも
のです。成立した背景に興味を抱くことは，慣用表現のみならずドイツ語
の勉強そのものが面白くなるきっかけとなるでしょう。ただ，慣用表現の
由来は明らかでないものも多く，現代のドイツ語母語話者にとっても自明
ではありません。まずはまとまりとして覚え，どのような文脈で使うの
か，ニュアンスは肯定的か否定的か，古めかしい表現なのか，など使用場
面を意識することが重要です。最初は受け身で理解できるようにして，そ
れから初めて実際に使ってみる，という順番がいいかと思います。ことわ
ざ同様，慣用表現も能動的な使用については慎重であることをおすすめし
ます。

＊慣用表現は堅い書き言葉的な文章よりは，どちらかというと話し言葉に近
いドイツ語で多く見られる傾向にあります。一方，時事的な内容を扱う，
インターネットでも読むことができるドイツの雑誌の記事にも慣用表現は
たくさん出てきます。最近はそうしたテキストにも手軽に触れられるよう

になったので，慣用表現に出会う機会があったら文脈に目配りしながら意識していくといいかと思います。

## 2 慣用表現（空欄補充）

正解 (1) 4 (2) 2 (3) 4 (4) 2 (5) 2

空欄に慣用表現の一部をなす適切な語句を入れる形式の問題です。語句の基本的意味や派生的に生じる比喩的意味，さらには，その慣用的な結びつきなどに関する総合的な知識が問われています。

(1) 空欄入りの文の前までの意味は「弟が私に大まじめに，感じのいい職場の同僚（女性）にどう話しかけたらいいだろうと尋ねてきた。私は笑うしかなかった」です。最後の文の空欄には，選択肢 4 の Ohren が正解として入ります。使用されている表現は，noch grün hinter den Ohren sein（まだ未熟である，経験が足りない，青二才である）です。grün の代わりに feucht, naß, nicht trocken を用いることもあります。日本語では未熟や若さを表現する色彩語は「青」（「青二才」「青いりんご」「まだ青いトマト」など）ですが，ドイツ語では grün を使用します。空欄入りの文の意味は「あの子（弟）は本当にまだ子どもなんだから」となります。[正解率 46.58%]

(2) sonst で始まる空欄入りの文までの意味は「私の同僚（男性）が，私と，彼のガールフレンドと一緒にフランスへ休暇旅行をしたいと言った。でも私は丁重に断った」です。空欄には，選択肢 2 の fünfte が正解として入ります。使用されている表現は，das fünfte Rad am Wagen sein（（グループ内で）いてもいなくてもいい人である，余計者である，無用の長物である）です。通常の自動車は四輪なので，5 個目の車輪は余計であることに由来しています。sonst 以下の意味は「でなければ，私は余計者になってしまう」です。[正解率 57.53%]

(3) 従属接続詞 da に導かれた従属文で始まり，gab 以下が主文です。主文の意味は「情報技術の知識を持つ人間にとっては大いなるビジネスチャンスが存在した」です。従属文中の空欄には，選択肢 4 の Kinderschuhen が正解として入ります。理由は，noch in den Kinderschuhen stecken（まだ大人になっていない，発展途上にある）という比喩的な慣用表現があるからです。文字通りの意味は「まだ子ども靴をはいている」ですが，何か計画などが始まったばかりだ，と

いうような場合に使われます。空欄を含む従属文の意味は「当時，インターネットはまだ発展途上の段階だったので」となります。［正解率 45.21%］

**(4)** 文全体の意味は「経済大臣は景気後退の分析をして本質を突いた」です。空欄には選択肢 **2** の Nagel が正解として入ります。使用されているのは，den Nagel auf den Kopf treffen（物事の核心をつく，急所（要点）をとらえる）という慣用表現です。この表現は弓矢射撃の言い回しで，競技の的の中心には以前は釘（Nagel）が打ち付けてあったことに由来すると説明されています（Duden: Redewendungen. Wörterbuch der deutschen Idiomatik. 4., neu bearbeitete und aktualisierte Auflage. Duden Band 11. の見出し語 Nagel を参照してください）。［正解率 47.26%］

**(5)** 一つ目の文は「そのオペラ歌手の声はとても表情豊かであった。（どのようにかと言うと）ときには悲しげでメランコリック，またときには明るく快活であった」という意味です。続く文の空欄には，選択肢 **2** の Haut が正解として入ります。jm unter die Haut gehen（〜の心をゆさぶる，〜を深く感動させる）という慣用表現です。空欄を含む文の意味は「彼女の歌唱は心にしみわたった」です。［正解率 51.37%］

◇この問題は 15 点満点（配点 3 点×5）で，平均点は 7.44 点でした。

**2 解説のまとめ**

＊慣用表現は，複数の語が固定した組み合わせで使われ，その全体の意味が構成要素の意味の総和にならないものです。ですから，ある慣用表現に出会ったら，どんな語がどのように組み合わされているのか，つまり固定性を正確に把握することが大事です。その上で，慣用表現としての意味を理解し，使われうる文脈とコノテーション（否定か肯定か中立的表現かといったニュアンス）をテキストの中で確認しながら覚えていくのが重要です。

＊今回も身体名称が入った慣用表現が **(1)**，**(5)** の 2 問で使われました。身体部位はもちろん，人間の日常生活に身近である動物もさまざまな慣用表現に登場します。慣用表現は話し言葉で多用される傾向がありますが，新聞や雑誌，インターネットの記事など，ジャーナリスティックな文章でも実によく登場します。テキストを読みながら覚えていきましょう。

# 3 長文読解（文の書き換え・文の解釈）と独文和訳

正解 I （a）4 （c）2 II （b）3 （e）3

III 訳例：彼の呼びかけは，宗教が平和を阻害し，まさに戦争を推進するものとなってしまうことに，いかなる信仰者も無関心であってはならない，ということである。月並みな言い方に聞こえるが，政治による宗教の「悪用」があるかのように語り，目下問題になっている対立からその場に居る人たちを切り離すことをよしとするのが社交上の慣習になっている現状においては，勇気のある発言である。

出典は《Die Zeit》紙 2019 年 8 月 22 日第 35 号に掲載された „Religions for Peace: Love, Peace and Holiness" という記事です。近年世界各地で起こっている紛争の背景の一つに，宗教間の軋轢があります。この記事では，2019 年 8 月にドイツで開催された世界宗教会議 „Religions for Peace" を取り上げ，信仰の持つ力の両義性に焦点を当てています。従来の宗教イベントは融和や平和の祈りばかりを強調する傾向がありましたが，„Religions for Peace" においては，世界の宗教指導者たちが，信仰がときに戦争を推進する力になりうる現実に向き合い，さまざまな問題について議論を重ねました。ここでは，こうした „Religions for Peace" の姿勢が，誠実なものとして肯定的に評価されています。なお，出題にあたっては，テキストの一部の語句や表現を変更しました。

この問題の狙いは，テキストの内容や構造を文脈に考慮しながら正確にとらえているかどうかを問う点にあります。各設問の意図を補足すると，問題 I ではそれぞれの文ないし表現が適切に解釈できるかどうかが，問題 II では文の置き換えとして最も適切なものを選べるかどうかが，問題 III では複雑な文構造であるドイツ語の長文を読み解き，意味の通ったわかりやすい日本語に訳すことができるかどうかが，それぞれ問われています。

内容：

世界の宗教指導者たちがのどかな南ドイツで平和の約束を誓い合う朝に，戦争で壊滅的なダメージを受けた中央アフリカ共和国のある司教は，われわれの時代の最も陰惨な紛争の際にとかく言われがちな，このような絶望的文言を述べている。数年来イスラム教系反政府勢力セレカとキリスト教系武装組織アンチバラカが抗争を続けているが，その国のカトリック教会のトップである Néstor-Désiré Nongo-Aziagba は，人々は「政治的な危機に瀕しているので

あって，宗教的な危機ではない」と明言したのである。信仰の相違には何十万人もの死や百万を超える国民の追放の罪はない，とでも言うつもりなのか。

これらの宗教が殺害の原因ではなかったという限りでは，これはその通りである。けれども宗教的憎悪がその間に殺人者へと駆り立てる力となったという点においては，それは本当とはいえない。

そしてまさに (**a**) このアンビヴァレントな状況ゆえに，ボーデン湖畔の町リンダウで開催されている，100 を超える国々から集まった 1000 人の宗教的権威による世界会議 „Religions for Peace“ は物議を醸しているのである。„Religions for Peace“ はただ単に万人のための教会大会といったものではない。(**b**) しだいに数多く行われるようになってきた，さまざまな宗教間の抱擁イベントでもない。こうしたイベントはしばしば，この世界のあらゆる信仰者は結局のところ同じことを信じていると，互いに気を落ち着かせることのみを目的としている。そうだったら結構なことなのであるが。

実際に今日では世界人口の 80% を超える人々が何らかの宗派に属している。現実には世俗化のテーゼ，すなわち信仰はやがて消滅するという前世紀の大々的予測は，西側世界でさえも，真実とは証明されなかった。しかしながら，新千年紀の初頭にはドイツの教会の代表者たちの間では，安堵した，すなわち満足した調子で「宗教の回帰」を告げることが通例であった一方で，リンダウの宗教家たちは影響を持ち続ける信仰の力に希望を見いだすと同時に警告も忘れていない。(**c**) これは賢明であると同時に，宗教会議にしては並外れて誠実である。

というのも宗教が今後，紛争のむしろ張本人になるかそれとも仲裁者になるかはまだわからないからだ。さらに世界政治の舞台では，宗教がどちらにもなりうることが示されている。リンダウではそれゆえに，平和の祈りで満足する代わりに，さまざまな問題を論ずることとした。開会に際して連邦大統領の Frank-Walter Steinmeier は「残念ながら，宗教のない世界こそが世界平和の前提であるという印象を抱いている人もいるでしょう」と述べ，根拠として宗教を軽蔑する者だけでなく，敬虔な信仰者たちのことも挙げた。「これは宗教に切実な思いを抱くすべての人々にとって，信仰が意味を与えてくれ，信仰によって生きる方向性や拠り所を見出すすべての人々にとって，強烈な挑発です」(**d**) 彼の呼びかけは，宗教が平和を阻害し，まさに戦争を推進するものとなってしまうことに，いかなる信仰者も無関心であってはならない，ということである。月並みな言い方に聞こえるが，政治による宗教の「悪用」があるかのように語り，目下問題になっている対立からその場に居る人たちを切り離すことをよし

とするのが社交上の慣習になっている現状においては，勇気のある発言である。

　「Religions for Peace" は 1970 年に，平和を説くだけではなく，みずから平和を作り出す，さまざまな宗教の集まりとして誕生した。そのため誠実さというものは設立当初より欠かせないものであった。現事務総長，アメリカ人のWilliam F. Vendley はリンダウで，もしも，これまで繰り返し自らの規範に背いてきた宗教共同体の持つ平和をもたらす力を利用しようとするならば，それだけでもうアイロニーが必要である。今日 „Religions for Peace" に参加することは，自分自身の信仰の平和的基盤を自覚し，他者の目を通して自らの宗教への愛を再発見することを意味する，と述べた。

　(e) これはただし抽象的には，そして神学だけでは成し遂げることはできない。そのためにはまた議論を戦わせる必要がある。初めて „Religions for Peace" がドイツで開催され，初めて聖地保護の協定に合意し，初めて信仰告白の代わりに，1000 人の宗教指導者たちが共同の誓約，すなわち「自らの信仰の伝統に導かれるとともに異なる宗教にも敬意を抱き，私は平和のために多宗教の共同作業を約束します。私は他の宗教の信仰者とともに協力します」という誓いを立てた。

　I (a) の文意に関しては，選択肢 4「信仰ではなく，ある宗教への敵意が流血を伴う抗争を招いている矛盾した状況」が正解です。多くの選択肢が「アンビヴァレントな状況」を言い換えた表現で始まっており，ここでのポイントはその具体的内容をテキストの前後関係から読み解くことにあります。なお「アンビヴァレントな状況」については前の段落で述べられています。したがって選択肢 1「宗教的権威が一方で世界平和と唱え，他方で憎悪の種をまく」こと，選択肢 2「中央アフリカ共和国ではイスラム教徒とキリスト教徒がしだいに衝突に至った」こと，選択肢 3「見たところの宗教的対立の多くがもともとは政治的理由から生じている」ことは文意からはずれ不正解となります。［正解率 42.47%］

　I (c) の文意に関しては，選択肢 2「通常は宗教会議においては信仰のプラス面だけを強調するものだが，„Religions for Peace" では宗教の複雑さとそこから生じる諸問題に賢明にそして誠実に取り組んでいる」が正解です。ここでは指示代名詞 das が何を指し，それがなぜ「賢明な」(klug) だけでなく，für ein Religionstreffen ungewöhnlich ehrlich（宗教会議にしては並外れて誠実）なのかを前後の文脈から理解することが重要です。なお das は直前の文 konstatieren sie in Lindau die fortwirkende Macht des Gottesglaubens sowohl hoffnungsvoll als auch warnend を受けています。したがって前世紀の宗教の消滅の予言

に言及した選択肢 **1**，（世界の宗教ではなく）ドイツの教会の指導者について述べた選択肢 **3**，そして宗教が世界政治に与えるマイナスの影響を認め，宗教指導者が和解のために祈るという内容の選択肢 **4** は文意からはずれ不正解です。［正解率 32.88%］

Ⅱ (**b**) の文意については上記の日本語による内容を参照してください。ここでのポイントは „Religions for Peace" がそれらとは一線を画すという，interreligiöse Veranstaltung の内容を理解することです。下線部の wie es mittlerweile viele gibt の箇所では，viele の後に interreligiöse Veranstaltungen が省略されていますが，ここではこうした催しの数がしだいに増えてきたことを示す mittlerweile viele の意味を正確に掴む必要があります。また viele を先行詞とする関係代名詞の複数 2 格 deren に続く関係文では，それらの催しの「目的」（Zweck）が述べられています。したがって選択肢 **3**「互いの理解を深めるためだけに，さまざまに異なる宗教の信仰者たちが集まる類いの，ありきたりな会合ではない」が正解です。選択肢 **1** と選択肢 **2** は全体の文意以前に，それぞれ「集会」（Beisammsein）や「会議」（Tagung）を修飾する形容詞として「定期的」（regulär），「公的」（offiziell）が用いられていることから，mittlerweile viele の言い換えとしては不適切であり，不正解であることがわかります。選択肢 **4** の「多くの信仰者が宗教の持つ永続的な力について議論する，よくある催し」は，(**b**) で示された催しの特徴と合致しません。［正解率 75.34%］

Ⅱ (**e**) の文意に関しては，選択肢 **3**「こうした理念を現実のものにするには，観念的に取り組むだけでなく，具体的に意見を戦わせる必要もある」が正解です。(**e**) は語彙および文法という観点から見て，比較的容易と思われた方もいるのではないでしょうか。ここでのポイントは，そのテキストに即して文意を理解することにあります。とりわけ abstrakt や sich streiten という見慣れた単語が何を意味するかを文中から把握することが求められます。選択肢 **1** は「神学的問題提起は理論的で非現実的なので，簡潔な説明が求められる」という意味ですが，本文では神学の問題は扱われていません。また (**e**) における sich streiten は議論を交わすことを意味し，選択肢 **2**「宗教団体間で激しく敵対することで，しかしながら机上の空論にすぎないテーゼよりもよい結果を得られる」，選択肢 **4**「神学はこうした意図を達成するには不十分なので，他の宗教団体とともに共通の敵と戦うべきだ」のように，敵対関係を容認するものでも，戦いを促すものでもありません。［正解率 76.03%］

**III** 下線部（**d**）を和訳する問題です。専門用語およびなじみのない語や従属文が多用されている文構造をきちんと読み解き，個々の表現を正しく理解し，さらに全体として理解可能な日本語に訳出できるかどうかが問われています。採点に際しては，全体を文の区切りにしたがって二つに分け，前半を4点，後半を8点と配点し，個別に採点しました。また採点に際しては，文全体の構造の把握，意味の通った日本語の訳文，全体的な文意の理解を基準とした上で，原則として減点法で行いました。12点満点中の平均点は2.82点でした。

第1文では，まず Sein Appell の sein が Steinmeier 大統領のことを指し，コロン以下が，接続法第I式で書かれていることから，引用符が付された前文に引き続き，Steinmeier 大統領の発言内容であることが理解できているかどうかがポイントになります。その上でコロンの後の Es は wenn 以下の従属文の内容を指していること，従属文の中では als et¹ gelten（et¹ とみなされている）の et¹ にあたる名詞 Phänomen の付加語が名詞と現在分詞の合成による複合語であることを理解し，friedensverhindernd（Frieden＋verhindernd），kriegsfördernd（Krieg＋fördernd）の意味を推測できることが求められます。第1文では kriegsfördernd を「戦争を要求する」（kriegsfordernd）としている解答例が散見されました。

第2文では，本文に主語が記されていないので，「何が」「月並みな言い方に聞こえ」（klingt wohlfeil），「社交上の慣習に鑑みて勇気がある」（mutig angesichts der diplomatischen Gepflogenheit）のかを見極めて和訳することが重要になります。またその際，der diplomatischen Gepflogenheit 以下の，その内容を示す zu 不定詞句にはさらに関係文が続き，zu 不定詞句中の den Konflikten が関係代名詞 die の先行詞になっていることに注意を払う必要があります。なお zu 不定詞句後半部の jn von et³ auszunehmen は「jn を et³ から除外する」という意味で，関係文では es geht um et⁴（et⁴ が問題である）という表現が用いられているので，zu 不定詞句をまとめると「政治による『悪用』があるかのように語り，目下問題になっている対立からその場に居る人を切り離すことをよしとする」（社交上の慣習）となります。さてここで言う「その場に居る人たち」とは誰のことでしょうか。このテキストでは „Religions for Peace" という世界宗教会議がテーマになっていることから，それは会議に出席している宗教指導者たちのことだとわかるでしょう。また世界各地から宗教家が参加しているこの会議は，一種の社交の場とみなすこともできます。それゆえここで「月並みな言い方に聞こえ」「社交上の慣習に鑑みて勇気がある」と指摘されているのは，宗教指導者たちの面前で彼ら／彼女らに対して苦言を呈している，和訳問題の前半で説明される Steinmeier 大統領の呼びかけです。第2文に関しては，zu 不定詞句やそれに続く関係文については構造を理解し和訳している解答例はありましたが，記されていない主語を正しく推測し，訳出した解答例はほとんど見られませんでした。

◇この問題は 24 点満点（配点 I 3 点×2＝6 点，II 3 点×2＝6 点，III 12 点）で，全体の平均点は 9.62 点でした。

## 3 解説のまとめ

＊長文読解においては，豊富な語彙力も重要ですが，テキストの流れを正確にとらえて文脈から内容を把握する力も必要です。そのためには，多読と精読をうまく組み合わせることが有用です。また現在話題になっているテーマの記事などをチェックすると，新たな語彙を習得することができます。

＊テキストの流れを正確にとらえるためには，文法事項や文構造を把握することが重要です。文法事項としては，基本的な項目に留意してください。例えば，定動詞の位置，冠詞，名詞の格など初歩的な点を見逃していないか慎重にチェックしましょう。

＊文章解釈に関する選択問題では，ごくわずかな表現の違いによって正解か不正解かが決まります。ごく些細な点でもけっして軽んじることなく，繊細な意識で注意を払うよう心がけてください。

## 4 会話文の再構成

正解 (a) 6　(b) 8　(c) 2　(d) 5　(e) 4　(f) 7　(g) 3　(h) 1

会話の流れを適切に理解する力，テキストを再構成するための論理的思考力や文脈を予測する力，そしてそのために必要される語彙力を問う問題です。テキストは《Der Tagesspiegel》紙に掲載された，環境問題の先駆的思想家 Ralf Fücks 氏へのインタビュー „Für die meisten Flüge gibt es keine Alternative" （2019 年 8 月 5 日付）に基づいています。なお出題にあたり，テキストの一部を削除しています。近年の，環境保護のために飛行機の利用を差し控える「飛び恥」（Flugscham）などの動きに対し，こうしたアプローチの仕方は非現実的であり，もっと巨視的な視点から環境問題をとらえる必要性があると説かれています。

インタビューは，Fücks 氏が飛行機を利用することに罪悪感を覚えることがあ

ると認めているが，飛ぶことは犯罪か，と Fücks 氏に尋ねることから始まります。Fücks 氏は「飛行は大昔からの人類の夢です。われわれは飛行機に乗りますが，しかしその際，気候変動の観点からは心のやましさを感じることもあります」と答え，(**a**) と続けます。(**a**) の後で Fücks 氏は，「けれどこうしたことは例外です。大半の飛行の代替となりうる現実的な案はまったくないのです」と述べていることから，(**a**) では，「例外」と指摘された，代替案のある必然性のない飛行機の利用について言及されているものと予想されます。正解は **6** の「もちろんすべての飛行が必然的というわけではありません，例えばよく知られた，マジョルカ島への週末旅行など」です。なお選択肢の中で「飛行」(Flug) そのものが話題になっているのは **6** のみです。［正解率 48.63%］

Fücks 氏の最初の回答を受けて，インタビュアーは (**b**) とコメントしています。これに対して Fücks 氏は「飛行は現代のグローバル化された世界に深く根づいています。経済は言わずもがな，学問も文化もスポーツも飛行なしには考えられません。これは国際会議で集合する市民団体にも言えることです。環境保護運動家だってその主脳会議にはどうにかして移動しなければなりません。もう二度と飛ばないという呼びかけは現実的ではありません。その点ではわれわれはたがいに正直であるべきです」と語ります。ここでは真っ先に飛行の必然性が主張されていることから，(**b**) はそれと対立する内容であり，その後で「環境保護運動家だって」(Auch die Klimaschützer) という表現や，彼ら／彼女らによる呼びかけが続くので，(**b**) はさらに環境保護運動家にも関連することが推測されます。したがって正解は選択肢 **8**「飛び恥を訴える活動家たちはしかしそれに対し別な見方をしています」です。これは，「飛び恥」を唱える活動家たちは，Fücks 氏とは考え方が異なり，飛行を必然的とは考えていないということを意味しています。なお，選択肢 **2** を選んだ解答が 29.45% ありました。選択肢 **2** では現代社会の複雑さについて述べられており，(**b**) を聞いた Fücks 氏の発言と内容的に整合せず不正解です。［正解率 21.92%］

Fücks 氏の主張を聞いたインタビュアーは，「つまり飛行を断念することは，たんに善意の問題だけではないと？」と Fücks 氏の考えを別な言葉で要約し，確認します。Fücks 氏は「その通り」と答え，(**c**) と続けます。(**c**) の後では「例えばリベラルな移民政策に賛成の人は，なかなか飛行に反対することはできません。飛行が増大しているのには移住が関係している，要するに人々は家族を訪ねるのです。それに今日労働者や勤め人が飛行機に乗ってバカンスを楽しむ余裕ができたのだとすれば，ひとまずは進歩というものです」と述べています。したがって (**c**) では必ずしも飛行を否定できない理由が説明され，その上で具体例が示され

ていることがわかります。具体例として挙げられているのは，世界のグローバル化に伴う移民の増加と，社会的階層差が縮小されたことによって，これまでバカンスを楽しむ余裕のなかった人々がそれを享受できるようになったことです。ここから Fücks 氏は (**c**) で，飛行の是非一つをとっても，その背後にはさまざまな要素があることに言及していることが推測されます。正解は選択肢 **2**「われわれは，目標がせめぎ合い，さまざまな矛盾の入り混じった現代社会に生きています」です。［正解率 25.34%］

インタビュアーはここで話題を飛行機に移し，Fücks 氏に「航空会社は新しい石炭産業だ，と最近よく言われています。この意地悪な見方も，1 回の飛行当たりの二酸化炭素の大きな排出量を考えれば，当然だとは思われませんか？」と問いかけます。Fücks 氏は「飛行機はけっして気候破壊者ナンバーワンではなく，世界で生じている排出量の 2～3% といったところです。批判の規模が実際の重大さに相関していません」と言い，(**d**) と続けます。(**d**) の後でインタビュアーが「でも良心の呵責を抱きながらさらに飛び続けるのは，私たちにとっていいことではありません」と Fücks 氏の発言を否定することから，(**d**) では批判と有用性の相関性を考慮するための補足説明があることが考えられます。正解は選択肢 **5**「インターネットのエネルギー需要が今日ではずっと上昇しているからといって，誰もスマートフォンを手放すことを求めたりはしません」です。［正解率 32.88%］

Fücks 氏はグローバルな航空輸送はこれからもますます盛んになり，とりわけアジアの新興国でその傾向は顕著なので，むしろ発想を転換し代替エネルギーによるクライメート・ニュートラル（気候中立）の飛行機を開発すべきと主張します。それに対しインタビュアーが (**e**) とコメントすると，Fücks 氏は「それがやがて登場するかどうかは，物理的に疑わしい」と述べます。つまり (**e**) には Ob die je kommen の指示代名詞 die に対応する複数形の名詞が含まれることがわかります。(**e**) に先立つ Fücks 氏の発言から代替エネルギーによる飛行機が話題になっていることに鑑みれば，正解は選択肢 **4** の「電気飛行機とは大胆なヴィジョンですが，しかし，今のところこれ以上思いつきません」となります。［正解率 43.84%］

電気飛行機の実現は疑わしいと言った後，Fücks 氏は「しかしながら環境に優しい飛行はもはや幻ではありません。海藻から作ったバイオ・ケロシン，グリーン電力の余剰から作った合成燃料，こうしたものすべてが技術的には作り出すことが可能です」と語り，(**f**) と続けます。ここでは代替エネルギーを使用した飛行について話していますので，この後もおそらく同テーマに触れていることが考えられます。したがって正解は選択肢 **7**「私たちはこれから産業化に照準を合わ

せ，これに取り組まなければなりません。というのも航空機の総入れ替えには長い時間が必要だからです」となります。なお選択肢 **4** を選んだ解答が 21.23% ありました。たしかに選択肢 **4** でも代替エネルギーを燃料とした飛行機について言及されていますが，選択肢 **4** は上述の理由から (**e**) の正解となります。また話の流れから新しいエネルギーの開発への将来的展望が示されていることが予測されるので，内容の点から見ても選択肢 **7** が適切と言えるでしょう。[正解率 17.81%]

　しだいにインタビューの話題は „Fridays for Future" などの新しい環境保護運動が政治に与えるインパクトへと移っていきます。Fücks 氏は，こうした運動の政治への影響力が増し，保守政党も現在では彼ら／彼女らの動きを無視できなくなっていることを，前進ととらえています。インタビュアーは，ここでもう一度飛行機の利用について「批判的な人びとは航空交通をわれわれの成長第一主義の兆候とみなしています。地球を犠牲にしても，もっと，もっと，より多く成長していきたいという」と述べます。これに対し Fücks 氏は「世界経済は，好むと好まざるとにかかわらず，ますます成長していくでしょう。それゆえにわれわれは豊かさと自然の消費を別々に考えなければなりません」と言い，(**g**) と続けます。(**g**) の後では「これはきわめて複雑な企てです。しかしその複雑さを飛び恥のようなスローガンは単純化しています。なぜなら，実際は社会の構造が問題となっているにもかかわらず，それらは問題を個人化しているからです」と述べています。ここから (**g**) では豊かさと自然の消費を切り離した，構造的抜本的変化をもたらす企てが示されていると予想されます。したがって正解は選択肢 **3**「環境に対して中立であるためには，発電，輸送，都市開発や農業を含む，まさにグリーン産業革命を必要としています」です。[正解率 17.81%]

　ここでインタビュアーは「成長を教条とすること自体が問題の核心なのではないか？」と問いかけます。Fücks 氏は「グローバル経済は今後 20 年で約 2 倍の成長を遂げるでしょう。何かある架空の教条ゆえではなく，世界人口の増加や何十億もの極貧層が中間層へと上昇することによって。これは私たちが直面しなければならない現実です」と回答します。さらに「それで？」と答えを促された Fücks 氏は (**h**) に続き，「ここにこそ私たちの責任があります。すなわち，われわれは豊かさ，気候保護そして社会保障の調和を図ることが可能であることを示す必要があるのです」と述べています。この発言から，(**h**) には経済的発展と気候保護，社会保障を結びつける試みが示されていると推測されます。正解は選択肢 **1**「発展途上の南の国々は，成長のための技術的代替案が見つかればすぐに，環境に優しい成長へと切り替えてくれるでしょう」です。なお，選択肢 **7** を選んだ解答が 33.56% ありました。選択肢 **7** では，たしかに代替エネルギーについて

示唆されていますが，話題は飛行機に限定されています。(**h**) の前後の文脈では
グローバル経済と環境問題がテーマとなっていますので，選択肢 **7** は内容的に整
合せず，不正解です。[正解率 19.86%]

◇この問題は 24 点満点 (配点 3 点×8) で，平均点は 6.84 点でした。

---

### ◢4◣ 解説のまとめ

＊分量があまり多くない文章に何箇所も空欄があると読みづらいかもしれま
せんが，最初に全体に目を通し，何がテーマになっているのか，おおよそ
の内容を把握してから解答に着手するとよいでしょう。

＊選択肢から解答を選ぶ前には，解答の前後の文脈を確認しましょう。イン
タビュアーの質問だけでなく，話の流れの中から，内容を理解することが
大切です。

＊選択肢が複数の文からなる場合，全体が文脈に整合するかどうかを確認し
ましょう。一つの文だけを見て早急に判断しても，残りの文が文脈と整合
的でない場合には全体として自然な流れが成り立たないため注意が必要で
す。

---

## ⑤ テキスト内容の理解

[正 解]　**3**, **6**, **7**, **9**（順不問）

アクチュアルな問題をテーマにした文章の理解度を問う問題です。出典は，オ
ンライン版《Focus》誌に掲載された記事 „Weniger Arbeit, mehr Freizeit:
Experte erklärt, ob Vier-Tage-Woche in Deutschland funktioniert" (2020
年 1 月 9 日閲覧) です。出題にあたり，部分的に表現を省略，修正しています。
テキストの内容はおおむね以下の通りです。

内容：

変えようがないというものがある。「週 40 時間労働」が例えばそうである。
これが 1960 年代に社会全体にくまなく導入されて，この制度はドイツでは労
働法の教条であり賃金レベルでの規準にもなっている。が，絶対的なものでは
ない。他の国々ではすでに新しい労働モデルが試験的に導入されている。

最近では，フィンランドの Sanna Marin 首相の談話もドイツで注目を浴び
た：1 日 6 時間，週 4 日労働。これは彼女が首相に選出された 12 月初頭より
以前の発言である。フィンランド政府のスポークスマン (女性) は，2019 年 8

月の Marin 氏のこの考えは政府案には入っていないとあらためて発表したが，彼女の考えはきわめて興味深い。

　労働市場の研究者 Alexander Spermann 氏は，今後数十年間で段階的に発展していくに違いないポジティブな未来像を提言している。ドイツでもこうしたモデルが取り入れられる可能性はあるかもしれない。Spermann 氏は「われわれが企業においてもっと効率的になれば，週4日労働はドイツでも可能となるだろう」と述べている。その意味するところは，従業員はより短い労働時間でより迅速，より生産的に働くことができるようにならなければならない，企業の競争力が危機に陥らないようにするために，である。こうしたことを述べる Spermann 氏にとって何よりも重要なのは，労働プロセスのデジタル化といった技術的発展である。これによって時間は節約され，企業の能率も上がるだろう，というわけだ。だが，週間労働日数の短縮は技術的な進展だけで実現されうるものではなく，人間自身も生活パターンの変更に順応しなければならない。というのも，週4日労働モデルというのは，パートタイムとは異なり，より短い労働時間で従来と同一の仕事量をこなさなくてはならず，多くの場合，これまで以上に重労働となるのは明らかであると Spermann 氏は警告しており，多くの人が賃金は変わらず休みは増えると幸先のよいイメージを持っているが，こうした考え方は常に貧乏くじをひかされるだけだと述べている。

　週4日労働が現在すでに可能であることはいくつかのケースが示している。例えばニュージーランドの金融・不動産企業パーペチュアル・ガーディアンで，ここで2ヶ月間にわたって週4日労働がテストされた。従業員を働き過ぎにさせることなく，明らかに短縮化した労働時間にもかかわらず，生産性と従業員の賃金は変わらぬままだった。このパイロット・プロジェクトはかくして今後も持続される解決策となった。Spermann 氏にとって「能率優良」企業によるこのような手本となる実例は，現代にふさわしい労働時間設計のためのパイオニアであり，革新的な労働時間モデルを実行している企業は国際的な労働市場ですでに利点がある。つまり専門的人材獲得の際に企業としての魅力が高いからで，これは多くの雇用主にとって重要なファクターである。しかしながら，Spermann 氏はドイツにおいては，週4日労働とは別の措置を支持している。それは労働時間法を緩和してもっとフレキシブルにすること，である。現在のところ，ドイツの法律上の基本諸条件は労働時間に関してフレキシブルな対応をほぼ認めていない。

　Spermann 氏の見解によれば，就業者が週40時間以上あるいはそれ以下の時間で働きたいという希望はほぼ考慮してもらえないが，賃金契約については

労働組合と雇用者協会が裁量できる自由度が明らかに高い。ドイツ雇用者協会連盟も厳格な法規制が問題であることを認めている。立法者たる国に対して「厳格な労働時間法は改定されねばならない」との要請がなされていることを連盟は承知している，とあるスポークスマンがオンライン版「フォーカス」に語ったのだ。さらに「労働時間規制がよりフレキシブルになれば，働き手もまた自分の労働時間をカスタマイズしたり，家庭と仕事をよりよく両立させたりする余裕を持つこともできる」と述べている。したがって，専門家たちの意見によればドイツにとってはフレキシビリティが新たな労働時間モデルをもたらしうることになり，これは週4日労働という未来図よりも迅速かつ容易に実現可能なモデルなのだ。

　選択肢 **1** は，「ドイツではすでに長い間普及し，規準となっている労働モデルが，先日別の国々でテストされた」という意味です。本文第1段落でドイツの労働モデルについて言及されていますが，ここではドイツとは別の労働モデルが他の国々で試験されている，と述べられています。したがって，選択肢 **1** は不正解です。

　選択肢 **2** は，「フィンランドの首相が2019年に公式に述べた労働時間の改革案は，政府内部で大方の支持を獲得している」という意味です。本文の第2段落では，首相就任以前の Sanna Marin 氏による労働改革についての2019年8月の公式見解とこの改革案に対する政府の否定的な態度が述べられています。したがって，選択肢は本文の内容とは逆の意味になるので選択肢 **2** は不正解です。なお，この選択肢を正解とする解答は 26.03% ありました。

　選択肢 **3** は，「労働市場研究者の Alexander Spermann 氏は，今日の技術的な発展と企業における生産性の増加は同時並行的に生じるだろう，と予見している」という意味です。Spermann 氏の見解は本文第3段落で引用されていますが，選択肢の正誤を判断するポイントは，第3段落で労働時間が短縮されるための条件として Spermann 氏が最重要視しているのは技術的な発展であり，これによって企業の能率が向上する，と述べられていることです。この選択肢が本文の内容と合致しているため，選択肢 **3** は正解です。「正解率 73.29%」

　選択肢 **4** は，「多くの労働市場の専門家たちの意見の根底には，給料の減額なき休暇の増加がまもなく実現されるだろう，という確信がある」という意味です。本文の第3段落の終わりでは，専門家 Spermann 氏の話の引用として，これまでと同じだけの賃金のままで休暇だけは増加するという考え方は現実的ではないとの見解が示されています。したがって，選択肢 **4** は本文の内容に合致せず不正

解です。なお，選択肢**4**を選んだ解答が35.62％ありましたが，zu kurz kommen（不利益をこうむる，貧乏くじを引く）という成句表現が用いられている点に注意する必要があります。

選択肢**5**は，「パーペチュアル・ガーディアンは経験の浅いパイロットの養成に特化した会社だが，近頃この会社は新しい労働モデルをテストした」という意味です。本文の第4段落ではパーペチュアル・ガーディアンという会社について説明されており，ここで新しい労働モデルが試験的に導入されたことが述べられています。しかし，本文ではこの会社は金融・不動産企業として紹介されており，パイロット養成会社とは述べられていません。したがって，選択肢**5**は不正解です。

選択肢**6**は，「いくつかの会社は新しい労働モデルによってよい結果を得はしたが，専門家Spermann氏はこのモデルのドイツの労働制度への導入をはっきりとは肯定的に述べていない」という意味です。この問題のポイントは，選択肢**6**の中のmit dem neuen Arbeitsmodell（新しい労働モデルによって）で問われているのが第2段落以降で話題となっている「週4日労働」（Vier-Tage-Woche）だということを定冠詞の使用および文脈から読み取っているかという点にあります。この点を踏まえて考えると，本文第4段落では，新しい労働モデルの試験的導入が一部の会社で成功したことが述べられています。一方，同じ段落の後半部分でSpermann氏は，このモデルとは別の施策が取られることを支持している，と語られます。すなわちSpermann氏は一部の会社で成果を上げた週4日労働モデルのドイツへの導入に対してはあまり肯定的に考えていないと読み取ることができます。したがって，選択肢**6**は正解です。［正解率56.85％］

選択肢**7**は，「労働時間の緩和と賃金契約は必ずしも一致しない可能性がある，と想定されうる」という意味です。本文の第4段落後半では労働時間の緩和とフレキシビリティという二つが今後のドイツ社会に有用な労働モデルを提供するというSpermann氏の意見が引用されています。一方，第5段落前半では労働時間と賃金契約はそれぞれ異なる法律および機関が関わっていることが書かれています。選択肢**7**は本文に合致しているため，選択肢**7**は正解です。［正解率43.15％］

選択肢**8**は，「雇用者が最大限の利益を得られるようにするために，よりフレキシブルな労働時間法が法的に規定されることが世間一般に期待されている」という意味です。本文第5段落では，労働時間の法規制の緩和を必要とする考え方がいくつか紹介されていますが，その中には本文で引用されるスポークスマンの意見のように，雇用主だけではなく働き手の個人的な生活設計にとっても有用な

結果をもたらす，という考え方もあります。また，これらの見解はあくまでも専門家たちの意見として紹介されているものであり，選択肢にある allgemein（世間一般）の総意かどうかは本文では述べられていません。したがって，選択肢 **8** は不正解です。なお，この選択肢を正解とする解答は 34.25％ ありました。

選択肢 **9** は，「専門家たちは，週4日労働のようなさまざまな構想に並んで，とりわけフレキシブルに労働時間を設計できることが，これまでのドイツの労働時間モデルを刷新するための可能性となるとみなしている」という意味です。Flexibilität（フレキシビリティ）については本文の第4段落後半および第5段落で述べられていますが，本文ではこれが今後のドイツ社会に新しい労働時間モデルを提供するためのキーワードとなるであろう，という専門家たちの共通認識が紹介されています。したがって，選択肢 **9** は本文の内容に合致しており，正解です。［正解率 82.19％］

◇この問題は 16 点満点（配点 4 点×4）で，平均点は 10.22 点でした。

---

### **5** 解説のまとめ

＊定冠詞と不定冠詞は，それが用いられる明確な理由が存在します。そのため，冠詞の形から，それが付されている名詞が「未知」の情報か，あるいは「既知」の情報か。既知であればすでに与えられた情報のうちの何を指すのか，と細かく分析しながらそれぞれの文を読み取っていく必要があります。とりわけドイツ語では同じ名詞を反復して使用することを避け，別の単語で言い換えることも多いため冠詞の種類には注意してください。

＊接続法を用いた間接話法は，発言の内容が筆者自身のものなのか，あるいは別の誰かの意見なのかを読み解くことがポイントになります。「誰が語っているのか？」をはっきりさせることで文章全体の構造が把握しやすくなり，おおまかな話の流れを掴むことも容易になります。とりわけ複数の見解が登場し，研究者や専門家，政治家，ジャーナリストなどの意見が間接話法という形で頻繁に引用されるテキストの理解のためには，接続法の用法に習熟することはとても大切です。

---

## **6** 長文読解（表現の補充・文の書き換え）

正解 I 1　II 3　III 3　IV 4　V 2

長文読解形式の問題です。出典はオンライン版《Frankfurter Allgemeine》紙

の記事 „Wieso die Bewohner von Murnau keinen Welterbe-Titel wollen" (2020 年 3 月 19 日閲覧) です。出題にあたり，記事の一部を削除し，表現を変更しました。

テキストの概要は以下の通りです。

ガルミッシュ・パルテンキルヒェンはバイエルン州にある景勝の地で，近年はSNS に載せる写真を撮る観光客で賑わっている。なかでもムルナウは，20 世紀初頭に Kandinsky らの芸術家集団「青騎士」のメンバーが集った村として知られている。アルプスの自然に囲まれたこの地が世界遺産に登録されていないのは，これ以上観光客が増えることを地元の人々が望まないからである。押し寄せる観光客のせいで，週末はいつも道路が渋滞し，列車や駐車場も満杯である。さらに，道に停められた車のせいで救急車両が通りにくかったり，写真を撮ろうとする観光客が草原に立ち入ったりするなどの被害も出ている。都会からの観光客がもたらすこのような悪影響に対して，周辺住民によるデモも行われた。しかし，地元の宿泊施設協会の代表者であり自身もホテルを経営している Christian Bär 氏は，観光客は週末や夏の休暇に集中しており，平日や 2 月から 3 月のオフシーズンは静かであると述べている。たしかに，観光客が規則を守らないことは問題であるが，現在の観光ブームを止めることはできないというのが彼の見解である。実際，地元の住民もまたムルナウの景色を SNS に投稿しており，それがさらに観光客を呼び寄せているのである。Bär 氏は，世界遺産の称号はムルナウの自然を保護するためにむしろ好都合だと考えている。こうした称号を得ることで，さまざまな設備を整えるために必要な経済的支援を得られるかもしれないからである。しかし，世界遺産への立候補はムルナウの建築委員会では却下された。いっぽうで，村議会では可決されており，議論はまだまだ続く見込みである。

I は，空欄にあてはまる適切な語の組み合わせを選ぶ問題です。文脈をとらえる能力と語彙力が必要となります。

空欄 (a) は，ムルナウの住民が世界遺産への登録を望まない理由を述べる部分です。住民はムルナウが世界遺産となることによってさらに観光客が増えることを恐れています。つまり，世界遺産という称号が，地域に「さらに大きな何か」(eine noch größere ...) をもたらすために観光客が増えてしまう可能性があるのです。この「何か」が空欄 (a) に相当しますが，選択肢 1 Aufmerksamkeit，選択肢 2 Ehre，選択肢 3 Sicherheit が候補になります。

空欄 (c) を含む文は，湖に通じる道に観光客の車が停められているために，救急車両が通りにくいという内容です。so dass auch für Rettungsfahrzeuge ...

noch ein Durchkommen möglich ist の … noch を「ほとんど〜ない」という表現にすることで,「結果として救急車両も通り抜けることがほぼ不可能である」という意味になるので,選択肢 **1** kaum が適切です。

空欄 (**d**) を含む部分では,観光客が写真を撮ろうとして草原の中に立ち入るせいで,草原に「踏みならされた道」(Trampelpfade) ができてしまうことに対する嘆きが述べられています。ここでは sich⁴ beklagen über et⁴ …(〜のことで苦情を言う,不平をこぼす)の表現が用いられており,選択肢 **1** über が正解です。

空欄 (**g**) は,ムルナウの建築委員会で世界遺産への立候補が可決されたのか,それとも否決されたのかを問うものです。空欄 (**g**) の直後の文では「いっぽう,村議会ではこの計画は可決された」とあります。「これとは反対に,いっぽう」(wiederum) 可決されたと言われていることから,建築委員会では否決されたことがわかります。したがって,正解は選択肢 **1** abgelehnt です。[正解率 71.92%]

**II** は,空欄 (**b**) に入りうる表現を選択することで文脈を正しく理解しているかを問う問題です。空欄 (**b**) を含む段落では,ムルナウは 2011 年に開始した「ガルミッシュ・パルテンキルヒェン郡におけるアルプスおよびプレアルプス草原・湿原景観」プロジェクトの対象地域に含まれており,そのことが世界遺産への登録に向けた宣伝になると指摘されています。しかし,世界遺産の称号は地元の住民にとって「恵みというよりもむしろ呪い」(mehr Fluch als Segen) であり,空欄 (**b**) の直前では「意見は分かれている」(die Meinungen gehen auseinander) と述べられています。したがって,住民が世界遺産への登録に対して否定的であることを表した選択肢 **3**「多くの住民は,ムルナウが世界遺産の称号を得ることを恐れている」が正解です。選択肢 **1**「ムルナウの人々はユネスコの称号を得るつもりである」,選択肢 **2**「観光客と地元の人々は,世界遺産の称号を得るために協力している」は,いずれも地元住民が世界遺産に登録されることに対して前向きであるという内容なので不正解です。選択肢 **4**「観光客にとってムルナウが世界遺産として認められることは喜ばしい」という内容は,テキストには書かれていません。[正解率 82.19%]

**III** は空欄 (**e**) に合うものを選択することで,文脈の理解力を問う問題です。空欄 (**e**) は,ムルナウの湿原近くにあるホテル・アルペンホーフを経営する Christian Bär 氏の言葉です。彼は直前の段落で述べられている,観光客によって引き起こされる交通渋滞や,それに対する地元住民の反発について認識しています。そのうえで,彼は空欄 (**e**) の直後の文で「それに対して,平日,あるいは 2 月や 3 月も静かである」と述べています。したがって,空欄 (**e**) ではそれと逆のこと,

つまり，週末や夏のバカンスの時期はどういう状態かを述べる必要があるので，選択肢 **3**「（観光客が）ひどく殺到するのは，週末と夏に限られる」が正解です。「平日に」(unter der Woche, an den Werktagen, werktags) という表現を読み取れるかどうかがポイントになります。選択肢 **1**「平日に彼はしばしば渋滞に巻き込まれる」は Bär 氏にはあてはまりません。ちなみに，グライナウ村長の Stephan Märkl 氏は，渋滞のせいでときどき帰宅するのに苦労すると第 7 段落で書かれています。選択肢 **2**「さらに多くのホテルや宿泊施設が建設されるべきである」と選択肢 **4**「平日でさえ観光客は町中に押し寄せる」は，テキストでは述べられていません。［正解率 73.29%］

　**IV** は，下線部 (**f**) の内容を前後の文脈に即して理解できるかを問う問題です。下線部 (**f**) はホテル経営者 Bär 氏の発言の一部です。ihn は直前の文の den Tourismus を指し，kanalisieren は直接的には運河を開設するという意味ですが，ここでは状況をコントロールして特定の方向に持っていくという意味で使われています。下線部 (**f**) の直前で Bär 氏はムルナウへの観光を止めることはできないだろうと語っています。それと同時に第 8 段落では，観光客が道を外れるなど，ルールを守らないことに対する彼の憂慮が述べられています。したがって，観光客を受け入れつつ，必要な規則を設定していくという内容に合致した選択肢 **4**「われわれは適切な規則を必要としている」が正解です。また，第 9 段落の後半で Bär 氏が世界遺産の称号を得ることによって例えばトイレなどの設備を整えるための財政的補助が受けられるかもしれないと語っていることから，彼が引き続き観光客を呼び寄せようとしていることがわかります。したがって，選択肢 **1**「しかしながらわれわれは観光を受け入れることができない」は不正解です。選択肢 **2**「われわれは観光をまったくコントロールできない」は，Bär 氏が世界遺産の称号を「呪いというよりもむしろ恵み」(mehr Segen als Fluch) として役立てて，観光による被害からムルナウの自然を守るためのさまざまな対策を取ろうとしている状況に合致しません。選択肢 **3**「実際，観光はわれわれに害をもたらさない」は，第 8 段落でルールを守らない観光客について述べられていることや，実際に Bär 氏がムルナウ湿原の自然保護区域を夜は立ち入り禁止にしようと考えていることから不正解となります。［正解率 73.97%］

　**V** は，テキストの内容に見合ったタイトルを選ぶ問題です。選択肢の中から，テキスト全体の論旨を簡潔に表現しているものを見つけ出す必要があります。正解は選択肢 **2**「なぜムルナウの住民は世界遺産の称号を望まないのか」です。世界遺産の称号によってさらに多くの観光客がムルナウにやってくるだろうという

見通しのもとに，現在すでに観光客のせいで交通渋滞が引き起こされていること，ルールを守らない観光客が道路に車を停めたり，草原を踏みしだいてムルナウの自然を破壊したりしていることなど，地元住民が世界遺産への登録を望まない理由がテキスト全体で多岐にわたって述べられているので，タイトルとして適切です。選択肢 **1**「なぜ芸術家たちは 20 世紀にムルナウに集まったのか」ですが，ムルナウに集まった芸術家集団「青騎士」については，第 1 段落の末尾で言及されているだけです。選択肢 **3**「なぜムルナウの交通問題は悪化したのか」は，たしかにムルナウ周辺の交通渋滞は大きな問題ですが，テキストでは自然破壊も同様に大きな問題として扱っているので，タイトルにはなりえません。選択肢 **4**「なぜムルナウの景観はソーシャルメディアで人気があるのか」は，観光客や地元住民が SNS にムルナウの写真を投稿しているのは事実ですが，その理由についてはテキストで分析されていないので，不正解です。[正解率 78.77%]

◇この問題は 20 点満点（配点 4 点×5）で，平均点は 15.21 点でした。

### 6 解説のまとめ

＊空欄補充の問題は，空欄と直接結びつく語との関係だけでなく，前後の文脈に照らして自然なつながりになるかどうかを検討することが重要です。

＊文意を正しく理解するために，豊富な語彙はもちろん必要ですが，抽象的な語が出てきた場合，周辺の文章を手がかりにして具体的にはどのようなことを言っているのかを推測してみることも有用です。

＊タイトルの選択肢がたとえテキストの中で言及されている内容でも，テキスト全体の中でその事柄について語られていなければ，タイトルとしては不適切です。部分的な情報だけでなく，全体の論旨を読み取るようにしましょう。

## 7 和文独訳

正解 解答例

　Wir verbringen fast ein Drittel unseres Lebens schlafend. Schlaf füllt also einen großen Teil unserer Lebenszeit. Wie wichtig der Schlaf für uns ist, merken wir bereits nach einer Nacht, in der wir wenig oder schlecht geschlafen haben: Wir fühlen uns müde und schlapp, haben Probleme uns zu konzentrieren und nichts scheint uns leicht von der

Hand zu gehen. Wieso kommen wir nicht ohne Schlaf aus? Was passiert im Schlaf?

　和文独訳の問題です。出典はウェブサイト《wissenschaft: im dialog》に掲載された 2014 年 10 月 27 日付の記事 „Warum brauchen wir Schlaf?“（2020 年 3 月 14 日閲覧）を日本語に訳出したものです。出題にあたってオリジナルのテキストの語や表現に部分的な修正を施しました。採点では，テキストを五つのパートに分け，各パートの配点を 4 点とし，パートごとに正書法（大文字や小文字の区別や単語のつづり），形態および文構造（人称変化，形容詞語尾変化などの形態，および定動詞その他の要素の語順），語彙選択（適切な語の使用），意味（必要な情報が盛り込まれているか）の四つの観点から検討し減点方式で採点しました。上記の解答例はあくまで一例であり，表現のヴァリエーションは多々想定できます。こうした点も踏まえて総合的に評価しました。

　1 文ごとに重要な解答上のポイントを確認していきます。

　最初の文「私たちは，人生のおよそ三分の一を眠って過ごす」（第 1 パート）に関しては，まず「過ごす」という表現にどのような動詞をあてるのか，という点が重要です。多くの解答で verbringen「（時を）過ごす」が用いられていました。この動詞は他動詞なので 4 格の名詞をとり，それが「人生の三分の一」にあたる表現です。ein Drittel は中性名詞なので冠詞選択および表記（小文字の drittel は不可）に注意しなければなりません。「人生の」を 2 格で表現してまったく問題ありませんが，Leben は中性名詞なので 2 格には名詞語尾に -s をつけることを忘れてはなりません。女性名詞の Lebenszeit を用いることもできます。一方，2 格でなく前置詞 von を用いて表現することもできます。続いて「およそ」にあたる語は解答例では fast が用いられていますが，etwa, ungefähr, circa (ca.), rund などで言い換えることができます。この部分を訳に反映させていない解答が数多くありました。最後に「眠って」にあたる部分は，解答例のように schlafen を現在分詞化した schlafend（眠りながら）以外には，前置詞 mit と男性名詞 Schlaf を組み合わせて表現することも可能です。Schlaf を女性名詞とする誤解，基本語彙である schlafen や Schlaf のつづりのミスがありました。他は，名詞の性・格とそれに伴う冠詞，変化語尾，前置詞の格支配といった初歩的な文法事項のミスが散見されました。

　次の文は「睡眠とはつまり，われわれの生涯のうちのかなりの部分を占めるものなのである」（第 2 パート）です。Schlaf は解答例では無冠詞ですが定冠詞をつけても構いません。動詞を名詞化した場合は中性名詞で das Schlafen です。

「つまり」は，解答例の also の他に nämlich も使用可能です。続いて問題文の「占める」を表す動詞の選択です。解答例の füllen（「満たす」が基本の意味）以外には，ausmachen（作り上げる），aus et³ bestehen（～から成る），einnehmen（占める）といった動詞も使用できます。一方，多くの解答で使用されていた besitzen や beherrschen は不適切です。なぜなら besitzen は「所有する」，beherrschen は「支配する，意のままにする」がそれぞれの動詞の基本の意味だからです。それを理解しないまま何となくの連想で語選択をすると，意味が通じないドイツ語となります。「部分」を表現するのに最も適当と考えられる名詞は Teil であり，実際に多くの解答でも用いられていました。しかし，Teil には男性名詞と中性名詞があり意味が異なります。前者は「部分」，後者は「部品，パーツ」です。このようにつづりが同じであっても，意味と性が異なる名詞は他にもあります。関心があったら調べてみましょう：Band / Gehalt / Kiefer / Leiter / Moment / Steuer など。

　続いて「睡眠がいかに大切か，それは，ほとんど眠らなかったり，あるいはよく眠れずに過ごしたりした夜の後には，すぐにわかることだ」（第3パート）です。まず「睡眠がいかに大切か」という部分は解答例のように wie と wichtig が用いられていました。ただし，この場合は文要素の位置に注意が必要です。「いかに重要か」という表現では疑問詞の wie と形容詞 wichtig の関連が密接なので，wie wichtig der Schlaf ist となります。この二つが分離した解答（wie der Schlaf wichtig ist）がいくつかありましたが，意味が微妙にずれます。なお wie で始まる従属文内では定動詞は文末であることを忘れないようにしましょう。

　「ほとんど眠らなかったり，あるいはよく眠れずに過ごしたりした夜の後」の部分ですが，これを簡潔に表現するには，解答例のように「夜の後」を nach einer Nacht とした上で，「ほとんど眠らなかったり，あるいはよく眠れずに過ごしたりした」の部分に関係文をあてるとよいでしょう。その際に注意すべき点は以下です。まず「夜」に対応するドイツ語です。ここでは Nacht が適切です。Abend という解答もいくつかありましたが，通常の睡眠に関わる時間帯は Nacht で表現します。次にこの Nacht と後続の関係文ですが，「夜，よく眠った」はドイツ語では In der Nacht habe ich gut geschlafen. と言うかと思います。その in der Nacht を思い出すことができれば，前置詞 in を伴った関係代名詞で関係文を作ることができるかと思います。「眠らなかったり，あるいはよく眠れずに過ごしたり」の部分の時制ですが，過去形であれ現在完了形であれ，不規則動詞 schlafen の3基本形が不正確であったり，schlafen の完了の助動詞が haben であることをおさえていない解答も見受けられました。「眠れずに過ごした」の部分を表すの

に übernachten を用いている解答もありました。übernachten には「夜を過ごす，泊まる，宿泊する」という意味がありますが，このテキストの中心テーマである「眠る，睡眠する」の意味として使うのは適切ではありません。なお，日本語文では主語が書かれていないので，ドイツ語では主語は wir でも man でもかまいません。ただし，man を主語とした場合，これを人称代名詞の er で受けることはできません。man に言及する場合は，その都度 man としなければなりません。主文の動詞「わかる」として，erkennen, finden, verstehen を選択した解答も多くありましたが，これは問題ありません。

　次の文は「疲労や気の緩みを感じ，集中力を欠き，何をやってもうまく行きそうにない」（第4パート）です。ここでは「疲労や気の緩み」や「集中力を欠き」をどう表現するかが重要なポイントになります。まず「感じる」を表現する動詞としては，解答例のように sich⁴ fühlen を用いる解答が多い一方で，再帰代名詞が欠けているものも少なからずありました。「疲労」として最も多く選択されていた表現は müde および Müdigkeit でした（名詞化のつもりである Müde は間違いです）。ほとんどすべての独和辞典で müde の意味として最初に挙がっているのは「疲れた，疲労した」であり，解答例でも müde を使っています。ただ，müde の基本意味は「眠い，眠たい」です。夜遅くなって眠くなったら言うのは，Ich bin schon müde. Ich gehe ins Bett.（もう眠くなったから寝るね）です。充分眠ったはずなのに（あるいは少ししか眠らなかったので）朝，起床してから言うとしたら，Ich bin noch müde.（まだ眠いよ）です。この箇所で müde を使った解答はもちろん減点とはしていませんが，今後の参考として頭の片隅に入れておきましょう。「気の緩み」は解答例では schlapp が用いられています。この言い換えとしては，faulenzend（ぼんやりした）や unvorsichtig（不注意な）も使用できます。一方で leichtsinnig（軽率な）や sinnlos（正気を失くした），名詞化した Leichtsinnigkeit や Sinnlosigkeit は意味が大きく異なるため不適切です。「集中力を欠き」の「集中」は名詞だと Konzentration，動詞だと解答例や多くの解答に見られたように konzentrieren で表現できます。解答例ではこの動詞を Probleme にかかる zu 不定詞として用いていますが，話法の助動詞の können とともに用いることも可能です。ただ，konzentrieren のスペルミスと，再帰動詞にもかかわらず再帰代名詞が欠けている解答が目立ちました。nicht konzentrationsfähig は可能です。一方，entspannt（リラックスした），instabil（不安定な），locker（しまりのない），spannungslos（興味のわかない），zerstreut（気の散った）は「集中力を欠き」の表現としては適切ではなく，人間の心理状態を表現するのに使用できないものもあります。「何をやってもうまく行きそうにない」の部

分には，ごく少数ですが als ob を使用している解答がありました。その際には als ob が導く従属文内の定動詞は文末であること，接続法が用いられることに注意しましょう。「うまく行きそうにない」を表現するために gelingen（成功する）を用いた解答が多く見られましたが，この動詞は事物を主語とする動詞なので主語を人にすることはできません。

　最後の文「睡眠がなくてはならないものだとすると，睡眠中には何が起こっているのだろうか？」（第5パート）については，解答例では2文で表現しましたが，1文で表現しても問題ありません。「何が起こっているのだろうか？」の部分の「起こる」を表現する動詞としては passieren や geschehen が使用できます。geschehen を用いる場合にはスペルミスや不規則変化に注意してください。続いて「睡眠がなくてはならないものだとすると」の「だとすると」を wenn などの接続詞を用いて表現することも可能です。「なくてはならない」の部分は，動詞 brauchen や形容詞 unentbehrlich（スペルミスが非常に多く見られました）なども可能で，これらを使用した解答もありました。いずれにしても従属接続詞を使用した際の従属文内の定動詞の位置は常に意識するようにしてください。

　睡眠というごく身近なテーマではありますが，語の選択および基本的な文法事項での誤りが目立ちました。ドイツ語テキストを読むことはもちろん重要ですがドイツ語で書く勉強も欠かせません。

◇この問題は 20 点満点で，平均点は 7.49 点でした。

## 7 解説のまとめ

＊解答にあたっては，まず日本語文の意味を詳細に検討した上で，適切な訳語を使用し，日本語テキストを反映した訳にする必要があります。必ずしも逐語訳する必要はありませんが，意訳の行き過ぎのせいで元のテキストの意味からずれてしまっていたり，原文にある語がまったく訳されていなかったりする解答が見られました。元のテキストの意味を反映させるように心がけてください。

＊日頃からいろいろな分野で用いられる表現に触れ，積極的に語彙を増やすよう努めましょう。今回の試験問題の解答の中には，形は似ていてもまったく別の意味の語，英語，実在しない語が使用されている解答も少なからずありました。語彙の豊富さは，訳出の可能性を広げます。名詞の場合は，性を意識的に覚えるよう努めましょう。名詞の性の取り違えは，文法構造そのものに大きく影響します。

＊基本的な文法事項が曖昧になっていないか再検討することも非常に有用です。前述のような名詞の性に関する知識，冠詞の変化や形容詞の語尾変化，動詞の人称変化と語順，従属文内の定動詞位置などです。他にもさまざまな文法事項はありますが，正確に文を組み立てるには基礎的文法こそが出発点となります。これらの知識がしっかりと身についているかどうかを確認し，今後の学習の参考としてください。

# 【聞き取り試験】

## Erster Teil 会話文の内容理解

正解 **(A)** 3　　**(B)** 4　　**(C)** 2　　**(D)** 4　　**(E)** 3

　第 1 部 (Erster Teil) は，文化学者 Simone Egger 氏に対して彼女の著書
《HEIMAT》に関してなされたインタビューを聞き，質問に対する適切な解答を
選び出す形式の問題です。問題文は Riemann Verlag の公式ウェブサイトに掲載
された記事 „Simone Egger im Interview zu《HEIMAT》“ から採りました
(2020 年 3 月 13 日閲覧)。出題にあたっては表現を一部改めてあります。なお，
第 1 部では問題文のみが「解答の手引き」に記載されており，設問ごとに 4 通り
の選択肢を放送で聞き取った上で適切なものを選び出す形式を採用しています。

　読み上げられたテキストは以下の通りです。なお，付録の CD には同じテキス
トが収録されています。

**I** (Interviewer): In Ihrem Buch zeigen Sie, dass sich das, was Menschen
　　unter Heimat verstehen, gewandelt und erweitert hat. Wie würden
　　Sie umreißen, was gegenwärtig unter „Heimat" verstanden wird?

**K** (Kulturwissenschaftlerin): Das ist gar nicht so einfach. Heimat kann
　　heute vieles sein. Jeder Mensch weiß für sich wohl am besten, was
　　Heimat für ihn bedeutet. Allzu starre Eingrenzungen wie etwa Zuge-
　　hörigkeit zu einer Nation greifen längst nicht mehr. Heimat muss
　　keinen konkreten Ort meinen. Heimat können die Mitglieder einer
　　Familie oder Freundinnen und Freunde sein, die an vielen verschie-
　　denen Orten leben.

**I**: Die meisten Menschen wollen, können und müssen heutzutage flexi-
　　bel sein und bereit, mehrmals im Leben ihren Wohnort zu wechseln.
　　Was entscheidet darüber, ob es ihnen gelingt, eine neue Heimat zu
　　finden?

**K**: Ein wichtiger Punkt ist natürlich die Art und Weise, mit der man auf-
　　genommen wird. Wie reagieren die Menschen in einem anderen Ort,
　　einer anderen Stadt auf meine Ankunft? Lässt es der Job zu, ein sozi-
　　ales Umfeld zu finden, in dem man angenommen wird? Heimat muss

nicht schön sein. Aber wer von vornherein ausgegrenzt wird, kann sich nicht zu Hause fühlen. Heimat hat immer auch mit einem Bedürfnis nach Sicherheit zu tun. Wird ein Mensch irgendwo willkommen geheißen, fällt es ihm leichter, heimisch zu werden.

**I:** Warum kommen einem, wenn das Wort „Heimat" fällt, sofort stereotype ländliche Postkartenidyllen in den Sinn, obgleich mittlerweile mehr Menschen in Städten leben als auf dem Land?

**K:** Die rauschenden Bäche und Alpenpanoramen, die quasi exemplarisch für das Thema Heimat stehen, haben mit der Romantik und der Industrialisierung zu tun. Im 19. Jahrhundert wurden viele Bilder beschworen, die wir noch heute auf Heimat beziehen. In dieser Zeit haben besonders viele Menschen ihre Heimat auf dem Land verlassen, um in die Stadt zu ziehen. Gerade in unübersichtlichen Situationen, in Krisenzeiten, gewinnen idyllische Sehnsuchtsorte an Bedeutung, die den Alltag auch manchmal vergessen lassen. Viele Menschen sind in der Stadt zu Hause, doch die romantischen Heimatvorstellungen haben sich durchgesetzt.

**I:** Eines geht klar aus Ihrem Buch hervor: Durch die Mobilität und die Vernetzung der Menschen wird der Heimatbegriff heute offener und vielfältiger ausgelegt. Wie wichtig bleiben vor diesem Hintergrund Traditionen und Verbindlichkeit?

**K:** Die Vorstellung, dass man sich selbst in einem sozialen, räumlichen und zeitlichen Zusammenhang verorten kann, ist für viele Menschen sehr wichtig. Ob es diese oder jene Tradition tatsächlich so gegeben hat, spielt dann keine so große Rolle. Wir erfinden uns auch immer wieder neue Traditionen. Die Idee, dass gerade das Statische „authentisch" bleibt, stammt ebenfalls aus dem 19. Jahrhundert, also aus der Epoche, in der alles in Bewegung geriet. Verbindlich ist vor allem die Regelmäßigkeit, mit der sich Dinge verändern.

**I:** Millionen Menschen, die ihre Heimat wider Willen verlassen müssen, haben keine Perspektive auf Rückkehr. Doch es sind nicht nur Kriege, Naturkatastrophen und Hungersnöte, die Menschen vertreiben. In Großstädten sind Menschen immer häufiger gezwungen, ihr vertrautes Umfeld zu verlassen, weil sie sich den Wohnraum dort nicht mchr lcistcn könncn. Gibt es Ihrer Meinung nach ein Recht auf Heimat?

**K**: Juristisch gesehen gibt es dieses Recht vielleicht nicht. Aber ich finde, das ist auf jeden Fall ein Punkt, über den man nachdenken sollte. Wohnraum ist in den letzten Jahrzehnten immer mehr zum Objekt von Spekulationen geworden, dabei sind gerade die eigenen vier Wände für viele Menschen Heimat. Wer nicht zahlen kann, verliert automatisch den Anspruch auf sein vertrautes Umfeld. Eine Gesellschaft kann aber nur funktionieren, wenn Menschen aus allen Milieus daran teilhaben können.

**I**: Was ist Ihnen wichtig, um sich irgendwo „heimisch" zu fühlen?

**K**: Das kann ich nicht so genau sagen. Es ist so ein Gefühl, das sich einstellt, wenn ich nach Hause komme.

Frage **A**: Was kann nach Ansicht der Kulturwissenschaftlerin einen neuen Heimat-Begriff für die Gegenwart darstellen?

( **A** ) **1** Die Stadt oder das Dorf, wo man geboren und aufgewachsen ist.

**2** Die nationale Zugehörigkeit, die einem jeden Menschen seine persönliche Identität garantiert.

**3** Die Menschen, zu denen man freundschaftliche oder familiäre Beziehungen hat.

**4** Die verschiedenartigen Räumlichkeiten, in denen Familie oder Freunde wohnen.

Frage **B**: Wovon hängt es ab, ob man an einem fremden Ort ein Gefühl von Heimat spüren kann?

( **B** ) **1** Die Sozialversicherung, mit der man sein Leben ohne größere Sorge gestalten kann.

**2** Die soziale Infrastruktur, auf der das alltägliche Leben der Menschen überhaupt basiert.

**3** Die Naturlandschaft, die nicht immer schön sein muss, aber mindestens ein angenehmes Gefühl verspüren lassen sollte.

**4** Das Sicherheitsgefühl, durch das sich ein Mensch an einem

Ort heimisch fühlen kann.

Frage **C**: Auf welche Zeit gehen die heutigen stereotypisierten Heimat-Vorstellungen zurück?

( **C** ) **1** Die vormoderne Zeit, in der man noch mit irrationalen Fantasiebildern lebte und an die magische Kraft der Geisterbeschwörungen geglaubt hat.

**2** Die Neuzeit, in der die Verstädterung des Lebens begann und in der viele Künstler Bilder erschufen, die die Sehnsucht nach der Natur abbilden.

**3** Die Krisenzeit, in der die gesamtsoziale Industrialisierung unübersehbare Umweltprobleme wie die Verschmutzung der Alpen verursacht hat.

**4** Die Kriegszeit, in der viele Menschen ihre Heimat verlassen und gänzlich ihr alltägliches Leben aufgeben mussten.

Frage **D**: Was meint die Kulturwissenschaftlerin dazu, weshalb es zur heutigen Veränderung des Heimatbegriffs kam?

( **D** ) **1** Heutzutage gibt es viele Menschen, die sich nur in einem bestimmten sozialen Zusammenhang binden wollen.

**2** Der traditionelle Heimatbegriff ist heute nicht mehr unerlässlich, weil die meisten Menschen kein Interesse an zwischenmenschlichen Verbindlichkeiten haben.

**3** Die Idee, dass es eine authentische Heimat gebe, ist seit dem 19. Jahrhundert allmählich in Vergessenheit geraten.

**4** Traditionen sind nichts Starres, sondern flexibel, weshalb ein neuer Heimatbegriff jederzeit neu erfunden werden kann.

Frage **E**: Wie denkt die Wissenschaftlerin über das Großstadtleben in unserer modernen Gesellschaft?

( **E** ) **1** Es sollte so bald wie möglich ein Gesetz für das Recht auf Wohnen beschlossen werden.

**2** Großstädter müssen ihren eigenen Wohnraum mithilfe von Wänden abteilen, um sich somit von anderen Stadtbewohnern zu schützen.

**3** Alltägliche und gewohnte Räumlichkeiten wie Wohnzimmer usw. lassen sich heute auch als Heimat verstehen.

**4** Menschen aus allen Milieus wohnen heute in der Großstadt, deren Organisation jedoch eher einer privilegierten Klasse anvertraut werden sollte.

（**A**）は「文化学者 Simone Egger 氏の見解によるならば，現代にとっての新しい故郷の概念とは何か」という質問です。これに関して Egger 氏は「国家への帰属のようなあまりにも硬直した限定の仕方は今日ではもはや通用しない。故郷とは具体的な場所でなくてもよいのです。住んでいる場所がばらばらであっても，家族たちや友人たち，そうした人々が故郷となりうるのです」と答えています。つまり，今日では，生まれ育った場所や国ではなく，自分にとって大切な家族や友人といった人間が故郷ともなりうるというのが Egger 氏の見解です。したがって，正解は選択肢 **3**「友人あるいは家族としての関係を持つ人びと」です。なお，選択肢 **4** の「家族や友人たちの住むさまざま空間」を正解とする解答が 42.47% ありましたが，インタビューの中にある「具体的な場所でなくともよい」という発言において，空間ではなく人が強調されています。それゆえ選択肢 **4** はインタビューの内容に合致しません。［正解率 52.74%］

（**B**）は「見知らぬ土地で故郷のような感覚を感じることができるかどうかは，何によって決まるのか」という質問です。この点に関して Egger 氏は「故郷とはどんなときであれ安心への欲求とも結びついています。どこであれ快く受け入れられたならば，故郷にいるような気持ちになりやすいものです」と答えています。したがって，選択肢 **4** の「それは安心感であり，これによっていずれかの場所でも故郷にいるように感じることができる」が正解です。［正解率 78.08%］

（**C**）は「今日における固定観念化された故郷のイメージはいつの時代に由来するものなのか」という質問です。選択肢 **1** から選択肢 **4** まで異なった時代区分が列挙されていますが，重要なのは，時代区分に続く関係文で述べられている内容が実際のインタビューで当該の質問の文脈において，確かに言及されているかどうかを聞き分けることです。選択肢 **1** は「未だ非合理的な空想とともに生き，招霊妖術の持つ魔術的な力が信じられていた前近代」，選択肢 **2** は「生活の都市化が始まり，多くの芸術家たちが自然への憧憬を描き出す絵画を創り出した近代」，選択肢 **3** は「全社会的な工業化がアルプスの汚染のような計り知れない環境問題

を引き起こした危機的な時代」，選択肢 **4** は「多くの人間が故郷を立ち去り，日常生活を完全に手放さなければならなかった戦争時代」という意味です。インタビューで Egger 氏は「さらさらと流れる小川やアルプスのパノラマ，これらがいわゆる故郷というテーマを典型的に示すものですが，こうしたものはロマン主義と工業化に関係しています。19 世紀，今日でも故郷を喚起させるような多くの絵画が求められました。まさにこの時代に多くの人々が田舎の故郷を去り，都市へと移住していきました」と述べています。したがって，インタビューの内容に合致するのは選択肢 **2** です。なお，選択肢 **3** を選んだ解答が 23.29% ありましたが，アルプスの汚染といった環境問題はインタビューでは言及されていません。また，選択肢 **4** を選んだ解答が 42.47% ありました。Egger 氏は故郷のイメージの由来に関する回答において戦争に言及していません。故郷をあとにしなければならない理由の一つとして戦争を挙げているのはインタビュアーであり，それも住む権利という文脈の中であり故郷のイメージとの関連ではありません。以上により選択肢 **3** と選択肢 **4** は不正解です。正解は選択肢 **2** です。［正解率 24.66%］

(**D**) は「今日の故郷の概念の変化がなぜ生じたのか，これについて文化学者 (Egger 氏) はどのような見解を持っているか」という質問です。これに対して Egger 氏は「何らかの社会的，空間的，時間的連関の中に自分の居場所があるんだと思えることは多くの人々にとって非常に重要です。そうなると，あれやこれやの伝統が実際にあったかどうかといった問題はたいして意味がありません。私たちはいつだって新しい伝統を生み出していくものなのです」と述べています。つまり，伝統が時代によって変化していくのと同様に，故郷という概念も固定観念に縛られたものではなく，時代や世の中が変遷する中で流動的に必ず変化していくものであるという側面こそがまさに重要である，というのが発言の要旨です。これを踏まえると，選択肢 **4**「伝統は硬直したものでなく，柔軟に変化するものであり，それゆえいついかなるときでも新しい故郷概念が作り出され得る」はインタビューの内容に合致しています。選択肢 **3**「本物の故郷というものが存在する，という観念は 19 世紀以降に次第に忘れ去られていった」を選んだ解答が 25.34% ありました。Egger 氏は上述の発言に続いて，まさに変化しないものが「確実に本物として」あるのだ，という考え方は，すべてが変化する時代であった 19 世紀に由来すると述べています。つまり硬直した「伝統」なり「故郷」イメージは忘れ去られたどころか，現在もあるということを Egger 氏は示唆しているので，選択肢 **3** は内容に合致しません。正解は選択肢 **4** です。［正解率 54.11%］

(**E**) は「現代社会において大都市で生活するということについて，文化学者

（Egger 氏）はどう考えているか」という質問です。インタビュアーは実際には次のように問いかけています：自分の故郷を離れざるを得なかった多くの人々がいて故郷に戻ることもできない。人々を故郷から追いやったのは，戦争，自然災害や飢饉である。一方で，大都市でも慣れ親しんだ環境から撤去することを強いられている人はますます増えている。理由は住居費の高騰である。そのような時代において「故郷権」といったものはあるか，について Egger 氏の見解を尋ねています。

　これに対する Egger 氏の回答内容から正解を探すことになります。Egger 氏は上記の問いに対して次のように答えています。「故郷を保証される権利といったものは法律的見地からは存在しないでしょうが，いずれにせよ考えるに値する事項だと思います。住居はここ数十年の間に次第に投機の対象となってしまいました。そうではあっても我が家が多くの人々にとって故郷であることに変わりはありません。家賃を払えなくなったら，自動的に慣れ親しんだ住まいに居続けたいという要求もできなくなってしまうのです。しかし社会というものは，あらゆる階層の人々がそのようなこと（住居権なり故郷権）を共有することができて始めて機能できるものなのです」。この発言を踏まえると，内容に合致しているのは選択肢 **3**「居間なども含めて日常の慣れ親しんだ空間は，今日では故郷としても理解されうる」です。正解は選択肢 **3** です。［正解率 48.63 ％］

◇この問題は 20 点満点（配点 4 点×5）で，平均点は 10.33 点でした。

**Erster Teil** 解説のまとめ

＊インタビューに応じている Egger 氏は，しばしば簡潔な返答をする代わりに，いささか遠回しな表現で自分の主張を述べています。このように婉曲的な言い回しや比喩，あるいは直接的に自分の考えを述べるのではなく，具体例を提示することによってみずからの主張を相手に読み取らせようとする修辞的表現に慣れることも必要です。そのためにはドイツ語を読むことがまず大事です。

＊学問的な内容のインタビューでは，往々にして固定観念を覆すような新しい視点が提示されることがあります。そのため，繰り返し用いられている表現や概念については，それがどのような意味で使用されているのかを文脈に留意しながら念入りに聞き取る必要があります。繰り返し登場するキーワードの把握を忘れないようにしましょう。

## Zweiter Teil テキスト内容の理解

正解 **3**, **6**, **7**, **9**（順不同）

第 2 部 (zweiter Teil) は，テキストを聞き，「解答の手引き」にある選択肢の正誤を判断する問題です。選択肢の内容を理解してテキストの該当箇所を選択的に聞き取る力，また，テキスト全体の主旨と構成を把握する力が問われます。テキストの出典は，オンライン版《Bild der Wissenschaft》誌の記事 „Die bewegte Geschichte des Jodelns" (2020 年 3 月 20 日閲覧) です。出題にあたり，テキストの一部削除や修正を施しました。テキストは以下の通りです。なお，付属の CD には同じテキストが収録されています。

Unter Jodeln oder Dudeln versteht man landläufig einen Gesang, bei dem sinnfreie Silben in meist sprunghaften Melodiefolgen aneinandergereiht werden. Typisch ist zudem, dass die Jodelsänger dabei oft in die Falsett- oder Kopfstimme wechseln, um die abrupten Sprünge in die hohen Tonlagen zu bewältigen. In Europa hat das Jodeln seinen Ursprung im östlichen Alpenraum, dort ist es bereits im 17. und 18. Jahrhundert dokumentiert. Einen echten Boom erlebte das Jodeln aber Anfang des 19. Jahrhunderts.

Wie sich das Jodeln im Alpenraum entwickelt hat und welchem Zweck es diente, hat nun ein Forscherteam um den Musikethnologen Raymond Ammann von der Universität Innsbruck näher untersucht. Die Studien zeichnen erstmals die bewegte Geschichte des Jodelns und des Jodellieds von den Alpen des 19. Jahrhunderts bis zu seiner neuen Popularisierung im urbanen Raum der Gegenwart nach. Zudem zeigen die Ergebnisse auf, dass sich die historischen Entwicklungen des Jodelns in der Schweiz und in Tirol durchaus unterscheiden.

So zeigen die Forschungen unter anderem, dass das Jodeln in Tirol zu Zeiten der Napoleonischen Kriege vor allem eine identitätsstiftende Funktion erfüllte. Es diente als akustisches Symbol für die Rebellion gegen die französischen und bayerischen Truppen, wie Ammann und sein Team berichten. Im 19. Jahrhundert, nachdem Tiroler Sängergruppen das Jodeln international bekannt und populär gemacht hatten, wurde das

Tiroler Lied mit Jodelteil auch in der Schweiz beliebt. Zu Beginn des 19. Jahrhunderts wurden dort sogar eigens Volksmusikfeste wie die Unspunnenfeste in Interlaken bei Bern veranstaltet, um die eigenen Volkstraditionen hochleben zu lassen und um die Stadt- und Landbevölkerung zu vereinigen.

In der ersten Hälfte des 20. Jahrhunderts wurde dann das Jodeln zunehmend politisch instrumentalisiert, wie die Forscher berichten. In Österreich galt das Singen und Jodeln während des Nationalsozialismus als patriotische Gewissenssache und als Ausdruck der „arischen" Kultur. Das Jodellied wurde daher vom Regime auf verschiedene Weise unterstützt. In der Schweiz dagegen versuchte man sich in dieser Zeit, auch im Jodeln deutlich von den nationalsozialistischen Nachbarn abzugrenzen. So erschien 1943 eine erste schriftliche Anleitung für das Schweizer Jodeln, die es in eine eigene, von der deutsch-österreichischen zu unterscheidende Form bringen sollte. Diese vom Eidgenössischen Jodlerverband geförderte eigene Jodelvariante sollte die nationale Identität bekräftigen und die Distanz zu den nationalsozialistisch geprägten Staaten unterstreichen, wie Ammann und sein Team erklären.

Nach dem Zweiten Weltkrieg jedoch wurde das Jodeln zunehmend unpopulär. In den 1960er- und 1970er-Jahren galt diese Form des Gesangs — vor allem bei Stadtbewohnern — als reaktionär und als unangebrachter „musikalischer Patriotismus".

Das hat sich aber interessanterweise in den letzten Jahren deutlich geändert. Mehr noch: Das Jodeln war noch nie so populär wie heute. Längst hat das Jodeln, Dudeln und Juchezen in den modernen Lifestyle auch der urbanen Mittelschicht Einzug gefunden und wird ganz ohne Berührungsängste mit Wandern und auch mit Yoga oder Pilates kombiniert, und als therapeutisches Mittel nach dem Motto „Jodle dich frei" eingesetzt. „Das Jodeln ist heute verbindend und dient nicht mehr zur Abgrenzung", bestätigt Ammann. Stattdessen sehen Menschen das Jodeln nun als eine Möglichkeit, um neue persönliche, musische Erfahrungen — sowohl alleine, als auch in der Gruppe — zu sammeln.

Wie aber konnte es zu diesem Wandel und neuen Boom des Jodelns kommen? Ammann und sein Team führen dies auf zwei Entwicklungen in der neueren Musikgeschichte zurück. Zum einen brachte die Weltmusikwelle es mit sich, dass Menschen offener für Popularmusik aus fremden Regionen wurden. Das wiederum weckte auch das Interesse an musikalischen „Exotismen" aus der eigenen Umgebung und Kultur. Zum anderen förderte auch die zunehmende Popularität moderner Formen der Volksmusik das Interesse und machte das Jodeln „salonfähig": „Aus dem Austropop ging die Neue Volksmusik hervor, mit anfangs satirischen Inhalten", erklärt Ammann. Mit dieser erlebte dann auch das Jodeln seine Renaissance.

選択肢 **1** は「ヨーデルは，17，18 世紀にアルプス地方の東域で初めてブームとなった」という意味です。テキスト第 1 段落に「ヨーデルはアルプス地方の東域にその起源を有し，すでに 17，18 世紀には記録が残っている」とありますが，次の文で「しかし，ヨーデルのしっかりとした最初のブームは 19 世紀初頭であった」とあるため，選択肢 **1** はテキストの内容に合致しません。したがって，選択肢 **1** は不正解です。

選択肢 **2** は「スイスおよびチロル地方におけるヨーデルの歴史的な発展には多くの類似点があるが，時間的には大きな隔たりがあった」という意味です。第 2 段落で，テキストで扱われている研究の概要が述べられています。それによると，これらの研究は，19 世紀のアルプス地方のものから，現代，都会で普及しているものまで，波乱に満ちたヨーデルの歴史を初めて辿ったもので，さらに，スイスとチロル地方におけるヨーデルの歴史的な発展がまったく異なるものであったという結果をもたらしたのです。「多くの類似点がある」という点が，研究結果と合致しません。したがって，選択肢 **2** は不正解です。

選択肢 **3** は「ナポレオン戦争時には，ヨーデルはチロルの人々の連帯を強めることに寄与し，反乱側の聴覚的シンボルとなった」という意味です。チロル地方でのヨーデルの歴史的変遷については，第 3 段落前半で詳しく扱われています。第 3 段落の第 1 文および第 2 文で，チロル地方においてヨーデルは，ナポレオン戦争時に，何よりアイデンティティーを確立する機能を果たしたこと，そして，フランス軍およびバイエルン軍に対する反乱の聴覚的なシンボルとなったことが述べられています。よって，選択肢 **3** は正解です。［正解率 77.40%］

選択肢 **4** は「19 世紀にスイスで開催された民族音楽祭には異文化交流という目

的があった」という意味です。これについては，第3段落後半で言及されています。第3段落の第3文以降では，19世紀にスイスでヨーデルを含むチロルの歌が人気となったのは，チロルのグループによってヨーデルが世界的に有名かつポピュラーになった後であること，その後，19世紀初頭にスイスで民族音楽祭が開催されるに至ったことが述べられています。そして，その民族音楽祭の目的が「自分たちの民族の伝統を称賛するため」（um die eigenen Volkstraditionen hochleben zu lassen）であり，また「都市部と農村部の人々を結びつけるため」（um die Stadt- und Landbevölkerung zu vereinigen）であったことも言及されています。「異文化交流」の目的はなく，むしろ自らの文化を称賛し民族的な連帯を強固にする目的であったことは明らかです。よって，選択肢 **4** は不正解です。

　選択肢 **5** は「ナチス時代のオーストリアでは，敵の文化であるとの理由から，ヨーデルはさまざまな方法で弾圧された」という意味です。ナチス時代のオーストリアでのヨーデルに関する政策については，第4段落前半で扱われています。ナチス時代のオーストリアでは，歌やヨーデルはむしろ「愛国心の発露」（patriotische Gewissenssache）として，「『アーリア』文化を表現するもの」（Ausdruck der „arischen" Kultur）として，政府からさまざまに支援されたとあります。よって，選択肢 **5** は不正解です。

　選択肢 **6** は「1943年に出版されたスイス・ヨーデルのための手引きは，ナチズムの近隣諸国と一線を画するために，スイス固有のヨーデルの様式を確立することを目的としていた」という意味です。これについては，第4段落を通してとりわけオーストリアとの対比を軸に言及されています。ヨーデルが「愛国的」「アーリア的」としてナチズム普及のプロパガンダとして利用されたオーストリアに対し，「スイスではその時代にヨーデルを使いながらも，ナチズムの隣国と明確に一線を画す試みがなされた」とあります。その過程で「ドイツ・オーストリアの様式とは異なるスイス独自のヨーデルのスタイルを確立すべく，1943年には最初のスイス・ヨーデルのための手引きが登場した」とあります。したがって，選択肢 **6** は正解です。［正解率89.04%］

　選択肢 **7** は「今日ヨーデルは，都会の中間層でも人気を博しており，何の屈託もなくセラピーの手段として用いられている」という意味です。第5段落では，第二次世界大戦後にヨーデルの人気が下火となったことが言及されていますが，続く第6段落で，ここ数年これまでにないほどヨーデルが人気となっていること，都会の中間層の現代的なライフスタイルにその活路を見出し，具体的には山歩き

やヨガやピラティスと組み合わせたスタイルで「まったく偏見なく（歴史的経緯や民族的連帯といったことを意識することなく）」（ganz ohne Berührungsängste）セラピーにも取り入れられていることが述べられています。よって，選択肢**7**は正解です。［正解率 60.27%］

　選択肢**8**は「今日ヨーデルが再び人気となっているのは，多くの人が世界のクラシック音楽やポピュラー音楽に飽きているためである」という意味です。ポピュラー音楽（Popularmusik）という語は第 7 段落の第 3 文に登場します。しかしそれは，ワールドミュージック，つまり，世界各地の多様な音楽の流行が，未知の地域のポピュラー音楽に対して人々をオープンにし，そのことが今日のヨーデルブームの背景の一つにあるとの文脈においてであり，「ポピュラー音楽に飽きている」とは書かれていません。よって，選択肢**8**は不正解です。

　選択肢**9**は「ヨーデルがこれほどまでに多くの人を魅了する理由の一つには，自らの置かれた環境や文化に由来する音楽的なエキゾチシズムへの興味がある」という意味です。第 7 段落では，今日，ヨーデルがブームとなったことの背景が二つ挙げられています。その一つとして，ワールドミュージックの流行以降，人々が世界のさまざまな音楽に対してオープンになった結果，自らの置かれた環境や文化に由来する音楽的なエキゾチシズムへの興味が呼び覚まされたことが言及されています。これは，選択肢**9**の内容と合致しています。よって，選択肢**9**は正解です。なお，もう一つの理由は，現代的な様式を得て民族音楽が人気となったことで，ヨーデルが「社交的に（＝ナチズム，愛国主義，反動といった背景がまったくない無害なものとして）」（salonfähig）受け入れられるようになったことです。［正解率 92.47%］

◇この問題は 16 点満点（配点 4 点×4）で，平均点は 12.77 点でした。

## Zweiter Teil　解説のまとめ

＊「解答の手引き」に書かれている選択肢を読み，おおよその内容やキーワードを把握しておきましょう。特に，国や地方・地域の名前や時代などは文脈を追う際の重要な手がかりとなるので，しっかり確認しましょう。

＊聞き取りに慣れるには，たくさんのテキストを聞くことが重要ですが，テーマを定めて，同じテーマでいくつかのニュース番組を視聴したり，異なる動画を視聴したりすると，そのテーマでよく用いられる単語に慣れる

ことができます。また，表現を増やすのにも有効です。興味のある分野か
らスタートし，徐々にテーマの幅を広げてみるとよいでしょう。

# 【二次口述試験】

　1級口述試験における評価基準は，1. 発音の正確さ，イントネーションの適切さ，2. 適切な語彙と文法の知識，3. テーマに即した意見を述べる能力，4. 一般的なコミュニケーション能力の4項目です。ドイツ語を母語とする面接者による質問で試験は進行し，その質疑に立ち会う日本人面接者とドイツ語を母語とする面接者とがそれぞれ独自に採点します。この口述試験の評点と一次試験の得点を総合して，独検審査者会議*が1級の最終合否を判定します。

　1級口述試験では，試験場で四つのテーマとそれに関する短い説明文が記載されたリストが受験者に提示されます。受験者は3分間でその中からテーマを一つ選択して自分の考えをまとめることが求められており，どのテーマにするかを早めに決断する必要があります。テーマを選んだ後は，説明文の内容に即してポイントを決め，自分の考えをまとめておきましょう。なお，メモをとることができないため，頭の中で論点を整理して覚えておく必要があります。それに続いて面接委員との質疑応答がありますが，最初の3分間を含めて口述試験は全体で13分程度であり，意見を長々と述べる必要はありません。要点を押さえて自分の考えを明確に述べ，質問に的確に答えるよう心がけましょう。

　2020年度の口述試験のテーマは，1. Japanische Politiker — Sind sie zu alt?, 2. Homeoffice — Unsere neue Form der Arbeit?, 3. Schuluniformen — Monotonie oder Gleichstellung?, 4. Wie möchten Sie zahlen? — Na, mit dem Handy! の四つでした。このうち1を選んだ受験者が3名，2が17名，3が4名，4が5名という結果でした。それぞれの説明文に関しては，前掲の1級口述試験の問題を参照してください。1は日本における政治家の年齢層が他国と比較して高いことの意味および問題点，2はコロナパンデミックに伴って急速に導入された自宅におけるテレワークが今後の働き方を変える可能性，3は学校制服がはらむ問題点と存在意義，4はキャッシュレスと現金払いの長所と短所をテーマとしています。新聞，雑誌，インターネットなどのメディアで取り上げられるテーマが出題される傾向にあるので，そのつど話題になっているテーマをドイツ語で話すことができるように普段から練習しておくことが試験対策として有用です。同時に，要点を押さえて自分の意見を簡潔に述べる習慣もつけておきましょう。自分の考え方やテーゼについての論点や論拠についても，一つだけでなく二つ以上は述べられるようにしておくとよいでしょう。

＊独検審査者会議: ドイツ語学文学振興会理事，ゲーテ・インスティトゥート代表，ドイ
　ツ大使館文化部代表，オーストリア大使館文化部代表，スイス大使館文化部代表，独検
　出題者会議議長，独検出題者会議副議長（以上 18 名）で構成する。

# 2020 年度ドイツ語技能検定試験結果概要
# 年度別結果比較

# 2020年度ドイツ語技能検定試験
# 結 果 概 要

**夏　期**──5級4級3級2級試験──

2020年度夏期ドイツ語技能検定試験は2020年6月28日に実施予定であったが，新型コロナウイルス感染症拡大に鑑み，実施を見合わせた。

# 冬　期 ── 全級試験 ──

一次試験　（筆記・聞き取り試験　2020 年 12 月 6 日実施）

出願者総数：　4,864 名（男 2,164 名　女 2,700 名）
実数：　4,050 名（男 1,781 名　女 2,269 名）

|  | 出願者 | 受験者 | 合格者 | 合格率 | 合格最低点 | 平均点 |
|---|---|---|---|---|---|---|
| 5 級 | 561 | 431 | 419 | 97.22% | 61.61 | 89.65 |
| 4 級 | 1,256 | 970 | 730 | 75.26% | 60.26 | 72.57 |
| 3 級 | 1,431 | 1,087 | 696 | 64.03% | 60.29 | 65.88 |
| 2 級 | 991 | 755 | 452 | 59.87% | 60.42 | 64.64 |
| 準 1 級 | 434 | 316 | 107 | 33.86% | 53.37 | 49.21 |
| 1 級 | 191 | 147 | 29 | 19.73% | 60.00 | 49.20 |

1) 出願者実数を除き，すべての数字は併願者，一次試験免除者を含む。
2) 5 級, 4 級, 3 級, 2 級は一次試験合格者が最終合格者となる。
　　成績優秀者は 3 位まで表彰する。
3) 試験場 (17 会場)：
　　北海道情報大学　東北大学　金沢大学　信州大学
　　中央大学　東京セミナー学院　中野サンプラザ研修室　武蔵大学
　　立教大学　ワイム貸会議室お茶の水　ワイム貸会議室四谷三丁目
　　ダイテックサカエ貸会議室　関西学院大学
　　広島大学　愛媛大学　福岡大学　鹿児島大学

二次試験　（口述試験　2021 年 1 月 24 日実施）

受験有資格者：　準 1 級　107 名
1 級　　29 名

|  | 受験者 | 合格者 | 合格率 | 対一次受験者合格率 |
|---|---|---|---|---|
| 準 1 級 | 102 | 83 | 81.37% | 26.27% |
| 1 級 | 29 | 23 | 79.31% | 15.65% |

1) すべての数字は併願者，一次試験免除者を含む。
2) 二次試験不合格者のうち，一次試験の高得点者には，次年度に限り一次試験免除
　　の特典を与える。本年度は準 1 級，1 級とも該当者なし。
3) 準 1 級，1 級の成績優秀者は，一次試験と二次試験の得点の合計により順位を決
　　定し，3 位まで表彰する。
4) 試験場：アットビジネスセンター池袋駅前別館　関西学院大学　広島大学
　　福岡大学

## 5 級

| 年度 | 夏 期 試 験 | | | | | | 冬 期 試 験 | | | | | |
|---|---|---|---|---|---|---|---|---|---|---|---|---|
| | 出願者 | 受験者 | 合格者 | 合格率 | 合格最低点 | 平均点 | 出願者 | 受験者 | 合格者 | 合格率 | 合格最低点 | 平均点 |
| 2008 | 468 | 395 | 373 | 94.43% | 74.29 | 90.06 | 1054 | 923 | 809 | 87.65% | 76.47 | 86.73 |
| 2009 | 544 | 484 | 444 | 91.74% | 76.47 | 88.70 | 1053 | 931 | 839 | 90.12% | 76.47 | 89.45 |
| 2010 | 707 | 626 | 586 | 93.61% | 74.29 | 88.47 | 1284 | 1169 | 988 | 84.52% | 65.71 | 78.31 |
| 2011 | 780 | 696 | 633 | 90.95% | 74.29 | 86.92 | 1053 | 959 | 844 | 88.01% | 73.53 | 85.72 |
| 2012 | 746 | 657 | 573 | 87.21% | 70.59 | 83.90 | 912 | 821 | 707 | 86.11% | 67.65 | 80.96 |
| 2013 | 816 | 716 | 633 | 88.41% | 73.53 | 85.44 | 1066 | 936 | 802 | 85.68% | 67.65 | 79.50 |
| 2014 | 888 | 791 | 690 | 87.23% | 72.22 | 85.82 | 1038 | 931 | 790 | 84.85% | 72.22 | 83.21 |
| 2015 | 705 | 629 | 559 | 88.87% | 75.00 | 86.76 | 1079 | 968 | 854 | 88.22% | 72.22 | 85.78 |
| 2016 | 742 | 667 | 632 | 94.75% | 61.11 | 83.81 | 1141 | 1006 | 906 | 90.06% | 61.11 | 80.36 |
| 2017 | 752 | 659 | 635 | 96.36% | 61.11 | 86.42 | 1071 | 941 | 887 | 94.26% | 61.11 | 83.73 |
| 2018 | 748 | 663 | 653 | 98.49% | 61.11 | 89.82 | 903 | 785 | 772 | 98.34% | 61.11 | 87.93 |
| 2019 | | | | | | | 829 | 711 | 683 | 96.06% | 61.61 | 83.38 |
| 2020 | | | | | | | 561 | 431 | 419 | 97.22% | 61.61 | 89.65 |

## 4 級

| 年度 | 夏 期 試 験 | | | | | | 冬 期 試 験 | | | | | |
|---|---|---|---|---|---|---|---|---|---|---|---|---|
| | 出願者 | 受験者 | 合格者 | 合格率 | 合格最低点 | 平均点 | 出願者 | 受験者 | 合格者 | 合格率 | 合格最低点 | 平均点 |
| 2004 | 2392 | 2113 | 1563 | 73.97% | 60.13 | 71.14 | 4027 | 3616 | 2582 | 71.40% | 60.13 | 68.79 |
| 2005 | 2158 | 1843 | 1223 | 66.36% | 60.13 | 67.74 | 3916 | 3513 | 2603 | 74.10% | 60.00 | 68.75 |
| 2006 | 1939 | 1675 | 1119 | 66.81% | 60.00 | 67.12 | 4073 | 3644 | 2692 | 73.87% | 60.00 | 71.20 |
| 2007 | 2077 | 1812 | 1430 | 78.92% | 60.00 | 72.24 | 3962 | 3590 | 2277 | 63.43% | 58.67 | 63.29 |
| 2008 | 1854 | 1588 | 1114 | 70.15% | 60.00 | 68.42 | 3853 | 3423 | 2160 | 63.10% | 60.54 | 67.07 |
| 2009 | 1636 | 1415 | 1047 | 73.99% | 60.54 | 71.45 | 3500 | 3133 | 2102 | 67.09% | 60.00 | 66.43 |
| 2010 | 1769 | 1551 | 1151 | 74.21% | 60.00 | 70.46 | 3455 | 3163 | 2095 | 66.23% | 60.00 | 65.75 |
| 2011 | 1616 | 1427 | 1129 | 79.12% | 60.00 | 72.01 | 3206 | 2923 | 2270 | 77.66% | 60.00 | 71.87 |
| 2012 | 1664 | 1464 | 1102 | 75.27% | 60.00 | 71.91 | 3267 | 2992 | 1625 | 54.31% | 54.00 | 56.58 |
| 2013 | 1583 | 1381 | 882 | 63.87% | 60.00 | 65.46 | 3172 | 2851 | 1765 | 61.91% | 58.67 | 64.67 |
| 2014 | 1444 | 1260 | 1051 | 83.41% | 60.00 | 73.79 | 3013 | 2759 | 1911 | 69.26% | 60.00 | 68.64 |
| 2015 | 1546 | 1335 | 1035 | 77.53% | 60.00 | 72.51 | 3172 | 2831 | 1920 | 67.82% | 60.00 | 67.79 |
| 2016 | 1466 | 1285 | 940 | 73.15% | 60.00 | 69.69 | 2748 | 2443 | 1771 | 72.49% | 60.26 | 67.29 |
| 2017 | 1460 | 1279 | 958 | 74.90% | 60.26 | 70.42 | 2597 | 2296 | 1327 | 57.80% | 60.26 | 63.11 |
| 2018 | 1445 | 1233 | 827 | 67.07% | 60.26 | 67.58 | 2513 | 2240 | 1513 | 67.54% | 60.26 | 67.42 |
| 2019 | 1411 | 1222 | 963 | 78.81% | 60.26 | 73.02 | 2450 | 2140 | 1628 | 76.07% | 60.26 | 72.29 |
| 2020 | | | | | | | 1256 | 970 | 730 | 75.26% | 60.26 | 72.57 |

## 3級

### 夏期試験

| 年度 | 出願者 | 受験者 | 合格者 | 合格率 | 合格最低点 | 平均点 |
|---|---|---|---|---|---|---|
| 2004 | 2388 | 2105 | 1141 | 54.20% | 68.12 | 69.03 |
| 2005 | 2340 | 2041 | 1086 | 53.21% | 64.38 | 64.77 |
| 2006 | 2259 | 1989 | 1074 | 54.00% | 56.29 | 57.98 |
| 2007 | 2162 | 1885 | 999 | 53.00% | 65.56 | 66.06 |
| 2008 | 2217 | 1951 | 1046 | 53.61% | 65.56 | 66.10 |
| 2009 | 2111 | 1838 | 970 | 52.77% | 62.68 | 63.76 |
| 2010 | 2112 | 1822 | 954 | 52.36% | 60.56 | 62.56 |
| 2011 | 1985 | 1724 | 904 | 52.44% | 62.68 | 63.39 |
| 2012 | 2210 | 1920 | 1056 | 55.00% | 62.59 | 62.97 |
| 2013 | 2038 | 1726 | 943 | 54.63% | 56.12 | 57.85 |
| 2014 | 1921 | 1622 | 871 | 53.70% | 55.40 | 56.96 |
| 2015 | 1901 | 1639 | 896 | 54.67% | 60.29 | 62.04 |
| 2016 | 1942 | 1671 | 875 | 52.36% | 52.21 | 53.67 |
| 2017 | 1808 | 1545 | 813 | 52.62% | 59.56 | 59.96 |
| 2018 | 1695 | 1450 | 828 | 57.10% | 60.29 | 62.32 |
| 2019 | 1515 | 1325 | 684 | 51.62% | 57.35 | 58.66 |
| 2020 | | | | | | |

### 冬期試験

| 出願者 | 受験者 | 合格者 | 合格率 | 合格最低点 | 平均点 |
|---|---|---|---|---|---|
| 3175 | 2824 | 1523 | 53.93% | 61.64 | 61.50 |
| 3000 | 2668 | 1417 | 53.11% | 61.59 | 61.61 |
| 2965 | 2608 | 1399 | 53.64% | 61.59 | 62.41 |
| 3097 | 2759 | 1446 | 52.41% | 60.93 | 61.68 |
| 3044 | 2603 | 1363 | 52.36% | 61.27 | 62.09 |
| 2632 | 2266 | 1163 | 51.32% | 66.20 | 66.12 |
| 2686 | 2359 | 1229 | 52.10% | 54.23 | 55.28 |
| 2663 | 2304 | 1201 | 52.13% | 58.27 | 59.29 |
| 2656 | 2267 | 1059 | 46.71% | 51.08 | 51.10 |
| 2507 | 2149 | 1124 | 52.30% | 53.24 | 54.16 |
| 2474 | 2133 | 1186 | 55.60% | 63.24 | 64.63 |
| 2779 | 2346 | 1184 | 50.47% | 52.21 | 53.05 |
| 2494 | 2100 | 1095 | 52.14% | 55.15 | 56.81 |
| 2501 | 2096 | 1150 | 54.87% | 55.15 | 58.17 |
| 2299 | 1938 | 1115 | 57.53% | 57.35 | 59.90 |
| 2195 | 1865 | 1087 | 58.28% | 60.29 | 63.23 |
| 1431 | 1087 | 696 | 64.03% | 60.29 | 65.88 |

## 2級

### 夏期試験

| 年度 | 出願者 | 受験者 | 合格者 | 合格率 | 合格最低点 | 平均点 |
|---|---|---|---|---|---|---|
| 2008 | 1329 | 1212 | 628 | 51.82% | 60.00 | 59.69 |
| 2009 | 1259 | 1141 | 578 | 50.66% | 57.55 | 57.48 |
| 2010 | 1127 | 1008 | 515 | 51.09% | 56.83 | 57.22 |
| 2011 | 1277 | 1155 | 495 | 42.86% | 55.00 | 52.58 |
| 2012 | 1164 | 1044 | 479 | 45.88% | 56.43 | 55.14 |
| 2013 | 1105 | 990 | 431 | 43.54% | 55.71 | 54.63 |
| 2014 | 1132 | 1009 | 464 | 45.99% | 57.64 | 56.68 |
| 2015 | 1095 | 972 | 422 | 43.42% | 60.42 | 58.20 |
| 2016 | 1091 | 949 | 384 | 40.46% | 55.56 | 53.38 |
| 2017 | 1041 | 922 | 407 | 44.14% | 55.56 | 53.26 |
| 2018 | 980 | 866 | 375 | 43.30% | 60.42 | 58.27 |
| 2019 | | | | | | |
| 2020 | | | | | | |

### 冬期試験

| 出願者 | 受験者 | 合格者 | 合格率 | 合格最低点 | 平均点 |
|---|---|---|---|---|---|
| 2278 | 2066 | 1077 | 52.13% | 65.47 | 65.14 |
| 1634 | 1474 | 592 | 40.16% | 55.40 | 51.65 |
| 1617 | 1456 | 758 | 52.06% | 62.14 | 62.42 |
| 1512 | 1358 | 703 | 51.77% | 61.43 | 61.64 |
| 1616 | 1425 | 608 | 42.67% | 55.71 | 53.69 |
| 1485 | 1309 | 679 | 51.87% | 62.14 | 62.24 |
| 1534 | 1375 | 552 | 40.15% | 55.56 | 53.45 |
| 1659 | 1468 | 599 | 40.80% | 52.08 | 49.85 |
| 1565 | 1340 | 536 | 40.00% | 59.03 | 55.44 |
| 1472 | 1257 | 453 | 36.04% | 51.39 | 47.41 |
| 1377 | 1192 | 442 | 37.08% | 51.39 | 48.43 |
| 1235 | 1061 | 690 | 65.03% | 65.28 | 70.19 |
| 991 | 755 | 452 | 59.87% | 60.42 | 64.64 |

■ 準 1 級 ■

| | 一　次　試　験 | | | | | | 二　次　試　験 | | | |
|---|---|---|---|---|---|---|---|---|---|---|
| 年度 | 出願者 | 受験者 | 合格者 | 合格率 | 合格最低点 | 平均点 | 受験者 | 合格者 | 合格率 | 対一次受験者合格率 |
| 1995 | 2162 | 1888 | 423 | 22.40% | 58.2 | 47.52 | 406 | 222 | 54.68% | 11.76% |
| 1996 | 2112 | 1829 | 615 | 33.62% | 70.2 | 61.83 | 593 | 246 | 41.48% | 13.45% |
| 1997 | 2003 | 1740 | 548 | 31.49% | 66.4 | 57.96 | 513 | 237 | 46.20% | 13.62% |
| 1998 | 2090 | 1840 | 554 | 30.11% | 72.2 | 64.09 | 540 | 249 | 46.11% | 13.53% |
| 1999 | 2165 | 1920 | 599 | 31.20% | 64.9 | 57.06 | 587 | 248 | 42.25% | 12.92% |
| 2000 | 1976 | 1783 | 616 | 34.55% | 73.20 | 66.96 | 603 | 264 | 43.78% | 14.81% |
| 2001 | 1750 | 1576 | 599 | 38.01% | 73.00 | 68.20 | 571 | 274 | 47.99% | 17.39% |
| 2002 | 1830 | 1655 | 573 | 34.62% | 62.64 | 57.19 | 554 | 386 | 69.68% | 23.32% |
| 2003 | 1776 | 1584 | 615 | 38.83% | 56.40 | 53.08 | 594 | 460 | 77.44% | 29.04% |
| 2004 | 1973 | 1777 | 639 | 35.96% | 58.33 | 53.35 | 621 | 471 | 75.85% | 26.51% |
| 2005 | 1898 | 1693 | 633 | 37.39% | 58.13 | 53.63 | 622 | 479 | 77.01% | 28.29% |
| 2006 | 1887 | 1676 | 572 | 34.13% | 50.59 | 45.76 | 559 | 445 | 79.61% | 26.55% |
| 2007 | 1706 | 1504 | 545 | 36.24% | 56.21 | 51.70 | 537 | 442 | 82.31% | 29.39% |
| 2008 | 992 | 914 | 355 | 38.84% | 60.36 | 57.36 | 347 | 271 | 78.10% | 29.65% |
| 2009 | 1034 | 934 | 344 | 36.83% | 56.14 | 52.02 | 333 | 265 | 79.58% | 28.37% |
| 2010 | 967 | 880 | 350 | 39.77% | 60.36 | 56.52 | 336 | 257 | 76.49% | 29.20% |
| 2011 | 929 | 847 | 325 | 38.37% | 55.03 | 52.18 | 319 | 242 | 75.86% | 28.57% |
| 2012 | 926 | 829 | 316 | 38.12% | 53.89 | 50.54 | 309 | 260 | 84.14% | 31.36% |
| 2013 | 885 | 792 | 305 | 38.51% | 52.69 | 49.61 | 297 | 245 | 82.49% | 30.93% |
| 2014 | 820 | 751 | 244 | 32.49% | 51.53 | 46.56 | 238 | 207 | 86.97% | 27.56% |
| 2015 | 833 | 753 | 290 | 38.51% | 54.60 | 51.52 | 286 | 230 | 80.42% | 30.54% |
| 2016 | 832 | 760 | 321 | 42.24% | 60.12 | 56.63 | 316 | 273 | 86.39% | 35.92% |
| 2017 | 771 | 683 | 248 | 36.31% | 52.15 | 48.16 | 242 | 206 | 85.12% | 30.16% |
| 2018 | 661 | 583 | 227 | 38.94% | 58.90 | 54.79 | 213 | 174 | 81.69% | 29.85% |
| 2019 | 612 | 538 | 200 | 37.17% | 58.28 | 54.41 | 194 | 157 | 80.93% | 29.18% |
| 2020 | 434 | 316 | 107 | 33.86% | 53.37 | 49.21 | 102 | 83 | 81.37% | 26.27% |

# ■ 1 級 ■

| 年度 | 一次試験 | | | | | | 二次試験 | | | |
|---|---|---|---|---|---|---|---|---|---|---|
| | 出願者 | 受験者 | 合格者 | 合格率 | 合格最低点 | 平均点 | 受験者 | 合格者 | 合格率 | 対一次受験者合格率 |
| 1995 | 323 | 292 | 40 | 13.70% | 70.0 | 51.41 | 40 | 28 | 70.00% | 9.59% |
| 1996 | 306 | 270 | 55 | 20.37% | 73.0 | 56.37 | 54 | 37 | 68.52% | 13.70% |
| 1997 | 317 | 286 | 42 | 14.69% | 72.9 | 54.60 | 41 | 28 | 68.29% | 9.79% |
| 1998 | 283 | 256 | 32 | 12.50% | 62.5 | 48.16 | 30 | 18 | 60.00% | 7.03% |
| 1999 | 280 | 258 | 48 | 18.60% | 63.1 | 49.95 | 48 | 36 | 75.00% | 13.95% |
| 2000 | 259 | 238 | 70 | 29.41% | 73.12 | 63.97 | 68 | 39 | 57.35% | 16.39% |
| 2001 | 279 | 250 | 61 | 24.40% | 73.02 | 62.47 | 57 | 38 | 66.67% | 15.20% |
| 2002 | 289 | 269 | 59 | 21.93% | 68.28 | 55.38 | 58 | 39 | 67.24% | 14.50% |
| 2003 | 300 | 284 | 84 | 29.58% | 70.29 | 61.04 | 82 | 57 | 69.51% | 20.07% |
| 2004 | 352 | 323 | 58 | 17.96% | 60.00 | 46.81 | 57 | 37 | 64.91% | 11.46% |
| 2005 | 328 | 295 | 52 | 17.63% | 60.23 | 46.46 | 46 | 34 | 73.91% | 11.53% |
| 2006 | 324 | 297 | 53 | 17.85% | 60.23 | 46.17 | 53 | 35 | 66.04% | 11.78% |
| 2007 | 303 | 273 | 54 | 19.78% | 63.53 | 51.73 | 53 | 35 | 66.04% | 12.82% |
| 2008 | 292 | 259 | 50 | 19.31% | 61.76 | 48.46 | 46 | 34 | 73.91% | 13.13% |
| 2009 | 283 | 261 | 43 | 16.48% | 60.00 | 47.71 | 42 | 26 | 61.90% | 9.96% |
| 2010 | 278 | 256 | 27 | 10.55% | 59.09 | 42.12 | 26 | 22 | 84.62% | 8.59% |
| 2011 | 258 | 239 | 29 | 12.13% | 60.23 | 43.79 | 28 | 21 | 75.00% | 8.79% |
| 2012 | 241 | 223 | 55 | 24.66% | 63.64 | 53.34 | 55 | 28 | 50.91% | 12.56% |
| 2013 | 296 | 270 | 67 | 24.81% | 70.45 | 58.98 | 67 | 53 | 79.10% | 19.63% |
| 2014 | 265 | 245 | 40 | 16.33% | 60.23 | 46.05 | 39 | 25 | 64.10% | 10.20% |
| 2015 | 298 | 265 | 61 | 23.02% | 60.23 | 49.35 | 60 | 52 | 86.67% | 19.62% |
| 2016 | 316 | 275 | 53 | 19.27% | 60.23 | 50.49 | 52 | 36 | 69.23% | 13.09% |
| 2017 | 271 | 238 | 29 | 12.18% | 60.00 | 43.24 | 28 | 24 | 85.71% | 10.08% |
| 2018 | 236 | 217 | 37 | 17.05% | 60.00 | 48.37 | 36 | 27 | 75.00% | 12.44% |
| 2019 | 246 | 219 | 63 | 28.77% | 62.29 | 53.80 | 63 | 45 | 71.43% | 20.55% |
| 2020 | 191 | 147 | 29 | 19.73% | 60.00 | 49.20 | 29 | 23 | 79.31% | 15.65% |

注) 1. 得点は各級とも 100 点満点に換算した数字です。
   2. 準 1 級は 2008 年度からの呼称。2007 年度までの 2 級に相当します。
   3. 2016 年度より春期試験→夏期試験、秋期試験→冬期試験に改称しました。

―――「独検」についての問い合わせ先―――

（公財）ドイツ語学文学振興会　**独検事務局**

113-0033 東京都文京区本郷 5-29-12-1006

電話 (03) 3813-0596

**独検過去問題集2021年版〈5・4・3・2・準1・1級〉**

2021 年 4 月 20 日　発　行

編　者　公益財団法人ドイツ語学文学振興会

発行者　大　井　敏　行

発行所　株式会社 郁文堂

113-0033 東京都文京区本郷 5-30-21
電話 [営業] 03-3814-5571　[編集] 03-3814-5574
振替 00130-1-14981

印刷 研究社印刷　製本 国宝社